Text Nr. B4 aus dem GRIN Verlagsprogramm

GRIN - Verlag für akademische Texte

Der GRIN Verlag mit Sitz in München und Ravensburg hat sich seit der Gründung im Jahr 1998 auf die Veröffentlichung akademischer Texte spezialisiert.

Die Verlagsseiten im Internet: http://www.grin.com/ und http://www.diplomarbeiten24.de/ bieten für Studenten und Hochschullehrer die ideale Plattform, wissenschaftliche Texte wie Studien, Seminar-, Diplom- oder Doktorarbeiten und wissenschaftliche Aufsätze einem breiten Publikum zu präsentieren.

Den Nutzern bietet eine ausgefeilte Suchtechnologie ein riesiges Archiv (54.800 Texte, Stand 05/2006) zu allen Fachbereichen - Wissensdurstige finden Antworten auf nahezu jede Frage.

Manuel Schramm

Das Rechtsinstitut der Liebhaberei –

ein Ergebnis einer einzelfallabhängigen Rechtsprechung des BFH

GRIN Verlag

Copyright © Mai 2006

by GRIN Verlag GbR, München und Ravensburg

http://www.grin.com

Druck und Bindung: Books on Demand GmbH, Norderstedt

Printed in Germany

ISBN-13: 978-3-638-00003-1

ISBN-10: 3-638-00003-6

Vorwort

Sehr geehrter Leser,

einleitend möchte ich Ihnen als Verfasser des von Ihnen erworbenen Buches „Das Rechtsinstitut der Liebhaberei – ein Ergebnis einer einzelfallabhängigen Rechtsprechung des BFH" einige grundlegende Information bezüglich der Entstehung sowie den Grund derselbigen zukommen lassen.

Die Grundlage dieses Buches bildet die gleichnamige Diplomarbeit, die ich im Rahmen meines Studiums der Betriebswirtschaftslehre an der Helmut-Schmidt-Universität / Universität der Bundeswehr Hamburg zur Erlangung des Grades eines Diplom-Kaufmanns am Fachbereich Wirtschafts- und Organisationswissenschaften im Fach Steuerrecht bei der Professur für Öffentliches Recht insbesondere Verwaltungsrecht von Herrn Prof. Dr. jur. Carsten Brodersen zu absolvieren hatte. Die Diplomarbeit „Das Rechtsinstitut der Liebhaberei – ein Ergebnis einer einzelfallabhängigen Rechtsprechung des BFH" wurde gemäß der zu jener Zeit geltenden Diplomprüfungsordnung der Helmut-Schmidt-Universität / Universität der Bundeswehr Hamburg für den Studiengang Betriebswirtschaftslehre nach 3-monatiger Bearbeitungszeit am 30.06.2005 eingereicht und erhielt nach abgeschlossener Korrektur die Note 1,0.

Das vorliegende Buch wird dem Leser verdeutlichen, dass das Rechtsinstitut der Liebhaberei ein relativ komplexer Rechtsanwendungsprozess ist, der im besonderen Maße einzelfallabhängig und nur begrenzt verallgemeinerungsfähig ist. Der Schwerpunkt der Untersuchung liegt aus den oben ausgeführten Gründen zunächst darauf grundsätzliche, die Liebhaberei betreffende Aussagen herauszuarbeiten, um im Weiteren auf speziellere und dementsprechend komplexere Sachverhalte kritisch eingehen zu können.

Die Arbeit besitzt einen starken Bezug zur Rechtsprechung und beinhaltet daher eine Vielzahl facettenreicher Urteile des BFH sowie der FG, mit Hilfe derer die

Argumentationsgänge sowie die Erörterung von zentralen Sachverhalten vielfach exemplarisch unterlegt und erläutert werden.

An dieser Stelle sei Herrn Prof. Dr. jur. Carsten Brodersen in besonderer Weise für die sehr gute Betreuung der Diplomarbeit sowie für die von ihm gegebenen Denkanstöße ausdrücklich gedankt. Abschließend möchte ich meinen Eltern danken, die mir einerseits durch ihre Erziehung und andererseits durch ihre Ratschläge sowie durch Ihre - zu keiner Zeit fehlende - Unterstützung die Grundlage für meinen weiteren Lebensweg geschaffen haben.

Hamburg, im Mai 2006   Manuel Schramm

Inhaltsverzeichnis

Vorwort VII

Inhaltsverzeichnis IX

Abkürzungsverzeichnis XIII

1 Einleitung und Problembeschreibung 1

2 Liebhaberei – Allgemeine Grundsätze 9

2.1 „Ständige Rechtsprechung" des BFH seit dem Grundsatzbeschluss des Großen Senats vom 25.06.1984 9
2.1.1 Der Wechsel vom objektiven zum subjektiven Liebhabereibegriff 10
2.1.2 Der Grundsatzbeschluss des Großen Senats vom 25.06.1984 12
2.1.3 Zweigliedriger Tatbestand als „Kern" der ständigen Rechtsprechung 18
2.2 Allgemeine einkommensteuerliche Relevanz/Irrelevanz der zu untersuchenden Tätigkeiten 20
2.3 Steuerrechtliche Ermittlungsvorschriften und Beweislastregelung 21
2.4 Historie der Liebhaberei vor dem Hintergrund der Einkommensteuergesetze von 1891, 1920, 1925 und 1934 32
2.5 Rechtfertigungsgründe für das Rechtsinstitut der Liebhaberei 40
2.5.1 Fiskalzweck 40
2.5.2 Leistungsfähigkeitsprinzip 41
2.5.3 Abgrenzung der Erwerbssphäre zur Privatsphäre 46
2.5.4 Zusammenfassende eigene Stellungnahme und Ansichten aus dem Schrifttum 52

3 Liebhaberei – allgemeine Tatbestandsmerkmale und Beweisanzeichen 55

3.1 Einkünfteerzielungsabsicht – Grundlagen 56
3.1.1 Objektiver Tatbestand der Einkünfteerzielungsabsicht 61
3.1.2 Subjektiver Tatbestand der Einkünfteerzielungsabsicht 63
3.1.2.1 Gewinnerzielungsabsicht 64
3.1.2.2 Überschusserzielungsabsicht 67
3.1.2.3 Eckdaten im Verhältnis von Gewinn- und Überschusseinkünften 71

3.2	Totalerfolg	72
3.3	Anlaufverluste	76
3.4	Totalerfolgsprognose	78
3.5	Einflussfaktoren der Totalerfolgsprognose	82
3.5.1	Beurteilungseinheit	83
3.5.1.1	BFH-Urteil vom 25.06.1996 VIII R 28/94 zu einer Hubschraubervermietung einer KG	86
3.5.1.2	Fazit	89
3.5.2	Totalerfolgsperiode	90
3.6	„Persönliche Gründe oder Neigungen"	94
3.6.1	Der Anscheinsbeweis gemäß der Rechtsprechung des BFH nach 1984	97
3.6.1.1	BFH-Urteil vom 19.11.1985 VIII R 4/83 zu einem Getränkegroßhandel	98
3.6.1.2	BFH-Urteil vom 22.04.1998 XI R 10/97 zu einer Rechtsanwaltskanzlei	101
3.6.1.3	Fazit	104
3.6.2	Nebenberufliche Einkünfte	108
4	**Grundsätzliche Fallgestaltungen bei Annahme von Liebhaberei**	**113**
4.1	**Einkünfteerzielungsabsicht von Beginn an**	**113**
4.1.1	Betriebsgewinne als kaum zu widerlegendes Indiz für Gewinnerzielungsabsicht	113
4.1.2	Subjektive Mängel in der Betriebsführung	115
4.2	**Fehlen der Einkünfteerzielungsabsicht von Beginn an**	**117**
4.3	**Wegfall der Einkünfteerzielungsabsicht zu einem späteren Zeitpunkt**	**119**
4.4	**Beginn der Einkünfteerzielungsabsicht zu einem späteren Zeitpunkt**	**124**
4.5	**Zwischenzeitliche Liebhabereiphase**	**125**

5	**Spezielle Beweisanzeichen für Liebhaberei**	**127**
5.1	**Einkünfte aus Gewerbebetrieb (§ 15-17 EStG)**	**127**
5.1.1	Anscheinsbeweis	130
5.1.2	Relevanz von Umstrukturierungsmaßnahmen und das Motiv der Steuerersparnis	132
5.1.3	Sonderfall: Verlustzuweisungsgesellschaften	137
5.2	**Einkünfte aus selbständiger Arbeit (§ 18 EStG)**	**140**
5.2.1	Anscheinsbeweis	143
5.2.2	Erforderlichkeit der Einkünfteerzielungsabsicht auch in der Schlussphase einer freiberuflichen Tätigkeit	145
5.2.2.1	Fazit	148
5.3	**Einkünfte aus Vermietung und Verpachtung (§ 21 EStG)**	**148**
5.3.1	Anscheinsbeweis	151
5.3.1.1	Totalüberschussprognose bei der Vermietung von Ferienimmobilien	156
5.3.1.2	BFH-Urteil vom 06.10.2004 IX R 30/03 zur verbilligten Vermietung einer Luxuswohnung	159
5.4	**Fazit**	**163**
6	**Schlussbemerkungen**	**165**
	Literaturverzeichnis	**XVIII**

Abkürzungsverzeichnis

Abs.	Absatz
AfA	Absetzung für Abnutzung
AG	Aktiengesellschaft
AO	Abgabenordnung
Ar	Flächenmaß
Art.	Artikel
AStG	Außensteuergesetz
AV	Anlagevermögen
Az.	Aktenzeichen
BB	Betriebs-Berater (Zeitschrift)
BFH	Bundesfinanzhof
BFH/NV	Sammlung amtlich nicht veröffentlichter Urteile des BFH
BFHE	Entscheidungen des Bundesfinanzhofes
BGB	Bürgerliches Gesetzbuch
BMF	Bundesministerium der Finanzen
BStBl.	Bundessteuerblatt
BVerfG	Bundesverfassungsgericht
BVerfGE	Bundesverfassungsgerichtsentscheidung
bzw.	beziehungsweise
ca.	circa
d. h.	das heißt
DB	Der Betrieb (Zeitschrift)
DM	Deutsche Mark
DStR	Deutsches Steuerrecht (Zeitschrift)
DStZ	Deutsche Steuer Zeitung (Zeitschrift)
ebd.	ebenda
EFG	Entscheidungen der Finanzgerichte
EK	Eigenkapital
EStG	Einkommensteuergesetz(e)
EStDV	Einkommensteuer-Durchführungsverordnung
etc.	et cetera
FA	Finanzamt/Finanzämter
ff	folgende [Seiten]
FG	Finanzgericht(e)
FGO	Finanzgerichtsordnung
FK	Fremdkapital
FR	Finanzrundschau (Zeitschrift)
GbR	Gesellschaft bürgerlichen Rechts
gem.	gemäß
GewStDV	Gewerbesteuer-Durchführungsverordnung
GG	Grundgesetz
ggf.	gegebenenfalls

GmbH	Gesellschaft mit beschränkter Haftung
GmbH & Co. KG	Gesellschaft mit beschränkter Haftung & Co. Kommanditgesellschaft
GrS	Großer Senat
grds.	grundsätzliche(n)
ha	Hektar
HFR	Höchstrichterliche Finanzrechtsprechung
h. M.	herrschende Meinung
i. d. R.	in der Regel
insb.	insbesondere
i. S.	im Sinne
i. S. d.	im Sinne des
i. V. m.	in Verbindung mit
JbFSt	Jahrbuch für Fachanwälte für Steuerrecht (Zeitschrift)
KG	Kommanditgesellschaft
KGaA	Kommanditgesellschaft auf Aktien
LStDV	Lohnsteuer-Durchführungsverordnung
Mio.	Million(en)
m. w. N.	mit weiteren Nachweisen
Nr.	Nummer
Nrn.	Nummern
NWB	Neue-Wirtschafts-Briefe (Zeitschrift)
o. b.	oben beschrieben(en)
OFH	Oberster Finanzgerichtshof
o. g.	oben genannte(n)
OHG	Offene Handelsgesellschaft
o. N.	ohne Namen
PKW	Personenkraftwagen
PrOVG	Preußisches Obererwaltungsgericht
Qm	Quadratmeter
RFH	Reichsfinanzhof
RFHE	Entscheidungen des Reichsfinanzhofes
Rn.	Randnummer
Rz.	Randzeichen
S.	Seite(n)
sog.	so genannte(r)
StuW	Steuer und Wirtschaft (Zeitschrift)
StVj	Steuerliche Vierteljahresschrift (Zeitschrift)
u. Ä.	und Ähnliches
u. a.	unter anderem
UStG	Umsatzsteuergesetz
u. s. w.	und so weiter
u. U.	unter Umständen
UV	Umlaufvermögen
v.	vom

vgl.	vergleiche
v. H.	vom Hundert
VO	Verordnung
vs.	versus
WRV	Weimarer Reichsverfassung
z. B.	zum Beispiel
z. T.	zum Teil

1 Einleitung und Problembeschreibung

Die Anzahl von Aufsätzen und Urteilen[1] zur Liebhabereithematik ist kaum noch zu überblicken. Vor allem im Schrifttum gibt es viele verschiedene Ansichten, auf welche Weise das Rechtsproblem der Liebhaberei am besten zu lösen wäre. Aber auch die Rechtsprechung legt zentrale Vorgaben, die im Wesentlichen für die Rechtsprechung nach 1984 auf dem Grundsatzbeschluss des Großen Senats vom 25.06.1984 GrS 4/82[2] basieren, unterschiedlich aus. Zudem unterliegt die Rechtsprechung einem stetigen Wandel, der die Aufgabe für den betroffenen Rechtsanwender nicht erleichtert.

Honisch (im Jahr 2000 Richter am FG Vellmar) erörtert in seinem Aufsatz „Zu den Inflationstendenzen bei der Liebhaberei" die seinerzeit neuesten Rechtsprechungsentwicklungen und äußert sich zugleich kritisch zu einigen Entscheidungen der bisherigen BFH-Rechtsprechung, die seit dem Grundsatzbeschluss des Großen Senats vom 25.06.1984 ergangen sind. Er resümiert, dass er sich nun seit nunmehr 16 Jahren u. a. mit der Liebhaberei auseinandergesetzt habe und schon so manche Obersätze des BFH aneinandergereiht hätte, „ohne durch diese in die Lage versetzt worden zu sein, [diese] systematisch subsummieren [sic] zu können".[3] Die theoretischen Ansätze führten dabei den Rechtsanwender oft im Kreise herum, weshalb i. d. R. nur die intensive Aufklärung des Sachverhalts im Einzelfall als „Ausweg" verbleibe. Die Hoffnung, dass es auf Grundlage des o. g. Beschlusses gelungen sei, „den unruhigen Geist einzufangen und von seinem schöngeistigen Kopf auf seine steuerrechtlichen Füße zu stellen"[4], konnte daher nicht in Gänze erfüllt werden. Die Stellungnahme Honischs macht nach Ansicht des Verfassers deutlich, dass die Entscheidungen der Finanzgerichtsbarkeit zur Liebhaberei i. d. R. einzelfallabhängig und nur in begrenztem Maße verallge-

---

[1] Gemäß JURIS sind über 900 Urteile allein in den Jahren 1984 - 2005 durch die Finanzgerichtsbarkeit und über 350 Urteile allein durch den BFH ergangen. In: worldwide-web [gefunden am 23.03.2005]: http://jurisweb.de.
[2] Vgl. Abschnitt 2.1.
[3] Honisch (2000): Zu den Inflationstendenzen bei der Liebhaberei, S. 546.
[4] Weber-Grellet (1992a): Wo beginnt die Grenze zur „Liebhaberei"? (Teil I), S. 561.

meinerungsfähig sind. Das Rechtsinstitut der Liebhaberei, mit dem sich die Arbeit „Das Rechtsinstitut der Liebhaberei – ein Ergebnis einer einzelfallabhängigen Rechtsprechung des BFH" auseinandersetzt, ist daher relativ komplex.

„Mit dem Begriff ‚Liebhaberei' wird das tatsächliche Phänomen einer nicht auf Erwerb ausgerichteten Tätigkeit gekennzeichnet."[5] Wenn in der Bearbeitung der Thematik der subjektive oder objektive Liebhabereibegriff verwendet wird, so ist dies bereits Ausdruck der rechtlichen Beurteilung des tatsächlichen Phänomens. Der Begriff der Liebhaberei ist im Steuerrecht nicht geregelt. Er wird bisher nur in § 8 der Verordnung zu § 180 Abs. 2 AO aufgeführt. Eine detaillierte Erläuterung des Begriffs erfolgt in der Verordnung allerdings nicht. Dementsprechend existieren keine Rechtsnormen, die die Liebhaberei explizit durch Voraussetzung, Tatbestandsmerkmale und Rechtsfolgen klären. Aus diesem Grund ist der Liebhabereibegriff ein unbestimmter Rechtsbegriff im Steuerrecht, der seit der Entscheidung des PrOVG vom 14.12.1894 stetig weiterentwickelt wurde, aber auch mehrfach einen Wandel[6] nachvollziehen musste. Die Rechtsprechung zur Liebhaberei ist daher Richterrecht, das einige Schwierigkeiten in sich birgt. Eine wesentliche Schwäche des Richterrechts ist, dass es auf neu in das Einkommensteuergesetz eingebrachte Sonderregeln und Ausnahmen lediglich ex post reagieren kann, was zu Missverständnissen und Unverständnis bei den betroffenen Steuerpflichtigen führen kann.

Mittels der Liebhabereirechtsprechung sollen einkommensteuerrechtlich relevante von einkommensteuerrechtlich irrelevanten Tätigkeiten (Liebhaberei) abgegrenzt werden. Die Rechtsprechung versucht die steuerpflichtige Erwerbsphäre des § 2 Abs. 1 EStG von der Privatsphäre i. S. v. § 12 EStG abzugrenzen[7]. Das zentrale Tatbestandmerkmal für die abschließende Beurteilung, ob eine Liebhaberei vorliegt, ist in diesem Zusammenhang die Einkünfteerzielungsabsicht[8] des Steuerpflichtigen, bei deren Fehlen alle positiven und negati-

---

[5] Ebd. Weber-Grellet (1992a), S. 561.
[6] Vgl. Abschnitt 2.1 u. 2.4.
[7] Vgl. Abschnitt 2.5.
[8] Vgl. Abschnitt 3.

ven Einkünfte aus der Tätigkeit keine steuerbaren Einkünfte i. S. des EStG sind und darum als nicht ausgleichs- und abzugsfähig erachtet werden müssen.[9] Gemäß der Rechtsprechung ist „Liebhaberei" als Tätigkeit aus persönlichen Gründen oder Neigungen (Hobby, Passion, ...) unter den Begriff der Einkommensverwendung für gemischte Zwecke und nicht unter den Begriff Einkünfteerzielung zu subsumieren.[10]

Ein häufig auftretendes Problem ist, dass eine klare Zuordnung der Tätigkeiten zur einkommensteuerrechtlich relevanten Erwerbssphäre oder zur einkommensteuerrechtlich irrelevanten Privatsphäre nicht ohne weiteres möglich ist. Aus diesem Grund wird mit Hilfe von Beweisanzeichen, die aufgrund des speziellen Einzelfalles sowie wegen einkunftsartspezifischer Besonderheiten variieren, auf das Vorliegen oder Fehlen der Einkünfteerzielungsabsicht geschlossen. Derartige Beweisanzeichen werden in der weiteren Bearbeitung erörtert.

Im besonderen Maße liebhabereiverdächtig sind beispielsweise Rennställe, Pferdezucht, Motorboothandel (insbesondere, wenn der Gewerbetreibende selbst einen Motorbootsführerschein besitzt), freie Künstler und Schriftsteller. Aber auch Druckereien, Getränkegroßhandel, Rechtsanwälte oder Steuerberater, bei denen der sog. Anscheinsbeweis aufgrund der typischen Eignung zur Einkünfteerzielung, für das Vorliegen der Einkünfteerzielungsabsicht spricht, können Liebhabereitätigkeiten sein. Darum muss grundsätzlich festgestellt werden, dass Liebhaberei bei allen sieben Einkunftsarten in unterschiedlicher Häufigkeit auftreten kann.

Der Schwerpunkt der Untersuchung liegt aus den oben ausgeführten Gründen zunächst darauf, grundsätzliche, die Liebhaberei betreffende Aussagen herauszuarbeiten, um im Weiteren auf speziellere und dementsprechend komplexere Sachverhalte kritisch eingehen zu können. Fragen, die in diesem Rahmen beantwortet werden, sind beispielsweise: Auf welchen Grundsätzen beruht die Rechtsprechung des BFH nach 1984 und wie werden sie - wenn Auslegungs-

---

[9] Vgl. Hecht (2002): Ist der Begriff der „Liebhaberei" im Vermietungs- und Verpachtungsbereich noch aktuell?, S. 227.
[10] Vgl. Tipke/Lang (2002): Steuerrecht, § 9 Rz. 128.

spielräume bestehen - ausgelegt? Welche Relevanz haben andauernde Verluste? Wer trägt die Beweislast? Was ist ein Anscheinsbeweis? Welche Rechtfertigungsgründe sind für das Rechtsinstitut der Liebhaberei in Betracht zu ziehen? Worum geht es rechtlich bei der Einkünfteerzielungsabsicht (objektiver/ subjektiver Tatbestand)? Welche Bedeutung hat die Ergebnisprognose und was ist bei der Ermittlung des Totalgewinns bzw. des Totalüberschusses zu berücksichtigen? Welche Relevanz haben „persönliche Gründe und Neigungen"? Welche Besonderheiten existieren in der Rechtsprechung im Bereich der Einkünfte aus Gewerbebetrieb, selbständiger Arbeit und Vermietung und Verpachtung? Die oben gestellten Fragen ermöglichen letztendlich in ihrer Gesamtheit abschließend zu klären, was unter Liebhaberei aus Sicht der Rechtsprechung zu verstehen ist sowie in welchen Fällen das Rechtsinstitut der Liebhaberei Anwendung finden kann.

Grundsätzlich sollte der Leser jedoch nicht erwarten, dass diese Arbeit zu einer abschließenden Klärung des Rechtsproblems der Liebhaberei führt, da viele Aspekte und Widersprüche aus Vergangenheit und Gegenwart der Rechtsprechung - die ebenfalls thematisiert werden sollen - erst noch durch die Rechtsprechung oder im Optimalfall durch den Gesetzgeber geklärt werden müssen. Möglicherweise bleiben auch gewisse Fragen aufgrund der o. b. hohen Komplexität der Thematik ungeklärt. Die Beantwortung dieser Frage ist von der zukünftigen Entwicklung abhängig und muss deshalb zunächst unbeantwortet bleiben.

Einleitend soll dem Leser die bereits vielfach angesprochene Komplexität der Liebhabereithematik durch folgende zwei Beispiele aus der Rechtsprechung veranschaulicht werden:

In beiden Streitfällen waren die Kläger Rechtsanwälte (A und B), die Einkünfte aus selbständiger Arbeit (§§ 2 Abs. 1 Nr. 3, 18 EStG) erzielt hatten. Zudem ergingen beide Entscheidungen durch den XI. Senat des BFH.

Im ersten Streitfall erwirtschaftete A in den Streitjahren 1978 bis 1981 einen Verlust von ca. 580 000 DM, den er mit positiven Einkünften aus seiner Beteiligung an der Firma A verrechnen wollte. Für die Jahre 1971 bis 1992 betrugen die Verluste aus der Rechtsanwalttätigkeit sogar ca. 985 000 DM. Der XI. Senat kam in diesem Fall zu dem Urteil, dass die Tätigkeit des Rechtsanwalts nicht als Liebhaberei beurteilt werden dürfe.[11]

Im zweiten Fall hatte B in den Streitjahren 1987 bis 1999 Verluste in Höhe von ca. 100 000 DM erwirtschaftet. Seinen Lebensunterhalt konnte er mit Versorgungsbezügen aus seiner früheren Tätigkeit als Beamter unterhalten. Der XI. Senat wies in diesem Streitfall die Beschwerde gegen Nichtzulassung der Revision als unzulässig zurück. Das Urteil des FG Düsseldorf, das die Gewinnerzielungsabsicht verneint hatte bzw. die Tätigkeit als Liebhaberei beurteilt hatte, wurde somit rechtskräftig.[12]

Die Thematik der Arbeit erfordert daher, dass im Abschnitt zwei der Untersuchung „Liebhaberei – allgemeine Grundsätze" zunächst zentrale Themen behandelt werden, die als grundlegende Voraussetzung für die weitere Verständlichkeit der Arbeit erachtet werden müssen. Hierzu zählt im Besonderen der Grundsatzbeschluss des Großen Senats vom 25.06.1984, dem ein hoher Stellenwert im Rahmen der Liebhabereirechtsprechung beigemessen werden muss. Dieser wird daher in seinen Grundzügen bereits im Abschnitt 2.1 erörtert, um im Weiteren die auf diesem Urteil aufbauenden Entscheidungen der verschiedenen Senate des BFH auf Gemeinsamkeiten und Unterschiede überprüfen zu können. Mit dem Ziel, ein besseres Verständnis beim Leser für den Stellenwert des o. g. Beschlusses zu entwickeln, soll zu Beginn der Wechsel vom objektiven zum subjektiven Liebhabereibegriff durch einen historischen Rückblick auf die Rechtsprechung des BFH vor dem Grundsatzbeschluss des Großen Senats erfolgen. Der sog. „zweigliedrige Tatbestand" schließt diesen Abschnitt ab. Der Abschnitt 2.2 erörtert grundlegende Sachverhalte bezüglich der einkommensteuerrechtlichen Relevanz/Irrelevanz einer zu beurteilenden Tätigkeit. Die Kontinuität und Diskontinuität der Liebhabereirechtsprechung des BFH unmittelbar nach

---

[11] Vgl. BFH-Urteil v. 22.04.1998 XI R 10/97. In: world-wide-web [gefunden am 10.03.2005]: http://jurisweb.de; Vgl. auch Abschnitt 2.2.2.2.
[12] BFH-Beschluss v. 28.11.2002 XI B 12-14/00. In: world-wide-web [gefunden am 10.03.2005]: http://jurisweb.de.

1984 sowie steuerrechtliche Ermittlungsvorschriften und die Beweislastregelung sind Gegenstand des Abschnitts 2.3, in dem auf die als „gesichert" geltende ständige Rechtsprechung des BFH nach 1984 eingegangen wird. Die zentrale Frage, die hier - bezüglich der Beweislastregelung im Rahmen der Liebhaberei - beantwortet werden soll, lautet: Wer trägt wann, wofür die Beweislast und welche Bedeutung hat der Anscheinsbeweis im Rahmen der Beweislastregelung.

Im Abschnitt 2.4 werden Parallelen und Unterschiede der Rechtsprechung auf der Grundlage der Einkommensteuergesetze von 1891, 1920, 1925 und 1934 aufgezeigt. Hier sei bereits jetzt darauf hingewiesen, dass mögliche Parallelen zur heutigen Rechtsprechung stets vor dem Hintergrund der damaligen Zeit und der damals geltenden Gesetzeslage zu sehen sind. In diesem Zusammenhang wird auf die Bedeutung und den Einfluss der zum jeweiligen Zeitpunkt vorherrschenden Theorien auf die Einkommensteuergesetze eingegangen, deren wesentliche Grundsätze ebenfalls Erwähnung finden werden. Die im Schrifttum angeführten Rechtfertigungsgründe (Fiskalzweck, Leistungsfähigkeitsprinzip und Abgrenzung der Erwerbsphäre zur Privatsphäre) für die Liebhaberei werden im Abschnitt 2.5 erörtert. Der abschließende Abschnitt 2.5.4 beinhaltet eine zusammenfassende eigene Stellungnahme, die mit Meinungen aus dem Schrifttum bekräftigt werden soll.

Im dritten Abschnitt „Liebhaberei – allgemeine Tatbestandsmerkmale und Beweisanzeichen" soll geklärt werden, welche Voraussetzungen erfüllt sein müssen, damit Einkünfte erzielt werden bzw. wann Einkünfteerzielungsabsicht oder Liebhaberei vorliegt. Hierzu wird in Abschnitt 3.1 die Einkünfteerzielungsabsicht im Allgemeinen sowie die unter dem Begriff der Einkünfteerzielungsabsicht zusammengefassten Begriffe Gewinnerzielungsabsicht und Überschusserzielungsabsicht erörtert. In den anschließenden Abschnitten werden die für die Einkünfteerzielungsabsicht relevanten Begriffe bzw. Formulierung Totalerfolg, Anlaufverluste, Totalerfolgprognose sowie deren Einflussfaktoren (Beurteilungseinheit, Totalerfolgsperiode) und „persönliche Gründe und Neigungen" thematisiert. In Zusammenhang mit den „persönlichen Gründen und Neigungen" wird nochmals auf die grundsätzliche Bedeutung des Anscheinsbeweises sowie auf die Liebhabereirechtsprechung des BFH zu nebenberuflichen Einkünften eingegangen. In Abschnitt 3 wird erstmals die Komplexität des einzelfallabhängigen Rechtsinstituts der Liebhaberei deutlich. Er bildet daher die Grundlage für das weitere Verständnis und zugleich den Schwerpunkt der Arbeit.

Grundsätzliche Fallkonstruktionen, in Form von Parallelen bei ergangenen Urteilen, werden im Abschnitt vier „Grundsätzliche Fallgestaltungen bei Annahme von Liebhaberei" erörtert. Es sollen die vom Einzelfall und von den einkunftsartspezifischen Besonderheiten abhängigen Urteile der Finanzgerichtsbarkeit in Bezug auf zentrale Ausgangssituationen systematisiert werden. Hierbei muss eine weitergehende Beurteilung stets unter Berücksichtigung des vom Einzelfall abhängigen Sachverhalts erfolgen, dem das betreffende Urteil zu Grunde gelegen hat. Die Abschnitte 4.1 bis 4.5 behandeln folgende Fallgestaltungen: Einkünfteerzielungsabsicht von Beginn an, Fehlen der Einkünfteerzielungsabsicht von Beginn an, Wegfall der Einkünfteerzielungsabsicht zu einem späteren Zeitpunkt, Beginn der Einkünfteerzielungsabsicht zu einem späteren Zeitpunkt sowie die zwischenzeitliche Liebhabereiphase.

Im Abschnitt fünf „Spezielle Beweisanzeichen für Liebhaberei" liegt der Schwerpunkt auf ausgewählten Problemstellungen bei den Einkünften aus Gewerbebetrieb (Abschnitt 5.1), selbständiger Arbeit (Abschnitt 5.2) und Vermietung und Verpachtung (Abschnitt 5.3). Zu Beginn des jeweiligen Abschnitts werden die grundlegenden Tatbestandsmerkmale der jeweiligen Einkunftsart erörtert. Anschließend werden der Anscheinsbeweis sowie einige, mit diesem in Zusammenhang stehende, Problemstellungen in Bezug auf die jeweilige Einkunftsart erörtert. Dem Leser soll in Abschnitt fünf anhand von jüngst ergangenen Urteilen ein Einblick in die aktuelle Rechtsprechungspraxis der Finanzgerichtsbarkeit eröffnet werden sowie die Relevanz von einkunftsartspezifischen Besonderheiten mit Hilfe von ausgewählten Problemstellungen exemplarisch darstellen.

2 Liebhaberei – Allgemeine Grundsätze

Im zweiten Abschnitt sollen dem Leser grundlegende Kenntnisse vermittelt werden. Hierzu wird einleitend der Grundsatzbeschluss des Großen Senats vom 25.06.1984 in seinen wesentlichen Teilen erörtert. Anschließend wird auf die einkommensteuerrechtliche Relevanz/Irrelevanz einer Tätigkeit im Allgemeinen sowie auf die Beweislastregelung im Rahmen des Abschnitts „Steuerrechtliche Ermittlungsvorschriften und Beweislastregelung" eingegangen. Zudem wird ein historischer Rückblick vorgenommen und letztendlich auf mögliche Rechtfertigungsgründe sowie deren Relevanz eingegangen.

2.1 „Ständige Rechtsprechung" des BFH seit dem Grundsatzbeschluss des Großen Senats vom 25.06.1984

Im Schrifttum wird dem Beschluss des Großen Senats vom 25.06.1984 ein besonderer Stellenwert beigemessen, der nach von Gehlen und Paus gar eine „Wende" in der Rechtsprechung dargestellt hat.[13] Diese Formulierung ist durchaus berechtigt, da der BFH auf Grundlage dieses Beschlusses offiziell und gemäß Weber-Grellet sogar „uneingeschränkt" vom objektiven zum subjektiven Liebhabereibegriff zurückgekehrt ist. Mit der Rückkehr zum subjektiven Liebhabereibegriff schloss sich der Große Senat der überwiegenden Meinung im Schrifttum an, das bereits seit langem eine Rückkehr zur subjektiven Betrachtung gefordert hatte. Weber-Grellet sieht in diesem Schritt sogar eine „Hinwendung zum Gesetz". Explizit führt er die §§ 2 Abs. 1, 15 Abs. 2 Satz 1, 15 Abs. 3 und 12 EStG an.[14] Pferdemenges schließt allerdings nicht aus, dass man auch von einer „gemischt subjektiv - objektiven Betrachtungsweise" sprechen könne, da die Abgrenzung von Liebhabereitätigkeiten von den steuerlich relevanten

---

[13] Vgl. Gehlen von (1989): Die Abgrenzung von Liebhaberei und einkommensteuerlich relevanter Betätigung aus betriebswirtschaftlicher Sicht, S. 40ff; Paus (1992): Ungelöste Probleme der Liebhaberei, S. 129.

[14] Vgl. Weber-Grellet (1992a): Wo beginnt die Grenze zur „Liebhaberei"? (Teil I), S. 562.

Tätigkeiten sowohl von subjektiven, als auch objektiven Merkmalen abhängig sei.[15]

In der weiteren Bearbeitung der Thematik wird ersichtlich werden, dass zwar die Ermittlung zwangsläufig über objektive Merkmale erfolgt, die Rückschlüsse auf die subjektive Seite erlauben, jedoch die abschließende Beurteilung letztendlich im Wesentlichen subjektiv geprägt ist. Die Finanzgerichtsbarkeit hat daher zunächst das Gewicht der verschiedenen Beweisanzeichen im finanzgerichtlichen Verfahren abzuwägen und kann daher den speziellen Einzelfall nur auf Grundlage der Gesamtumstände der Verhältnisse abschließend beurteilen. Aus diesem Grund erscheint der „subjektive Liebhabereibegriff" angemessener zu sein und soll somit in der weiteren Bearbeitung verwendet werden. Um den subjektiven Liebhabereibegriff von dem objektiven Liebhabereibegriff zu differenzieren und um die Tragweite des Grundsatzbeschlusses des Großen Senats vom 25.06.1984 nachvollziehen zu können, wird zunächst auf die Rechtsprechung des BFH in den Jahren vor 1984 eingegangen.

2.1.1 Der Wechsel vom objektiven zum subjektiven Liebhabereibegriff

Bis zum Jahre 1969 lag gemäß BFH-Rechtsprechung eine einkommensteuerrechtlich relevante Tätigkeit immer dann vor, wenn die Kriterien einer „wirtschaftlichen Betriebsführung" als erfüllt erachtet wurden und ein „nachhaltiger Gewinn" nach Abschluss der Anlaufphase vorlag. Die Beurteilung sollte stets nach den objektiven Verhältnissen erfolgen, wobei der subjektiven Einstellung des Steuerpflichtigen in Grenzfällen eine gewisse Bedeutung beigemessen werden sollte.[16] Die Urteilsbegründungen des BFH der Jahre 1970 bis 1984 (im Hinblick auf die Tätigkeiten des § 2 Abs. 1 Nrn. 1-3 EStG) sind von einem rein objektiven Liebhabereibegriff gekennzeichnet. Es ist festzustellen, dass i. d. R. die Vorstellungen und Gründe des Steuerpflichtigen keine Berücksichtigung in den Urteilsbegründungen des BFH fanden. In den damaligen Entscheidungen

---

[15] Vgl. Pferdemenges (1990): Einkünfteerzielungsabsicht, S. 58; Raupach/Schenking (2002): Einkommensteuer- und Körperschaftsteuergesetz Kommentar, § 2 Rn. 386ff.
[16] Vgl. ebd. Pferdemenges (1990), S. 60.

vertrat der BFH stets die Auffassung, dass eine Liebhaberei dann vorläge, „wenn nach den im Einzelfall erkennbaren objektiven Verhältnissen erkennbar ist, daß [sic] ein Betrieb nicht nach betriebswirtschaftlichen Grundsätzen geführt wird oder trotzdem (nach seiner Wesensart) auf die Dauer gesehen nicht nachhaltig mit Gewinn arbeiten kann".[17] Somit wurde eine Tätigkeit, unabhängig von der Beachtung wirtschaftlicher Grundsätze im Rahmen der Betriebsführung, einkommensteuerrechtlich unbeachtlich, wenn sie auf Dauer gesehen zu Verlusten nach Abschluss der Anlaufphase führte.

Für die Einkünfte aus Vermietung und Verpachtung (§ 2 Abs. 1 Nr. 5 EStG) galt diese rein objektive Betrachtungsweise nicht. Im Rahmen dieser Einkunftsart war eine Feststellung von persönlichen Motiven oder privaten Neigungen erforderlich, um die Tätigkeit als Liebhabereitätigkeit zu qualifizieren. Ein mangelnder Überschuss der Einnahmen über die Werbungskosten (Verlust) war somit allein nicht ausreichend. Ein Anzeichen für einen sich andeutenden Wandel in der Rechtsprechung war die Entscheidung des VIII. Senats des BFH vom 21.10.1980. In seiner Urteilsbegründung betonte der VIII. Senat, dass es schwer vorstellbar sei, „daß [sic] jemand Gebäude oder Räume in Gebäuden ohne Überschusserzielungsabsicht, lediglich aus persönlicher Neigung an Fremde vermietet."[18]

Ob diese faktische Ungleichbehandlung von Einkunftsarten im Bereich der Liebhabereirechtsprechung zu jener Zeit als gesetzeskonform beurteilt wurde, konnte der Literatur nicht entnommen werden. Festzustellen ist hingegen, dass der objektive Liebhabereibegriff auf erhebliche Ablehnung im Schrifttum stieß.[19]

---

[17] BFH-Urteil v. 22.11.1979 IV R 88/76, BStBl. II 1980, S. 153 m. w. N.. Zitiert nach Pferdemenges (1990): Einkünfteerzielungsabsicht, S. 61.
[18] BFH-Urteil v. 21.10.1980 VIII R 81/79, BStBl. II 1981, S. 452.
[19] Vgl. Meilicke (1979): „Liebhaberei" im Einkommensteuerrecht – ein Lieblingskind richterlicher Gesetzgebung, S. 337; Kruse (1980): Grundfragen der Liebhaberei, S. 228; Zustimmend hingegen Job (1977): Die steuerrechtliche Liebhaberei", S. 81ff.

2.1.2 Der Grundsatzbeschluss des Großen Senats vom 25.06.1984

Nach Söffing wurde dieser Entwicklung der höchstrichterlichen Liebhabereirechtsprechung mit dem Beschluss des Großen Senats vom 25.06.1984 ein Ende gesetzt.[20] Dieser Grundsatzbeschluss wurde gemäß JURIS in über 950 Entscheidungen der Finanzgerichte und in über 210 Beiträgen in Fachzeitschriften u. Ä. zitiert, was seine Bedeutung für die weitere Rechtsprechung der FG und des BFH belegt.[21]

Mit diesem Beschluss antwortete der Große Senat auf einen Vorlagebeschluss des IV. Senats des BFH, der über die Rechtmäßigkeit von negativen Gewinnfeststellungen der Jahre 1969 bis 1971 für eine GmbH & Co. KG zu entscheiden hatte. Das Unternehmen war 1969 auf Veranlassung einer New Yorker Reederei gegründet worden und hatte als Unternehmensgegenstand den Bau und Betrieb eines Container-Schiffes (sog. „Bremer Modell"). Zugleich diente der o. g. Beschluss als Antwort auf einen Vorlagebeschluss des I. Senats vom 17.02.1982.[22]

Der Große Senat äußerte sich in diesem Grundsatzbeschluss überwiegend zur Gewinnerzielungsabsicht, die für die einkommensteuerlich relevanten Tätigkeiten im Sinne des § 2 Abs. 1 Nrn. 1-3 EStG (Gewinneinkunftsarten) von Relevanz ist. Der Begriff „Liebhaberei" wurde allerdings nicht explizit verwendet. Aus der Urteilsbegründung ergibt sich jedoch, dass das Vorliegen oder Fehlen der Einkünfteerzielungsabsicht nicht nur für die betrieblichen Einkünfte von Relevanz ist, sondern auch die einkommensteuerlich relevanten Tätigkeiten im Sinne § 2 Abs. 1 Nrn. 4-7 EStG (Überschusseinkunftsarten) betroffen sind.[23]

Der Große Senat legte in seinem Beschluss fest, dass für das Vorliegen einer Einkunftsart gemäß § 2 Abs. 1 Nrn. 1-7 EStG eine Einkünfteerzielungsabsicht[24] vorausgesetzt werden müsse. Die Argumentation des Großen Sentas lautete wie folgt: „Bei der Ermittlung des Einkommens für die Einkommensteuer sind nur

---

[20] Vgl. Söffing (1992): Einkünfteerzielungsabsicht - Liebhaberei, S. 235ff.
[21] Gemäß JURIS. In: world-wide-web [gefunden am 10.03.2005]: http://jurisweb.de.
[22] Vgl. Wissel (1997): Einkünfteerzielungsabsicht und Einkommensbegriff, S. 143.
[23] Vgl. Pferdemenges (1990): Einkünfteerzielungsabsicht, S. 62.
[24] Oberbegriff für Gewinnerzielungs- und Überschusserzielungsabsicht

solche positiven oder negativen Einkünfte anzusetzen, die unter die Einkünfte des § 2 Abs. 1 Nrn. 1-7 EStG [sic][25] fallen. Kennzeichnend für diese Einkunftsarten ist, daß [sic] die ihnen zugrunde [sic] liegenden Tätigkeiten oder Vermögensnutzungen auf eine größere Zahl von Jahren gesehen der Erzielung positiver Einkünfte oder Überschüsse dienen. Fehlt es an dieser Voraussetzung, so fallen die wirtschaftlichen Ergebnisse auch dann nicht unter eine Einkunftsart, wenn sie sich ihrer Art nach unter § 2 Abs. 1 EStG [sic] einordnen ließen."[26] Daraus folgt, dass jede unter den objektiven Tatbestand einer Einkunftsart fallende Tätigkeit, die ohne Einkünfteerzielungsabsicht ausgeführt wird, als Liebhabereibetätigung zu definieren ist. Zudem wird das Merkmal einer generellen Einkünfteerzielungsabsicht gemäß § 2 Abs. 1 Satz 1 EStG abgeleitet, das als immanentes Merkmal aller Einkunftsarten zu verstehen ist.[27]

Der Große Senat begründete diese Entscheidung mit dem Zweck des EStG, der in der Beschaffung von Mitteln für die öffentliche Hand liege. Dabei sei der Steuerpflichtige entsprechend seiner Leistungsfähigkeit heranzuziehen. Um diesen Zweck zu erreichen, könnten bzw. sollten auf die Dauer gesehen nur positive Einkünfte für die Besteuerung erfasst werden.[28] Dementsprechend sind neben Verlusten und Gewinnen/Einnahmen, die durch eine Tätigkeit erwirtschaftet werden, die zu keiner der sieben Einkunftsarten zugeordnet werden können (Lotteriegewinne; Preise, die jemand für sein Lebenswerk erhält, ...)[29], auch Verluste und Gewinne/Einnahmen, die ohne Einkünfteerzielungsabsicht erwirtschaftet wurden (Liebhaberei), nicht steuerbar.[30] Der Verlustbegriff ist nur unzu-

---

[25] Im BFH-Beschluss v. 25.06.1984 (GrS 4/82, BStBl. II 1984, S. 766) wird stets auf den, zumindest auf Grundlage des heutigen EStG, „falschen" § 2 Abs. 3 EStG verwiesen. In der weiteren Bearbeitung wird daher die heute zutreffende Norm - § 2 Abs.1 EStG - verwendet.
[26] BFH-Beschluss v. 25.06.1984 GrS 4/82, BStBl. II 1984, S. 766.
[27] Vgl. Weber-Grellet (1992a): Wo beginnt die Grenze zur „Liebhaberei"? (Teil I), S. 562.
[28] Vgl. BFH-Beschluss v. 25.06.1984 GrS 4/82, BStBl. II 1984, S. 766.
[29] Birk (2003): Steuerrecht, § 6 Rn. 535.
[30] Gemäß § 23 Abs. 3 EStG sind Verluste aus privaten Veräußerungsgeschäften nur in Höhe des erzielten Gesamtgewinns aus privaten Veräußerungsgeschäften des gleichen Kalenderjahres ausgleichsfähig. Verluste die den Gesamtgewinn des gleichen Kalenderjahres übersteigen dürfen nicht nach § 10 d EStG abgezogen werden. Sie mindern hingegen nach Maßgabe des § 10 d EStG die Verluste, die der Steuerpflichtige in

länglich in die Terminologie des EStG integriert, aus diesem Grund soll im Rahmen der Bearbeitung Verluste als negative Einkünfte verstanden werden, bei denen Überschüsse der Erwerbsaufwendungen über die Erwerbsbezüge vorliegen.[31]

Der Große Senat stellte klar, dass die Einkünfteerzielungsabsicht eine innere Tatsache sei, die nur anhand äußerlicher Merkmale beurteilt werden könne. Aus diesem Grund müsse aus „objektiven Umständen" auf das Vorliegen oder Fehlen der Absicht geschlossen werden, wobei einzelne Umstände einen „Anscheinsbeweis (prima-facie-Beweis)" liefern könnten, der vom Steuerpflichtigen entkräftet werden könne.[32]

Der Große Senat führte in seinem Beschluss vom 25.06.1984 je ein Beweisanzeichen für und gegen das Vorliegen einer Gewinnerzielungsabsicht an, die er als Merkmal des gewerblichen Unternehmens i. S. des § 15 Nr. 1 Satz 1 EStG als Streben nach Betriebsvermögensmehrung in Gestalt eines Totalgewinns[33] verstanden hat. In diesem Sinne sei der Gewinn im Begriff Gewinnabsicht als Kennzeichen eines gewerblichen Unternehmens als Totalgewinn aufzufassen, was sich aus der Funktion des Merkmals ergäbe. Zur Charakterisierung der in § 2 Abs. 1 Nrn. 1-3 EStG aufgeführten Gewinneinkünfte sei es erforderlich, auf den Totalgewinn abzustellen, weil nur so eine Abgrenzung von Tätigkeiten innerhalb und außerhalb einer der im EStG bezeichneten Einkunftsarten möglich sei.[34] Der Totalgewinn ist gemäß dieses Beschlusses „als Gesamtergebnis des Betriebes von der Gründung bis zur Veräußerung oder Aufgabe oder Liquidation (§ 16 Abs. 2, 3 i.V.m. § 4 Abs. 1, § 5 EStG)"[35] zu verstehen. Hierin besteht ein weiterer wesentlicher Unterschied zu der früheren Rechtsprechung, da diese

---

dem unmittelbar vorangegangenen Veranlagungszeitraum oder in folgenden Veranlagungszeiträumen erzielt oder erzielt hat. Dies gilt für Verluste aus privaten Veräußerungsgeschäften nach § 23 Abs. 1 EStG.
[31] Vgl. Tipke/Lang (2002): Steuerrecht, § 1 Rz. 60ff.
[32] Vgl. BFH-Beschluss v. 25.06.1984 GrS 4/82, BStBl. II 1984, S. 767; Vgl. Auch Abschnitt 2.2.
[33] Vgl. Abschnitt 3.2.
[34] Vgl. BFH-Beschluss v. 25.06.1984 GrS 4/82, BStBl. II 1984, S. 766.
[35] BFH-Beschluss v. 25.06.1984 GrS 4/82, BStBl. II 1984, S. 766.

nur den nachhaltigen, wenn auch nur bescheidenen, Gewinn nach Abschluss der Anlaufphase für maßgeblich hielt. Der BFH hat, in Anschluss an den Beschluss des Großen Senats vom 25.06.1984, jedoch die verlustbelastete Vergangenheit einschließlich der Anfangsverluste als zwingend ausgleichsfähig erachtet.[36] Diese Aussage ist gemäß der neuesten Entwicklungen in der Rechtsprechung allerdings nur noch begrenzt gültig, da der BFH z. T. von der o. g. Definition des Totalgewinns abweicht und darüber hinaus weitere Kriterien bei der Ermittlung des maßgeblichen Beurteilungszeitraumes, der sog. Totalerfolgsperiode, berücksichtigt.[37]

Als Beweisanzeichen für das Vorliegen einer Gewinnerzielungsabsicht führt der Große Senat eine Betriebsführung an, „bei der der Betrieb nach seiner Wesensart und der Art seiner Bewirtschaftung auf die Dauer gesehen dazu geeignet und bestimmt ist, mit Gewinn zu arbeiten".[38] Dieses erfordere eine in die Zukunft gerichtete und langfristige Beurteilung, wofür die Verhältnisse eines bereits abgelaufenen Zeitraums wichtige Anhaltspunkte bieten könnten.[39] Der oben zitierte Grundsatz wird in späteren Urteilen durch die verschiedenen Senate des BFH unterschiedlich ausgelegt. Dies ist im Wesentlichen - abgesehen von der Würdigung der Gesamtumstände des speziellen Sachverhalts - auf die Formulierungen „geeignet" und „bestimmt" zurückzuführen. In der Beurteilung der Geeignetheit dürfte allerdings ein größerer Auslegungsspielraum bestehen, als in der der Bestimmtheit eines Betriebes, Gewinne zu erzielen. Diese Problematik soll im Abschnitt 3.6.1 in Verbindung mit dem Anscheinsbeweis anhand von ergangenen Urteilen des BFH detaillierter erörtert werden.

Als Beweisanzeichen gegen das Vorliegen einer Gewinnerzielungsabsicht bei einer Personengesellschaft führt der Große Senat an, dass „wenn die Personengesellschaft nach Art ihrer Betriebsführung keine Mehrung ihres Gesellschafter-

---

[36] Vgl. Weber-Grellet (1992a): Wo beginnt die Grenze zur „Liebhaberei"? (Teil I), S. 564.
[37] Vgl. BFH-Urteil v. 26.02.2004 IV R 43/02, DStZ 2004, S. 342; Hessisches FG, Urteil v. 17.03.1999, 8 K 6110/91, DStRE 2000, S. 66; FG Münster, Urteil v. 14.12.2000, 2 K 188/97 F, DStRE 2001, S. 961.
[38] BFH-Beschluss v. 25.06.1984 GrS 4/82, BStBl. II 1984, S. 767.
[39] Vgl. BFH-Beschluss v. 25.06.1984 GrS 4/82, BStBl. II 1984, S. 767.

vermögens in Gestalt eines positiven Totalergebnis erreichen kann und ihre Tätigkeit nach der Gestaltung des Gesellschaftervertrages allein darauf angelegt ist, ihren Gesellschaftern Steuervorteile"[40] zu vermitteln. In diesem Fall liege der Grund für die Fortführung der verlustbringenden Tätigkeit allein im Lebensführungsbereich der Gesellschafter. Diese seien dann nur daran interessiert, ihre persönliche Steuerbelastung aus anderen Tätigkeiten oder Vermögensnutzungen zu mindern oder zu vermeiden.

Die Gewinnerzielungsabsicht i. S. einer „bloßen Steuerersparnis" ist für sich genommen nicht zur Kennzeichnung eines gewerblichen Unternehmens geeignet.[41] Im Umkehrschluss bedeutet diese Feststellung, dass sie im Regelfall allein ebenso wenig als Begründung für eine fehlende Gewinnerzielungsabsicht geeignet ist. Ansonsten sieht der Große Senat die „planmäßig betriebene Minderung von Personensteuern" als einen „sonstigen wirtschaftlichen Vorteil" im weiteren Sinne, der unter dem „mehrdeutigen" Gewinnbegriff (§ 1 Abs. 1 GewStDV) subsumiert werden kann.[42] Dementsprechend führte der BFH in seinem Urteil vom 21.06.2004 aus, dass eine aus dem Verlustausgleich resultierende Steuerersparnis für sich genommen im Regelfall kein einkommensteuerrechtlich unbeachtliches Motiv im Sinne der Liebhabereirechtsprechung darstelle. Zur Begründung führte der X. Senat aus, dass in der bisherigen Rechtsprechung die Steuerersparnis nur dann tragend als persönliches Motiv für die Hinnahme von Verlusten herangezogen worden sei, wenn es sich um eine Verlustzuweisungsgesellschaft gehandelt habe, deren Geschäftskonzept darauf beruhe, zunächst buchmäßige Verluste auszuweisen, um zu einem späteren Zeitpunkt steuerfreie oder -begünstigte Veräußerungsgewinne erzielen zu können.[43]

Der Große Senat wies darauf hin, dass alle Umstände des Einzelfalls zu berücksichtigen seien. Dauernde Verluste könnten hingegen nicht allein ausschlaggebend für das Fehlen einer Gewinnerzielungsabsicht sein. „Bei längeren Verlust-

---

[40] BFH-Beschluss v. 25.06.1984 GrS 4/82, BStBl. II 1984, S. 767.
[41] Vgl. BFH-Beschluss v. 25.06.1984 GrS 4/82, BStBl. II 1984, S. 767.
[42] Vgl. BFH-Beschluss v. 25.06.1984 GrS 4/82, BStBl. II 1984, S. 766.
[43] Vgl. BFH-Urteil v. 21.06.2004, BStBl. II 2004, S. 1066.

perioden muß [sic] aus weiteren Beweisanzeichen die Feststellung möglich sein, daß [sic] der Steuerpflichtige die verlustbringende Tätigkeit nur aus im Bereich seiner Lebensführung liegenden persönlichen Gründen oder Neigungen ausübt."[44] Entscheidend ist hierbei das im Handeln dokumentierte Wollen, also eine objektivierte Absicht und nicht der verbal geäußerte Wille des Steuerpflichtigen. Somit kommt dem Bereich der „persönlichen Gründe und Neigungen" mit der Rückkehr zum subjektiven Liebhabereibegriff eine entscheidende Bedeutung zu.[45]

Dass zumindest die Finanzgerichte bis zum heutigen Tage einige Schwierigkeiten in der Berücksichtung dieses Sachverhalts haben, wird in dem bereits erwähnten Urteil des X. Senats vom 21.06.2004 deutlich. In diesem Urteil führt der X. Senat an, dass ein wesentlicher Grund für die Aufhebung finanzgerichtlicher Urteile durch den BFH, in denen das Vorliegen der Gewinnerzielungsabsicht durch die FG verneint worden war, häufig in der fehlenden ausdrücklichen Feststellung von persönlichen Motiven gelegen habe. Der BFH habe seit der erneuten Hinwendung zum subjektiven Liebhabereibegriff in keinem einzigen Fall die Gewinnerzielungsabsicht von Steuerpflichtigen, die nicht typischerweise in der Nähe des Hobbybereichs anzusiedeln war, allein wegen der Tatsache langjährig erwirtschafteter Verluste verneint.[46]

Der Große Senat verwies darauf, dass bei einer Tätigkeit die Gewinnabsicht später einsetzen oder wegfallen könne und somit eine einkommensteuerrechtlich relevante Tätigkeit später beginnen oder auch wegfallen könnte, als es dem tatsächlichen Betriebsbeginn entsprechen würde.[47] Eine Betriebsaufgabe mit der Folge der Überführung des Betriebsvermögens in das Privatvermögen ist darin allerdings nicht zu sehen. Anderseits gilt ein Gewerbebetrieb als eröffnet, wenn ein Steuerpflichtiger eine zunächst nicht vorhandene Gewinnerzielung

---

[44] BFH-Beschluss v. 25.06.1984 GrS 4/82, BStBl. II 1984, S. 767.
[45] Vgl. Weber-Grellet (1992a): Wo beginnt die Grenze zur „Liebhaberei"? (Teil I), S. 562ff.
[46] Vgl. BFH-Urteil v. 21.06.2004, BStBl. II 2004, S. 1065.
[47] Vgl. BFH-Beschluss v. 25.06.1984 GrS 4/82, BStBl. II 1984, S. 767.

fasst.[48] Aufgrund dieser Aussage könnte davon ausgegangen werden, dass der BFH schon im Jahr 1984 eine Fortschreibung bzw. Variation des Prognosezeitraums für denkbar erachtet hatte oder zumindest Raum für weitere Rechtsfortbildung schaffen wollte. Eine derartige Argumentation steht allerdings den durch den Großen Senat getätigten Ausführungen zur Bedeutung und Definition des Totalgewinns entgegen. Ebenso entspricht sie nicht dem Charakter der Totalerfolgsprognose, die den Totalerfolg als ex ante Größe ermittelt.[49]

2.1.3 Zweigliedriger Tatbestand als „Kern" der ständigen Rechtsprechung

Nach der h. M. im Schrifttum erfolgt die Prüfung, ob eine Liebhabereitätigkeit vorliegt, grundlegend in zwei Schritten.[50] Diese Vorgehensweise wird aus der ständigen Rechtsprechung des BFH abgeleitet. Speziell wird auf das Urteil des BFH vom 19.11.1985 (VIII R 4/83)[51] verwiesen, das sich gemäß Honisch als „äußerst hilfreich" für die Vorgehensweise im Rahmen der weiteren Liebhabereirechtsprechung erwiesen habe.[52] Nach Stein verkörpert der durch den BFH kreierte „zweigliedrige Liebhabereibegriff" ebenfalls eine zweistufige Prüfung.[53] Weber-Grellet bezeichnet die Einkünfteerzielungsabsicht als einen „zweigliedrigen Tatbestand", bei dem zunächst eine Ergebnisprognose erfolgen soll, für die eine in die Zukunft gerichtete langfristige Beurteilung erforderlich sei. Die Verhältnisse der Vergangenheit könnten hierbei wichtige Anhaltspunkte liefern. Ist diese Ergebnisprognose negativ, soll geprüft werden, ob die zu Grunde liegende Tätigkeit einkommensteuerrechtlich irrelevant ist. Umgekehrt seien Einkünfte steuerbar, wenn die Ergebnisprognose positiv ist oder wenn trotz negativer Ergebnisprognose keine einkommensteuerrechtlich irrelevante Motivation ein-

---

[48] Vgl. Seeger (2004): EStG, § 2 Rn. 28.
[49] Theisen (1999): Die Liebhaberei – Ein Problem des Steuerrechts und der Betriebswirtschaftlichen Steuerlehre, S. 262.
[50] Vgl. Weber-Grellet (1998): Liebhaberei im Ertragssteuerrecht, S. 873; Korn/Fuhrmann (2004a): Entwicklungen und Zweifelsfragen zur „Liebhaberei" im Einkommensteuerrecht -Teil 1-, S. 394; Braun (2000): Objektivierung der Gewinnerzielungsabsicht bei der Liebhaberei, S. 283f.
[51] Vgl. auch Abschnitt 3.5.1.1.
[52] Vgl. Honisch (2000): Zu den Inflationstendenzen bei der Liebhaberei, S. 545.
[53] Vgl. Stein (2004): Verlustausgleich oder Liebhaberei bei der Vermietung von Grundstücken, S. 49.

greife.[54] Diese schlichte Definition reduziere die einschlägigen Passagen der Urteile der Finanzgerichte auf ihren Kern, trenne die maßgeblichen Kriterien voneinander ab und zwinge auf diese Weise zur systematischen Prüfung. Die Schwierigkeiten lägen für den Rechtsanwender bei der Ermittlung der Ergebnisprognose und der Beurteilung der maßgebenden Veranlassung, aus der das prognostizierte Ergebnis resultiere.[55]

Korn/Fuhrmann führen aus, dass Einkünfte aus Gewerbebetrieb nur dann vorlägen, wenn der Steuerpflichtige einen betrieblichen Totalgewinn erstrebe. Bei ihnen erfolgt die Prüfung ebenfalls in zwei Schritten:[56] Zunächst soll eine Prognoseberechnung Auskunft geben, ob der Betrieb einen Totalgewinn erwirtschaften kann oder - bei bereits erfolgter Beendigung - erwirtschaftet hat (= Ergebnisprognose). Ist dieses anzunehmen oder zu bejahen, so müsse aus dieser äußeren Tatsache auf eine entsprechende innere Absicht des Steuerpflichtigen geschlossen werden. Das Vorliegen der Einkünfteerzielungsabsicht sei dann grundsätzlich anzunehmen. Sie resultiere allerdings nicht zwingend aus diesen Erkenntnissen, da beim bloßen Ausnutzen einer sich einmalig bietenden Gelegenheit die Gewinnerzielungsabsicht trotz Totalgewinn fehlen könne. Ist die Ergebnisprognose hingegen negativ, so sei zu prüfen, ob der prognostizierte oder der bereits festgestellte Totalverlust aufgrund einkommensteuerrechtlich beachtlicher oder unbeachtlicher Motive hingenommen wurde. Losgelöst von der Prüfungsfolge sei allerdings zu beachten, dass das Vorhandensein oder Fehlen der Einkünfteerzielungsabsicht im Wesentlichen auf Schlussfolgerungen tatsächlicher Art beruhe. An derartige tatsächliche Feststellung i. S. v. § 118 Abs. 2 FGO ist das Revisionsgericht gebunden. Daher müsse „besonderes Gewicht auf die richtige und umfassende Darlegung der maßgeblichen Umstände spätestens im finanzgerichtlichen Verfahren gelegt werden"[57].

---

[54] Vgl. Weber-Grellet (1998): Liebhaberei im Ertragssteuerrecht, S. 873.
[55] Vgl. Weber-Grellet (1992a): Wo beginnt die Grenze zur „Liebhaberei"? (Teil I), S. 563.
[56] Vgl. Korn/Fuhrmann (2004a): Entwicklungen und Zweifelsfragen zur „Liebhaberei" im Einkommensteuerrecht -Teil 1-, S. 394.
[57] Ebd. Korn/Fuhrmann (2004a), S. 394.

Die Ausführungen von Korn/Fuhrmann, als auch die von Weber-Grellet verweisen auf die Schwierigkeiten, die bei der beschriebenen zweigliedrigen Prüfung zu berücksichtigen sind. Zudem muss vor der Prüfung, ob eine Einkünfteerzielungsabsicht vorliegt, die Einkunftsart feststehen, da auch die einkunftsartspezifischen Besonderheiten für die weitere Prüfung von hoher Relevanz sind.[58] Dementsprechend muss der „zweigliedrige Tatbestand" zwar als hilfreiche Systematisierung angesehen werden, kann aber keineswegs als der finale Lösungsweg erachtet werden. Vermutlich vermeidet der BFH daher selbst die Begriffe „zweigliedriger Tatbestand" oder „zweigliedriger Liebhabereibegriff". Die Beurteilung der Einkünfteerzielungsabsicht ist somit ein relativ komplizierter Rechtsanwendungsprozess, dessen Komplexität zum einen mit der Natur der Einkünfteerzielungsabsicht als innere Tatsache und zum anderen mit der einzelfallabhängigen Beurteilung begründet werden kann.

2.2 Allgemeine einkommensteuerliche Relevanz/Irrelevanz der zu untersuchenden Tätigkeiten

Aus § 15 Abs. 2 Satz 1 und § 15 Abs. 3 Satz 1 EStG folgt, dass die Einkünfteerzielung eine darauf gerichtete Absicht voraussetzt.[59] Die Einkünfteerzielungsabsicht ist daher als die Absicht des Steuerpflichtigen, nachhaltig positive Einkünfte durch Erwerbstätigkeit bzw. Vermögensnutzung zu erwirtschaften, zu verstehen.[60] Liegt die Einkünfteerzielungsabsicht vor, so sind die aus der jeweiligen Tätigkeit stammenden Einkünfte grundsätzlich einkommensteuerrechtlich relevant. Steuerrechtlich negative Auswirkungen für den Steuerpflichtigen ergeben sich insofern nur, wenn nicht Verlustverrechnungsbeschränkungen, sachliche Steuerbefreiungen oder Ähnliches einer Berücksichtigung der positiven oder negativen Einkünfte entgegenstehen.[61]

---

[58] Vgl. BFH-Urteil v. 29.03.2001 IV R 88/99, BStBl. II 2002, S. 791.
[59] Vgl. Seeger (2004): EStG § 2 Rn. 22.
[60] Vgl. Braun (2000): Objektivierung der Gewinnerzielungsabsicht bei der Liebhaberei, S. 283.
[61] Vgl. Pferdemenges (1990): Einkünfteerzielungsabsicht, S. 193.

Alle positiven oder negativen Einkünfte, die ohne Einkünfteerzielungsabsicht erzielt werden, sind keine steuerbaren Einkünfte i. S. des EStG. Aus diesem Grund sind weder negative Einkünfte in Form von Verlusten, die u. U. als Überschüsse der Betriebsausgaben über die Betriebseinnahmen (vgl. § 4 Abs. 3 Satz 1 EStG) oder als Überschuss der Werbungskosten über die Einnahmen (§§ 2 Abs. 2 Nr. 2, 8, 9, 9a EStG) angefallen sind, noch etwaige Gewinne oder Überschüsse einkommensteuerrechtlich relevant. Sie wirken sich somit steuerrechtlich weder einkommensmindernd noch einkommenserhöhend aus.[62] Ausgenommen von diesem Grundsatz sind Einkünfte, die einen der beiden Ausnahmetatbestände der §§ 17, 23 EStG erfüllen. „Der Grund hierfür ist darin zu erblicken, daß [sic] das im Zusammenhang mit subjektiv nicht steuerbaren Tätigkeiten eingesetzte Vermögen als Privatvermögen zu qualifizieren ist."[63] Dementsprechend sind positive oder negative Einkünfte, die ohne Einkünfteerzielungsabsicht erzielt wurden, nicht bei der Steuerbemessungsgrundlage (= Quantifizierung des Steuerobjekts „Einkommen") zu berücksichtigen, da derartige Einkünfte als nicht steuerbar erachtet werden.[64]

2.3 Steuerrechtliche Ermittlungsvorschriften und Beweislastregelung

In Abschnitt 2.3 werden steuerrechtliche Ermittlungsvorschriften und die Beweislastregelung behandelt. Einleitend wird am Beispiel des IV. Senats veranschaulicht, welche Schwierigkeiten in der Übergangsphase zum subjektiven Liebhabererbegriff zu bewältigen waren. In diesem Zusammenhang werden einige grundsätzliche Aussagen zum Anscheinsbeweis erfolgen, der in den Abschnitten 3.5.1 und fünf nochmals anhand von Fällen aus der Rechtsprechung detaillierter behandelt wird.

Die verschiedenen Senate des BFH haben den Übergang vom objektiven zum subjektiven Liebhabereibegriff überwiegend unmittelbar nach dem Beschluss

---

[62] Vgl. BFH – Beschluss vom 25.06.1984 GrS 4 /82, BStBl. II 1984, S. 766.
[63] Pferdemenges (1990): Einkünfteerzielungsabsicht, S. 193.
[64] Vgl. Tipke/Lang (2002): Steuerrecht, § 1 Rz. 23ff.

des Großen Senats vom 25.06.1984 nachvollzogen. Einzig der IV. Senat konnte sich in seinem Urteil vom 15.11.1984, das die erste Liebhabereientscheidung nach dem Grundsatzbeschluss war, noch nicht endgültig vom objektiven Liebhabereibegriff lösen.[65] Ein Indiz für diese These ist folgende Aussage aus seinem Urteil, in dem es um eine Reitschule mit Pferdeverleih und Pensionspferdehaltung ging. Diese hatte mit andauernden Verlusten gearbeitet und letztendlich den Betrieb eingestellt. „Der Beweis, daß [sic] ein über Jahre hinweg mit Verlust arbeitender Betrieb nicht mit der Absicht der Gewinnerzielung geführt wird, der Steuerpflichtige vielmehr aus nicht wirtschaftlichen Gründen diese ständige finanzielle Belastung trägt, kann aber in der Regel dann als erbracht gelten, wenn feststeht, daß [sic] der Betrieb nicht nach betriebswirtschaftlichen Grundsätzen geführt wird und nach seiner Wesenart und der Art seiner Bewirtschaftung auf Dauer gesehen nicht nachhaltig mit Gewinnen arbeiten kann."[66] Der IV. Senat legt bei seiner Entscheidung noch ausschließlich objektive Maßstäbe zu Grunde, was gegen die Vorgabe des Großen Senats verstoßen hat. Dieser hatte ausdrücklich betont, dass aus objektiven Umständen auf das Vorliegen oder Fehlen der Absicht geschlossen werden müsse. Dabei könne eine Betriebsführung, „bei der der Betrieb nach seiner Wesensart und der Art der Bewirtschaftung auf die Dauer gesehen dazu geeignet und bestimmt ist, mit Gewinnen zu arbeiten"[67], ein Beweisanzeichen für das Vorliegen einer Gewinnerzielungsabsicht sein. Allerdings ist zu beachten, dass der Begriff „geeignet" nicht genau definiert ist und daher diesbezüglich ein relativ großer Auslegungsspielraum für die Finanzgerichtsbarkeit existiert.

Letztendlich vollzog auch der IV. Senat mit seiner Entscheidung vom 28.11.1985, in der es um eine Pferdezucht ging, den Übergang zum subjektiven Liebhabereibegriff. In diesem Urteil erachtete er es für nicht ausreichend, dass das FG allein aufgrund andauernder Verluste auf das Fehlen der Gewinnerzie-

---

[65] Vgl. Hutter (1998): Die persönlichen Motive und deren Feststellung in der Liebhaberei-Rechtsprechung des Bundesfinanzhofs, S. 344ff.
[66] BFH-Urteil v. 15.11.1984 IV R 139/81, BStBl. II 1985, S. 205.
[67] BFH-Beschluss v. 25.06.1984 GrS 4/82, BStBl. II 1984, S. 767.

lungsabsicht des Steuerpflichtigen geschlossen hatte. Zwar lägen Motive für eine Pferdehaltung und -zucht gerade bei derartigen Tätigkeiten häufig im privaten Bereich, dieser Umstand allein sei aber nicht zwingend. Aus diesem Grund müsse das FG ermitteln, wie es zur Aufnahme einer Pferdzucht gekommen sei, welche Überlegungen der Kläger hierbei hinsichtlich einer Gewinnerzielungsabsicht angestellt habe und er seine Maßnahmen an diesem Ziel ausgerichtet habe.[68]

Die Leitlinien für die Ermittlung von Steuersachverhalten, mit der die Steuerveranlagung beginnt, sind in den §§ 85 bis 95 AO zusammengefasst. Diese Leitlinien sollen zunächst grundlegend erörtert werden:

(1) Legalitätsprinzip und Sicherstellungsauftrag[69]

Die Finanzbehörden haben die Steuern nach Maßgabe der Gesetze festzusetzen (§ 85 AO). Dies bedingt die Gesetzmäßigkeit und Tatbestandsmäßigkeit der Besteuerung. Der § 85 Satz 2 AO fordert, dass die Finanzbehörden in jedem Einzelfall prüfen, ob der spezielle Sachverhalt nicht doch eine konkrete Ermittlung rechtfertigt. Der § 85 AO verbietet allerdings zugleich im Sinne einer Begrenzungsnorm eine Ermittlung ins Blaue. Somit ist er sowohl Antriebs- als auch Begrenzungsnorm.

Der BFH äußerte sich zu dieser Thematik wie folgt: „Ein Auskunftsersuchen ist ... nur dann nicht rechtmäßig, wenn irgendwelche Anhaltspunkte für steuererhebliche Umstände fehlen"[70]. Dementsprechend muss jeder Steuerpflichtige mit der Aufklärung seines Steuerfalls und der damit verbundenen potentiellen Kontrolle rechnen. Ein Ermessen steht den Finanzbehörden diesbezüglich nicht zu, sofern sie auf der Grundlage von Rechtsvorschriften von Amts wegen tätig werden müssen (§ 86 AO). Besondere Verfahren der Sachverhaltsaufklärung, die der Erfüllung der Aufgabe des § 85 AO dienen, sind die Außenprüfung (§§ 193

---

[68] Vgl. BFH-Urteil v. 28.11.1985 IV R 178/83, BStBl. II 1986, S. 293.
[69] Vgl. Jakob (2001): Abgabenordnung, Rn. 191ff.
[70] BFH-Urteil v. 23.10.1990, BStBl. II, S. 643. Zitiert nach: Jakob (2001): Abgabenordnung, Rn. 194.

– 207 AO), die Steuerfahndung (§ 208 AO) und die Steueraufsicht in Zoll- und Verbrauchssteuersachen (§§ 209 – 217 AO, § 27b UStG).[71]

(2) Untersuchungsgrundsatz[72]
Gemäß den §§ 88, 199 AO sind die Ermittlungen von Amts wegen sowohl zu Gunsten als auch zu Ungunsten des Steuerpflichtigen durchzuführen. Die Anregung zu sachdienlichen Erklärungen und Anträgen fällt in den Bereich der Fürsorgepflicht der Behörde, die nicht mit einer allgemeinen Auskunftspflicht gleichzusetzen ist. Das Ziel der Ermittlungen ist die Offenlegung des wahren Sachverhalts. Dies bedingt, dass grundsätzlich alle Erkenntnisquellen offen stehen.

(3) Verwertungsverbot[73]
Die vorgeschriebenen Formen der Sachverhaltsermittlung sind einzuhalten. Werden sie nicht beachtet (möglich bei Fehlverhalten im Rahmen der Außenprüfung oder Steuerfahndungsverfahren), dürfen die gewonnenen Erkenntnisse - obwohl sie bekannt geworden sind - nicht beachtet werden. Zudem ist die Wahrheitsforschung gegenüber hochrangigen Individualgütern nachrangig.

(4) Mitwirkungspflichten des Steuerpflichtigen und Dritter
Die steuerrechtliche Grundlage für die Ermittlung der Einkünfteerzielungsabsicht basiert im Wesentlichen auf den §§ 88, 90 AO. Der § 88 AO flankiert das Legalitätsprinzip (ist was zu tun?) durch den Untersuchungs- und Amtsermittlungsgrundsatz (was und wie ist es zu tun?). Nach den §§ 90ff. AO ist die Haupterkenntnisquelle für die Ermittlung des Sachverhalts der Steuerpflichtige. Dritte sind hingegen nur als subsidiär zu erachten. Die §§ 90 ff. AO ergänzen und begrenzen dementsprechend die Ermittlungspflicht der Finanzbehörde.[74]

---

[71] Vgl. Tipke/Lang (2002): Steuerrecht, Rz. 224.
[72] Vgl. Jakob (2001): Abgabenordnung, Rn. 191ff.
[73] Vgl. ebd. Jakob (2001), Rn. 191ff.
[74] ebd. Jakob (2001), Rn. 198ff.

(5) Rechtliches Gehör

Das Eingriffsrecht der AO wird durch das rechtliche Gehör (§ 91 AO) beherrscht, wobei die rechtlichen Folgen bei einem Verstoß gering sind, da bis zum Abschluss des Einspruchverfahrens Verstöße durch Anhörung geheilt werden können (§ 126 Abs. 1 Nr. 3 AO).

Die Sachverhaltsermittlung erweist sich in der Praxis häufig als schwierig, da der Steuerpflichtige dazu neigt, die für ihn steuergünstige Absicht geltend zu machen. Die Einkünfteerzielungsabsicht ist im Sinne des § 1 Abs. 1 GewStDV eine innere Tatsache, die „wie alle sich in der Vorstellung des Menschen abspielenden Vorgänge nur anhand äußerlicher Merkmale beurteilt werden kann"[75]. Aus diesem Grund muss aus „objektiven Umständen" auf das Vorliegen oder Fehlen der Absicht geschlossen werden, wobei einzelne Umstände einen „Anscheinsbeweis (prima-facie-Beweis)" liefern können, der vom Steuerpflichtigen entkräftet werden kann.[76] Diese eher einseitig erfolgte Aussage des Großen Senats spiegelt allerdings nicht in Gänze den Stand der ständigen Rechtsprechung wider, da ein Anscheinsbeweis sowohl für[77] als auch gegen[78] das Vorliegen der Einkünfteerzielungsabsicht eines Steuerpflichtigen sprechen kann. Unter „objektiven Umständen" sind objektiv vorhandene und äußerlich erkennbare Sachverhaltsmerkmale (Indizienbeweise, gesetzliche Vermutungen, Anscheinsbeweise, ...) zu verstehen, auf deren Grundlage eine Einkünfteerzielungsabsicht vorliegen oder fehlen kann. Indizienbeweise beziehen sich unmittelbar oder nur mittelbar auf die steuerrelevante Tatsache. Der Anscheins- oder „prima-facie-Beweis" beinhaltet hingegen den Einsatz von Sätzen der allgemeinen Lebenserfahrung. Im Rahmen der freien Beweiswürdigung[79] kann deren

---

[75] BFH-Beschluss v. 25.06.1984 GrS 4/82, BStBl. II 1984, S. 767.
[76] Vgl. BFH-Beschluss v. 25.06.1984 GrS 4/82, BStBl. II 1984, S. 767.
[77] Vgl. BFH-Urteil v. 25.06.1996 VIII R 28/94, BStBl. II 1996, S. 202.
[78] Vgl. BFH-Beschluss v. 25.06.1984 GrS 4/82, BStBl. II 1984, S. 767.
[79] Grundsatz freier Beweiswürdigung: Nach Sachverhaltsaufklärung und Beweiswürdigung müssen Finanzamt wie Finanzgerichte (§ 96 Abs. 1 Satz 1 FGO) die „Überzeugung"

Beweiswert von unterschiedlichem Gehalt für die Überzeugungsbildung der Richter sein.[80] Mit dem Anscheinsbeweis, der auch als Beweis des ersten Anscheins bezeichnet wird, können die Richter fehlende konkrete Indizien bei der Beweiswürdigung mit Hilfe von Erfahrungssätzen, die auf typischen Geschehensabläufen basieren, überbrücken. Somit erleichtert der Anscheinsbeweis der beweisbelasteten Partei die Beweisführung.

Der Anscheinsbeweis wird allerdings nicht erst durch den Beweis des Gegenteils entkräftet. Für eine Entkräftung ist ausreichend, dass ein atypischer Geschehensablauf im konkreten Fall möglich ist.[81] Somit kann der Steuerpflichtige[82]/das FA[83] den Anscheinsbeweis mit Indizien für einen atypischen Geschehensablauf erschüttern. Andauernde Verluste des Steuerpflichtigen reichen hingegen allein nicht aus. Ist der Anscheinsbeweis erschüttert, so entscheidet das Gericht nach seiner freien, aus dem Gesamtergebnis des Verfahrens gewonnen Überzeugung, wobei in derartigen Fällen derjenige die objektive Beweislast trägt, der sich auf die Ableitung einer bestimmten Rechtsfolge berufen möchte.[84] Z. B. der Steuerpflichtige, wenn er positive Einkünfte mit Verlusten einer anderen, seines Erachtens steuerrechtlich relevanten, Tätigkeit ausgleichen will oder das FA, wenn es Gewinne besteuern oder Verluste aufgrund der Annahme von Liebhaberei nicht berücksichtigen will. Die Beweislast selbst bleibt allerdings in diesem Rahmen unberührt.[85]

Die objektive Beweislast verteilt die Rechtsprechung in Anlehnung an die Rosenbergsche Normenbegünstigungstheorie wie folgt: „Die Finanzbehörde trägt

---

gewonnen haben, dass der die Gesetzesanwendung stützende Sachverhalt vorliegt. Hierfür ist ein hoher Grad an Wahrscheinlichkeit erforderlich.

[80] Vgl. Weber-Grellet (1992b): Wo beginnt die Grenze zur „Liebhaberei"? (Teil II), S. 603ff.
[81] Vgl. Jakob (2001): Abgabenordnung, § 4 Rn. 210ff.
[82] Vgl. BFH-Beschluss v. 25.06.1984 GrS 4/82, BStBl. II 1984, S. 767.
[83] Vgl. BFH-Urteil v. 25.06.1996 VIII R 28/94, BStBl. II 1996, S. 202; Vgl. BFH-Urteil v. 19.11.1985 VIII R 4/83, Rn 28. In: world-wide-web [gefunden am 10.03.2005]: http://jurisweb.de.
[84] Vgl. Vgl. BFH-Urteil v. 19.11.1985 VIII R 4/83, Rn 28. In: world-wide-web [gefunden am 10.03.2005]: http://jurisweb.de. ;BFH-Urteil v. 25.06.1996 VIII R 28/94, BStBl. II 1996, S. 202.
[85] Vgl. Hutter (1998): Persönliche Motive und deren Feststellung in der Liebhabereirechtsprechung, S. 348.

die Beweislast grds. für die steuerbegründenden und -erhöhenden Tatsachen (z. B. Einnahmen), der Steuerpflichtige dagegen für die steuerentlastenden und mindernden Tatsachen (z. B. Ausgaben)."[86] Die Normenbegünstigungstheorie führt allerdings im Regelfall zu keineswegs sachgerechten Ergebnissen. Aus diesem Grund wird sie nach Maßgabe der sphärenorientierten Beweisrisikoverteilung zu den folgenden beiden „fundamentalen Beweisregeln" modifiziert:[87]

(1) Liegt das Sachaufklärungsdefizit innerhalb der Sphäre des nach Normbegünstigungstheorie Beweisbelasteten, so hat die Finanzbehörde eine Beweislastentscheidung zu treffen.

(2) Liegt das Sachaufklärungsdefizit außerhalb der Sphäre des nach Normbegünstigungstheorie Beweisbelasteten, so ist das Beweismaß herabzusetzen (§ 162 AO).

Die Beweislastgrundregeln finden u. U. Anwendung, wenn Finanzgericht oder Finanzbehörde auf Grundlage der erhobenen Beweise und deren Würdigung keine Überzeugung über die Richtigkeit der behaupteten Tatsachen bilden konnten und nicht geklärt werden konnte, zu wessen Lasten die Unaufklärbarkeit geht.[88] Dieser Ansatz bewirkt nach Tipke/Lang einen befriedigenden Ausgleich der Interessen der Steuerpflichtigen einerseits und der Lastengemeinschaft der Steuerzahler andererseits.

Nach Erachten von Weber-Grellet ist eher die Frage, ob auf Grundlage der festgestellten Tatsachen die Einkünfteerzielungsabsicht positiv oder negativ festgestellt werden kann, der Regelfall bei vermuteten Liebhabereitätigkeiten und weniger die Frage, ob einzelne Tatsachen nichterweislich sind. Sollten sich in Ausnahmefällen Konstellationen ergeben, bei denen die einzelnen Kriterien in Waage bleiben, „so ist die Einkünfteerzielungsabsicht nicht gegeben; ebenso

---
[86] Tipke/Lang (2002): Steuerrecht, § 21 Rz. 217.
[87] Vgl. ebd. Tipke/Lang(2002), § 21 Rz. 217.
[88] Vgl. Jakob (2001): Abgabenordnung, § 4 Rn. 213.

wie die Beweislast trägt der Steuerpflichtige auch das Risiko der Rechtsanwendung, die sog. Argumentationslast"[89].

Neben den Indizienbeweisen und den Anscheinsbeweisen muss die gesetzliche Vermutung erörtert werden, die ebenfalls zu einem Anscheinsbeweis führen kann.[90] Weber-Grellet erachtet die Terminologie „Vermutungen" als unscharf und missverständlich definiert, weshalb sie nach seiner Ansicht allenfalls in Verbindung mit gesetzlichen Beweisregeln (§§ 158, 159, 161 AO) verwendet werden soll. Gemäß § 158 AO löst die formelle Ordnungsmäßigkeit einer Buchführung die Vermutung ihrer sachlichen Richtigkeit aus. Diese Vermutung kann allerdings widerlegt werden, wenn konkrete Umstände auf Mängel hindeuten. Die objektive Beweislast obliegt in einem derartigen Fall dem FA.[91]

In diesem Zusammenhang konkretisieren die §§ 140ff. AO einerseits die dem Steuerpflichtigen obliegenden allgemeinen Mitwirkungspflichten gemäß § 90 AO für die Ermittlung des Sachverhalts im Rahmen der Führung von Büchern und Aufzeichnungen. Andererseits haben sie eine Beweisfunktion, so dass die Steuerpflichtigen anhand ihrer Bücher und Aufzeichnungen steuerrechtlich relevante Sachverhalte gegenüber den Finanzbehörden nachweisen und offen legen können.[92] Die in § 140 AO enthaltene Verpflichtung, dass derjenige, der nach handelsrechtlichen Vorschriften Bücher zu führen hat, dieses auch für die Zwecke der Besteuerung zu tun hat, wird als „derivative steuerliche Buchführungspflicht" bezeichnet.[93] Somit macht der § 140 AO die zahlreichen außersteuerlichen Buchführungs- und Aufzeichnungspflichten für das Steuerrecht nutzbar, indem er diese zu steuerlichen Pflichten transformiert. Die Buchführungs- und Aufzeichnungpflicht muss gemäß § 140 AO in anderen Gesetzen als den Steuergesetzen festgehalten sein. Als andere Gesetze kommen jegliche andere Rechtsnormen (§ 4 AO) in Betracht. Als Grundlage für die Buchführungs- und

---

[89] Weber-Grellet (1992b): Wo beginnt die Grenze zur „Liebhaberei"? (Teil II), S. 604.
[90] Vgl. ebd. Weber-Grellet (1992b), S. 603f.
[91] Vgl. Jakob (2001): Abgabenordnung, § 4 Rn. 211.
[92] Cöster (2004): Abgabenordnung, § 140 Rn. 1ff.
[93] Vgl. Bähr/Fischer-Winkelmann (2001): Buchführung und Jahresabschluss, S. 5.

Aufzeichnungspflichten gelten dementsprechend die §§ 238ff HGB (Buchführungs- und Aufzeichnungspflichten für Kaufleute)[94].

Der § 141 AO (originäre steuerrechtliche Buchführungspflichten) ist subsidiär gegenüber dem § 140 AO. Er regelt im Wesentlichen die Pflicht zur Buchführung für Fälle, die nicht unter den § 140 AO zu subsumieren sind. Dies sind i. d. R. Fälle, für die keine handelsrechtliche Verpflichtung zur Buchführung besteht. Die §§ 145 ff. AO erweitern die formalen handelsrechtlichen Vorschriften über die Ordnungsmäßigkeit der Buchführung.[95]

Die oben vorgenommene Differenzierung ist keineswegs allumfassend, da die Rechtsprechung eine Vielzahl von Terminologien verwendet. Beispielsweise ist die Rede von Vermutungen, von Anscheins- und Anzeichenbeweisen, von Lebenserfahrung, allgemeinen Erfahrungssätzen und typischer Betrachtungsweise, von Beweisanzeichen und Gegenbeweisen, Entkräftung und Widerlegung. Diese terminologische Vielfalt legt die Vermutung nahe, dass sowohl bei den FG, als auch beim BFH eine gewisse Unsicherheit bei der Ermittlung der Einkünfteerzielungsabsicht im konkreten Einzelfall besteht.[96] Dementsprechend darf unter keinen Umständen bei der Beurteilung, ob eine Einkünfteerzielungsabsicht vorliegt oder nicht, auf eine objektivierende Beurteilung verzichtet werden.

Die objektiven äußeren Merkmale müssen prognostisch beurteilt werden.[97] Dabei kommt es für die gegenwärtige Einkünfteerzielungsabsicht darauf an, „ob nach den gegenwärtigen äußeren Umständen der Tätigkeit oder der Vermögensnutzung ein Totalgewinn bzw. -überschuss wahrscheinlich ist"[98]. Die Rechtsprechung hat diesbezüglich darauf verwiesen, dass eine Kalkulation über 50 oder gar 100 Jahre jedoch „zu viele spekulative Komponenten" enthalte.[99] Zudem muss die Prognosebeurteilung angepasst und Steuerbescheide früherer Veranla-

---

[94] Vgl. Cöster (2004): Abgabenordnung, § 140 Rn. 11ff.
[95] Vgl. Bähr/Fischer-Winkelmann (2001): Buchführung und Jahresabschluss, S. 5.
[96] Vgl. Weber-Grellet (1992b): Wo beginnt die Grenze zur „Liebhaberei"? (Teil II), S. 602.
[97] Vgl. auch Abschnitt 3.
[98] Tipke/Lang (2002): Steuerrecht, § 9 Rz. 127.
[99] Vgl. ebd. Tipke/Lang (2002), § 9 Rz. 127.

gungszeiträume nach § 174 Abs. 4 AO geändert werden, wenn die aufgrund objektiver Erfahrungstatsachen erwarteten Rahmenbedingungen nicht eintreten. Im Normalfall des § 157 Abs. 1 AO ist die Steuerfestsetzung nach Abschluss der Sachverhaltsaufklärung im Ermittlungsverfahren endgültig, d. h. der Steuerbescheid (§ 155 Abs. 1 Satz 1 u. 2 AO) erhält formelle und materielle Bestandskraft und ist somit unanfechtbar. Eine Änderung kann dann nur noch erfolgen, wenn die Voraussetzungen einer der §§ 172ff. AO vorliegen. Eine anders begründete Änderung verstieße gegen die rechtstaatlichen Grundprinzipien der Rechtssicherheit und des Vertrauensschutzes.[100] Aus diesem Grund war der Gesetzgeber vermutlich bestrebt, einen Ausgleich herbeizuführen, indem er - sofern Aufklärungshindernisse existieren - die Steuer unter Vorbehalt der Nachprüfung ergehen (§ 164 AO) oder sie vorläufig erfolgen bzw. aussetzen lassen kann (§ 165 AO). Nachprüfungs- und Vorläufigkeitsvorbehalt sind unselbständige Nebenbestimmungen des Steuerbescheids (§ 120 AO) und schieben den Eintritt der materiellen Bestandskraft hinaus. Sie können aus diesem Grund nur zusammen mit der Steuerfestsetzung angefochten werden. Die §§ 164 und 165 AO unterscheiden sich im Wesentlichen dadurch, dass die Vorläufigkeit des § 164 AO den gesamten Steuerbescheid betrifft und bei § 165 AO die Vorläufigkeit auf einzelne Punkte beschränkt bleiben muss.[101] Vereinfacht ausgedrückt kann gesagt werden, dass in Fällen des § 164 AO der Sachverhalt abschließend aufgeklärt werden könnte, das FA aber die Ergebnisse weiterreichender Ermittlungen noch abwarten will. Bei § 165 AO bestehen jedoch noch Ungewissheiten, die einer abschließenden Aufklärung entgegenstehen.

Weber-Grellet ist der Ansicht, dass das Verfahren bei vermutlichen Liebhabereifällen in Grenzfällen über § 165 AO offen gehalten werden kann und muss, jedoch u. U. die vorhandenen Tatsachen Anlass dazu geben, dass die notwendige Beurteilung sofort getroffen werden sollte. Er gesteht ein, dass eine über Jahre dauernde Ungewissheit nicht als befriedigend eingestuft werden kann und es

---

[100] Vgl. ebd. Tipke/Lang (2002), Rz. 280.
[101] Jakob (2001): Abgabenordnung, Rn. 300 u. 309.

sogar bedenklich wäre, „alle ‚liebhabereiverdächtigen Gestaltungen' schematisch - ohne dass dies im konkreten Fall angezeigt ist - jahrelang vorläufig zu veranlagen"[102]. Grundsätzlich gilt: Je „mehr die Tätigkeit im Grenzbereich steuerlich relevanter Tätigkeit angesiedelt ist, desto intensiver muß [sic] die Prüfung - ggf. auch in zeitlicher Hinsicht - ausfallen"[103].

Für die Fälle, bei denen die Einkünfteerzielungsabsicht nicht endgültig festgestellt werden kann, erfolgt darum eine vorläufige Festsetzung nach § 165 AO. Dies hat zur Folge, dass u. U. Verluste, die vorläufig anerkannt wurden, zu einem späteren Zeitpunkt nicht mehr anerkannt werden dürfen, da die verlustbringende Tätigkeit nachträglich als einkommensteuerrechtlich irrelevante Liebhaberei eingestuft werden muss. In Konsequenz ist ihre voraussetzungslose und unbefristete Änderung gemäß § 171 Abs. 8 AO möglich, solange die Ungewissheit, bezüglich des Vorliegens der Voraussetzung für die Entstehung der Steuer (§ 38 AO), nicht beseitigt ist.[104] Die vorläufige Steuerfestsetzung ist im Umkehrschluss aufzuheben, zu ändern oder endgültig festzusetzen, sobald die Ungewissheit beseitigt ist, da ansonsten die gleichwohl ausgesprochene Vorläufigkeit unwirksam ist.[105] Subjektive und gegenwärtig nicht behebbare Ungewissheiten befreien jedoch nicht von der Pflicht, Rechtsfragen sofort zu entscheiden und Tatsachen aufzuklären (§§ 85, 88 AO). Nach Beseitigung der Ungewissheit sind keine Änderungen mehr möglich. Ausgenommen hiervon sind Billigkeitsmaßnahmen zu Gunsten des Steuerpflichtigen.[106] Gemäß § 165 Abs. 1 Satz 3 AO muss der Umfang und der Grund der Vorläufigkeit angegeben werden, dabei kann die Steuerfestsetzung mit oder ohne Sicherheitsleistung ausgesetzt werden.[107] Zudem kann die vorläufige Steuerfestsetzung mit einer Steuerfestsetzung unter Vorbehalt der Nachprüfung verbunden werden (§165 Abs. 3 EStG).

---

[102] Weber-Grellet (1993): Die leidige Gewinnerzielungsabsicht – Erwiderung auf Vinzenz, DStR 1993, 550, S. 981.
[103] Ebd. Weber-Grellet (1993), S. 981.
[104] Cöster (2004): Abgabenordnung, § 165 Rn 16ff.
[105] Vgl. § 165 Abs. 2 AO.
[106] Jakob (2001): Abgabenordnung, § 5 Rn. 302.
[107] Vgl. § 165 Abs. 1 Satz 3 AO.

2.4 Historie der Liebhaberei vor dem Hintergrund der Einkommensteuergesetze von 1891, 1920, 1925 und 1934

Die Ursprünge der heutigen Einkommenssteuer liegen in der Zeit zwischen 1798 und 1815, d.h. zwischen Französischer Revolution und den Freiheitskriegen. Grundlegend für das Inkrafttreten der ersten, vom englischen Finanzminister William Pitt geforderten Steuer auf das Gesamteinkommen im Jahre 1799, war Finanznot, die im Wesentlichen aus dem Krieg Großbritanniens gegen Napoleon resultierte. Die heutige moderne Einkommensteuer geht somit ursprünglich auf eine Kriegssteuer zurück.[108] Hieraus schlussfolgert Tipke/Lang, dass die Einkommensteuer nicht aus Gründen der Gerechtigkeit, sondern aus Ergiebigkeitsgründen entstanden ist.

Der endgültige Durchbruch zu einer modernen Einkommensteuer gelang erst mit Hilfe des preußischen Einkommensteuergesetzes vom 24.6.1891, das die klassifizierte Einkommensteuer von 1851 ablöste. Bei dieser diente noch das öffentlich geschätzte Einkommen als maßgeblich für die Besteuerung. Das EStG von 1891 war Teil des Steuerreformprogramms des preußischen Finanzministers Johannes von Miquel (Miquel'sche Steuerreform), der seinen Reformschritt vornehmlich mit der Steuergerechtigkeit begründete. Die beiden wesentlichen konstitutiven Bestandteile des Gesetzes waren das Konzept der progressiven Gesamteinkommensteuer und das Prinzip der Besteuerung nach der wirtschaftlichen Leistungsfähigkeit.[109]

Der Einkommensbegriff basierte in jener Zeit auf dem Ansatz der Quellentheorie Bernard Fuistings, nach dessen Theorie die Entstehung steuerlicher Leistungsfähigkeit von regelmäßig fließenden Quellen (Erträgen) abhängig gemacht wird. Aus diesem Grund werden nach der Quellentheorie lediglich die Früchte für steuerbar erachtet, die einer ständigen Einnahmequelle zuzuordnen sind. Das

---

[108] Vgl. Birk (2003): Steuerrecht, § 6 Rn. 531.
[109] Vgl. Tipke/Lang (2002): Steuerrecht, § 9 Rz. 5f.

Vermögen selbst bleibt dementsprechend bei der Einkünfteermittlung unberücksichtigt und wird aus diesem Grund als nicht steuerbar beurteilt.[110]
Der Begriff Liebhaberei wurde erstmals wenige Jahre nach Inkrafttreten des EStG von 1891 in der Entscheidung des PrOVG vom 14.12.1894 verwendet[111]. Verhandlungsgegenstand war damals „die Unterscheidung zwischen der Jagd als Bestandteil einer Land- und Forstwirtschaft und der Jagd, die als Liebhaberei ohne die Absicht einer Einkommenserzielung betrieben"[112] wurde. Das PrOVG kam in jenem Fall zu dem Ergebnis, dass unter den gegebenen Umständen keine nutzbringende Verwertung vorläge, da die Einnahmen zur Nebensache geworden seien und die Gestaltung der tatsächlich vorhandenen Einnahmequelle (Jagdterrain) nach den „Ansprüchen und Neigungen" des Eigentümers vorrangige Bedeutung bekommen habe. Die Verluste seien somit nicht zufällig entstanden und wären insofern auch kein Verlust im „wirtschaftlichen Sinne".[113]
„Es beruhe auf allgemeiner Erfahrung, daß [sic] die Jagd in zahlreichen Fällen Gegenstand der Liebhaberei sei, dergestalt, daß [sic] die Kosten in keinem Verhältnis zum Ertrag ständen und nach der Absicht der Beteiligten auch nicht stehen sollten."[114] Dementsprechend interpretierte das PrOVG den unter Umständen rentablen Wirtschaftszweig als kostspieligen Teil des Gesamthaushalts.[115]
Die Formulierung „allgemeine Erfahrung" ist von besonderer Bedeutung, da sie bis zum heutigen Tage im Richterrecht von Relevanz ist. Beispielsweise spielt sie bei der Prüfung, ob eine Maßnahme der Behörde zulässig ist, bei dem Prüfpunkt „hinreichender Anlass"[116] eine wesentliche Rolle.[117] Aber auch die Liebhabereirechtsprechung des BFH argumentiert mit den Begrifflichkeiten

---

[110] Vgl. Birk (2003): Steuerrecht, § 6 Rn. 531.
[111] Vgl. Wissel (1997): Einkünfteerzielungsabsicht und Einkommensbegriff, S. 99.
[112] Ebd. Wissel (1997), S. 99.
[113] Vgl. PrOVG v. 14.12.1894 V 16/94, OVGESt 3, 150. Zitiert nach: Weber-Grellet (1992a): Wo beginnt die Grenze zur „Liebhaberei"? (Teil I), S. 561.
[114] PrOVG v. 14.12.1894 V 16/94, OVGESt 3, 150. Zitiert nach: Weber-Grellet (1992a): Wo beginnt die Grenze zur „Liebhaberei"? (Teil I), S. 561.
[115] Vgl. Weber-Grellet (1992a): Wo beginnt die Grenze zur „Liebhaberei"? (Teil I), S. 561.
[116] Ein „hinreichender Anlass" liegt vor, wenn aufgrund konkreter Anhaltspunkte oder aus allgemeiner Erfahrung eine Anordnung bestimmter Art angezeigt ist.
[117] BFH v. 24.10.1989 VII R 1/87, BStBl. II 1990, S.199.

"Lebenserfahrung" und "allgemeine Erfahrungssätze".[118] Das PrOVG stellte in seiner Urteilsbegründung fest, dass bei der Jagd bereits in "zahlreichen Fällen" Liebhabereitätigkeit vorgelegen habe. Ähnlich handhabt es in heutiger Zeit der BFH, der für die Anerkennung eines "hinreichenden Anlasses" aufgrund allgemeiner Erfahrung u. a. die Belegbarkeit der Erfahrung mit dem Sachverhalt (z. B. große Anzahl von ähnlich gearteten Fällen) und den Bezug zum konkreten Fall voraussetzt.

Einer ähnlichen Argumentation folgte das PrOVG in seiner Entscheidung vom 13.10.1898, "bei der es um die einkommensteuerliche Würdigung eines mit einem Rennstall verbundenen Gestüts ging"[119]. Das Gericht schloss in diesem Fall aus, dass das mit dem Rennstall gehaltene und verbundene Gestüt dem Zweck der Einkommenserzielung diene, da die übrigen Ausgaben (Pferdematerial) des Betriebes jene Einnahmen (Renngewinne) bedeutend überwiegen würden. Aus diesem Grund handele es sich offenbar nicht um Verzinsung des Anlagekapitals, "sondern um Verfolgung anderer Zwecke, mögen dabei vorwiegend sportliche oder gemeinnützige Rücksichten ausschlaggebend"[120] gewesen sein.[121]

In diesem Zusammenhang sei darauf hingewiesen, dass die "Absicht der Einkommenserzielung" gemäß der Rechtsprechung des PrOVG nicht mit dem heutigen Begriff der "Einkünfteerzielungsabsicht" gemäß der Rechtsprechung des BFH gleichgesetzt werden darf. Diese Erkenntnis resultiert aus den unterschiedlichen zu Grunde gelegten Theorien, da der Einkommensbegriff des EStG von 1891 - wie bereits erwähnt - der Quellentheorie zu Grunde lag und die "Einkünfteerzielungsabsicht" im heutigen EStG auf der Markteinkommenstheorie basiert und als konstitutives Tatbestandsmerkmal des Einkommensbegriffs dient. Auf diesen Sachverhalt soll in der weiteren Bearbeitung noch detaillierter eingegangen werden.[122]

---

[118] Vgl. Abschnitt 2.1.2
[119] Wissel (1997): Einkünfteerzielungsabsicht und Einkommensbegriff, S. 99.
[120] PrOVG v. 13.10.1998 VII c 220/98, OVGESt 7, S. 187.
[121] Vgl. PrOVG v. 13.10.1998 VII c 220/98, OVGESt 7, S. 185ff.
[122] Vgl. Wissel (1997): Einkünfteerzielungsabsicht und Einkommensbegriff, S. 103.

1920 erhielt die Einkommensteuer durch das Erste Reichseinkommensteuergesetz eine neue Qualität. Die sog. Erzberger'sche Steuerreform war nach dem Reichsfinanzminister Matthias Erzberger benannt und erweiterte das an der Quellentheorie ausgerichtete EStG von 1891 um die Reinvermögenszugangstheorie nach Georg von Schanz. Diese wurde von nun an zugleich als einkommenstheoretische Idealvorstellung angesehen. Die mit dem „Ersten Reichseinkommensteuergesetz" verbundene fünffache Steigerung des Steueraufkommens war auf die Lasten des verlorenen Ersten Weltkrieges zurückzuführen.[123]

Der Ansatz der Reinvermögenszugangstheorie definiert Einkünfte als Vermögensmehrungen, die zwischen zwei Stichtagen verzeichnet werden.[124] Somit waren sämtliche in einer Periode zugeflossenen Mittel egal welchen Ursprungs steuerbar. Irrelevant war, ob sie lediglich sporadisch oder regelmäßig zugeflossen waren. Diesen Wandel von der Quellen- zur Reinvermögenszugangstheorie erachtet Wissel als einen Paradigmenwechsel des Steuergesetzgebers. Dieser Reformschritt hatte eindeutige Auswirkungen auf die weitere, vorherig auf der Quellentheorie basierende Liebhabereirechtsprechung. Gemäß der Reinvermögenszugangstheorie konnten nunmehr - im Gegensatz zur vorherigen Quellentheorie - die Liebhabereitätigkeiten nicht mehr als nicht einkommenserzeugend erachtet werden. Dementsprechend verlor die Absicht, Einkommen zu erzielen, für die Qualifizierung einer Betätigung als steuerbares Einkommen mit der Reinvermögensthoerie an Bedeutung. Auf diesen aus fiskalischer Sicht, als auch aus Gerechtigkeitsgründen fragwürdigen Missstand reagierte die Finanzverwaltung indem sie den Abzug von „liebhabereiverdächtigen" Werbungskosten bzw. Betriebsausgaben auf die Höhe der Einnahmen einer Periode begrenzte. Dieses faktisch bewirkte, wenn auch nur beschränkte, Verlustausgleichsverbot für Liebhabereieinkünfte schloss hingegen eine Besteuerung möglicher positiver

---

[123] Vgl. Tipke/Lang (2002): Steuerrecht, § 9 Rz. 5ff.
[124] Vgl. Birk (2003): Steuerrecht, § 6 Rn. 540.

Einkünfte aus Liebhabereitätigkeit einer anderen oder zukünftigen Perioden nicht aus.[125]

Hierin besteht ein wesentlicher Unterschied zum EStG von 1891, da Bernhard Fuisting die aus der Quellentheorie zwingend resultierende Konsequenz wie folgt beschrieb: „Erfolgt die Benutzung von Vermögensgegenständen grundsätzlich nicht in der Absicht und zum Zwecke der Ertragserzielung, sondern nach sonstigen Rücksichten - der Liebhaberei, des Sports, Vergnügens u.s.w. -, so scheiden sie aus dem Bereiche der Ertragsquellen und hiermit des Einkommens völlig aus. [...] Ebensowenig [sic] erscheint eine vorzugsweise auf Liebhaberei beruhende, wenn auch gelegentlich mit Gewinn verknüpfte Beschäftigung [...] als Quelle."[126] Aus dem Weiterbestehen des oben beschriebenen Missstandes leitet Wissel ab, dass die Richter am RFH insofern an sich selbst gar nicht den Anspruch stellten „eine einwandfreie und ‚korrekte' Identifizierung der konsumtiv veranlaßten [sic] Vermögensabflüsse vornehmen zu wollen".[127] Die Folge war eine Beschränkung auf Plausibilitätsüberlegungen, die zumindest die aus fiskalischer Sicht existierenden Missstände einzuschränken vermochte. Diese Form der Rechtsprechungspraxis stieß bereits zu jener Zeit auf heftige Kritik im Schrifttum.[128]

Mit dem Reichseinkommensteuergesetz vom 10.08.1925 wurde ein Einkünftekatalog eingeführt, in dem einige Einkunftsarten der Reinvermögenszugangstheorie und andere der Quellentheorie entsprachen. Das derzeit geltende EStG beruht im Wesentlichen auf dieser Konzeption.[129] Diese nach wenigen Jahren erfolgte Novellierung des Reichseinkommensteuergesetzes von 1925 geht einher

---

[125] Vgl. Wissel (1997): Einkünfteerzielungsabsicht und Einkommensbegriff, S. 104ff.
[126] Fuisting (1902): Die preußischen direkten Steuern, S. 150 und 186. Zitiert nach: Wissel (1997): Einkünfteerzielungsabsicht und Einkommensbegriff, S. 103.
[127] Wissel (1997): Einkünfteerzielungsabsicht und Einkommensbegriff, S. 106.
[128] Vgl. Pferdemenges (1990): Einkünfteerzielungsabsicht. Eine steuerrechtliche Analyse unter besonderer Berücksichtigung der Besteuerung von Personengesellschaften, S. 52; Wissel (1997): Einkünfteerzielungsabsicht und Einkommensbegriff, S. 106.
[129] Vgl. Tipke/Lang (2002): Steuerrecht, § 9 Rz. 7; Birk (2003): Steuerrecht, § 6 Rn. 531.

mit der Aufgabe der Reinvermögenszugangstheorie als einkommensteuertheoretische Idealvorstellung.[130]

Für die Liebhabereitätigkeiten hatte die Einkommensteuerreform von 1925 zur Folge, dass der RFH in Einklang mit der früheren Rechtsprechung des PrOVG dazu überging, die Liebhabereibetätigungen insgesamt aus dem Einkommensteuerbegriff ausscheiden zu lassen. Im Schrifttum gilt die Entscheidung des RFH vom 14.03.1929 als wegweisend. In diesem Fall überstiegen die Ausgaben eines wohlhabenden Rezitators dessen Einnahmen erheblich. In diesem Zusammenhang arbeitete der RFH erstmals einen die Liebhaberei betreffenden Leitgedanken bezügliche des Zwecks des EStG heraus.[131] Die zentrale Aussage war, dass der „oberste und letzten Endes alleinige Zweck" des EStG das Verschaffen von Einnahmen für das Reich sei. Diese in erster Linie auf den fiskalischen Zweck der Einkommensteuer abstellende Begründung wurde in späteren Urteilen mehrfach bestätigt. Auf diesem Grundgedanken basierend, schlussfolgerte der RFH auf ein wesentliches Merkmal für das Vorliegen eines einkommensteuerbaren Tatbestandes. Der RFH erachtete in seinem Urteil vom 14.03.1929 als wesentlich, dass das Ziel einer einkommensteuerbaren Tätigkeit „nicht nur das Streben nach Erzielung von Einnahmen, sondern von Einkommen im Sinne eines Gewinns bzw. eines Einnahmeüberschusses sein muß [sic]. [...] Nicht die ernstliche Ausübung eines Berufs, sondern das ernstliche Rechnen mit einem Ausgleich zwischen Aufwand und Ertrag (Einnahmen und Ausgaben) und einem wenn auch bescheidenen Nutzen (Einkommen) unterscheidet die einkommensteuerrechtlich bedeutsame Tätigkeit von der Liebhaberei"[132].

Somit urteilte der RFH in seinem Urteil vom 14.03.1929 zunächst in Tradition mit der Rechtsprechung des PrOVG, der ebenfalls neben allgemeinen Erfahrungssätzen auch den subjektiven Einstellungen des Steuerpflichtigen Bedeutung beigemessen hat. Hieraus ist zu schlussfolgern, dass sowohl die Rechtspre-

---

[130] Vgl. Wissel (1997): Einkünfteerzielungsabsicht und Einkommensbegriff, S. 112.
[131] Vgl. Pferdemenges (1990): Einkünfteerzielungsabsicht. Eine steuerrechtliche Analyse unter besonderer Berücksichtigung der Besteuerung von Personengesellschaften, S. 57ff.
[132] RFH v. 14.03.1929 VI A 1473/28, RStBl. 1929, 329 ber. 519. Zitiert nach: Wissel (1997): Einkünfteerzielungsabsicht und Einkommensbegriff, S. 113.

chung des PrOVG, als auch die Rechtsprechung des RFH von einem subjektiven Liebhaberbegriff ausgegangen ist. Subjektive Faktoren, die bei den Gerichten zur Begründung von Liebhabereitätigkeit herangezogen wurden, sind beispielsweise persönliche „Ansprüche und Neigungen" des Steuerpflichtigen oder die mangelnde ernstliche Absicht des Steuerpflichtigen, Einkommen zu erzielen.[133] Am 24.01.1934, also lediglich knapp fünf Jahre später, trat wiederum ein Wandel in der Rechtssprechungspraxis des RFH bezüglich der Liebhaberei ein, der sich durch die Hinwendung vom subjektiven zum objektiven Liebhabereibegriff äußerte.[134] In diesem Urteil griff der RFH den in seinem Urteil vom 14.03.1929 hervorgehobenen Zweck des EStG erneut auf und erweiterte ihn um einen für die Liebhabereitätigkeiten bedeutenden Zusatz. Der Zweck der Einkommensteuer sei, „dem Reich Einnahmen zu verschaffen und es daher auf eine objektive Sachlage ankomme"[135]. Unter einer objektiven Sachlage i. S. dieser Entscheidung ist eine Bewirtschaftung eines Betriebes nach betriebswirtschaftlichen Grundsätzen zu verstehen. In Folge dessen sollten gemäß der Urteilsbegründung vom 24.01.1934 subjektive, in der Person des Steuerpflichtigen liegende Kriterien nur in Grenzfällen Berücksichtigung finden.[136]

Mit dem EStG vom 16.10.1934 wurde die Gesetzesstruktur des geltenden EStG begründet. Tipke/Lang unterstellt, dass durch die Steueränderungsgesetzgebung in der Folgezeit eine kontinuierliche Verschlechterung des rechtlichen Zustandes des EStG seit 1934 erreicht worden sei.[137] Bezüglich der Liebhabereientscheidungen hielt der RFH auch nach Inkrafttreten des EStG von 1934 an dem objektiven Liebhabereibegriff fest. In seiner Urteilsbegründung vom 13.10.1937 bekräftigte der RFH sein Urteil vom 24.01.1934, worin er sich wie

---

[133] Vgl. Wissel (1997): Einkünfteerzielungsabsicht und Einkommensbegriff, S. 114; RFH v. 14.03.1929 VI A 1473/28, RStBl. 1929, S. 329. In: Pferdemenges (1990): Einkünfteerzielungsabsicht, S. 52.
[134] Vgl. Wissel (1997): Einkünfteerzielungsabsicht und Einkommensbegriff, S. 114.
[135] RFH v. 24.01.1934 VI A 1230/31, RFHE 1935, S. 161, 169 u. 183f. Zitiert nach: Schuck (1993): Veranlassung als Kriterium der „Liebhaberei" – Kritische Auseinandersetzung mit der Rechtsprechung des BFH, S. 975.
[136] Weber-Grellet (1992a): Wo beginnt die Grenze zur Liebhaberei? (Teil I), S. 562.
[137] Vgl. Tipke/Lang (2002): Steuerrecht, § 9 Rz. 7.

folgt äußerte: „Nicht der Wille des Steuerpflichtigen ist entscheidend, sondern, ob der Betrieb nach seiner Wesensart und der Art seiner Bewirtschaftung auf die Dauer gesehen nachhaltig mit Gewinn zu arbeiten vermag"[138]. Somit wurden die Führung eines Betriebes nach wirtschaftlichen Grundsätzen und die Beurteilung, ob nach allgemeinen Erfahrungssätzen eine Gewinnaussicht besteht, zu den nahezu alleinigen Abgrenzungskriterien, nach denen eine einkommensteuerrechtlich relevante Tätigkeit von der Liebhabereitätigkeit differenziert wurde. Eine verbindliche Definition für die beurteilungsrelevanten „betriebswirtschaftlichen Grundsätze" erfolgte jedoch nicht, womit die angestrebte „objektive Sachlage" wiederum mit Hilfe subjektiver Kriterien beurteilt werden musste.[139] Ein möglicher Beleg für diese These liefert der Beschluss des RFH vom 06.11.1936, in dem neben den Anlaufverlusten auch Verluste, die auf unvorhergesehene Ereignisse zurückzuführen waren, nicht zu einer Qualifizierung als Liebhaberei führten. Dementsprechend sah der RFH u. U. betriebliche Fehlentscheidungen, die im historischen Kontext der Wirtschaftskrise der zwanziger Jahre zu sehen sein dürften, nicht als Liebhaberei an.

Gemäß Wissel wurde diese in erster Linie auf den fiskalischen Zweck des EStG abstellende Begründung der Liebhaberei zunächst sowohl durch den OFH (1945-1950), als auch durch den BFH (1950) „ohne Vorbehalte" übernommen,[140] bis der BFH mit dem Beschluss des Großen Senats vom 25.06.1984 offiziell zum subjektiven Liebhabereibegriff zurückkehrte.[141] Aufgrund seines Stellenwertes für die heutige Rechtsprechung wurde der Beschluss des Großen Senats bereits in seinen Grundzügen in Abschnitt 2.1 erörtert, da er für das Verständnis späterer Urteile von elementarer Bedeutung ist.

---

[138] RFH v. 13.10.1937 VI A 608/37, RStBl. 1937, 1232, 1232. Zitiert nach: Wissel (1997): Einkünfteerzielungsabsicht und Einkommensbegriff, S. 114.
[139] Vgl. Wissel (1997): Einkünfteerzielungsabsicht und Einkommensbegriff, S. 114ff.
[140] Ebd. Wissel (1997), S. 113.
[141] Vgl. Weber-Grellet (1992a): Wo beginnt die Grenze zur Liebhaberei? (Teil I), S. 561.

2.5 Rechtfertigungsgründe für das Rechtsinstitut der Liebhaberei

Der Begriff der „Liebhaberei" ist kein Begriff des Gesetzgebers. Erwähnung findet er lediglich in § 8 der Verordnung über die gesonderte Feststellung von Besteuerungsgrundlagen nach § 180 Abs. 2 AO, in dem eine explizite Erläuterung von Tatbestandsmerkmalen, Rechtsfolgen und anderen Bestimmungen fehlt. Die „Liebhaberei" ist somit ein „unbestimmter" Rechtsbegriff im Bereich des Steuerrechts, der vielmehr auf den Erkenntnissen einer einzelfallabhängigen Rechtsprechung der Finanzgerichtsbarkeit basiert, deren Ursprünge bis auf das Jahr 1894 zurückreichen. Die Liebhabereirechtsprechung basiert daher maßgeblich auf Richterrecht.

Der Abschnitt 2.5 erörtert zunächst die in Betracht kommenden Rechtfertigungsgründe Fiskalzweck der Einkommensteuer, Leistungsfähigkeitsprinzip und Abgrenzung der Erwerbssphäre zur Privatsphäre im Allgemeinen, um abschließend deren Relevanz für die Liebhaberei im Bereich des EStG beurteilen zu können.

2.5.1 Fiskalzweck

Der Gesetzgeber der AO (1977) hat im Zusammenhang mit dem Fiskalzweck dem Lenkungscharakter der AO durch Anführung des § 3 Abs. 1 Satz 2 AO Rechnung getragen. Diese Norm gestattet eine Degradierung des von Steuern in erster Linie verfolgten Sozialzwecks[142] zu einem Nebenzweck, wenn der fiskalische Hauptzweck von Steuern - „Erzielung von Einnahmen" - nicht gänzlich wegfällt. In diesem Sinne ist der Steuerbegriff nicht erfüllt, sobald der Zweck der Abgabe lediglich der wirtschaftlichen „Erdrosselung" des Steuerpflichtigen dient. In diesem Sinne sind zumindest die erst kürzlich eingeführte „Kampfhundesteuer" sowie die „Verpackungssteuer" kritisch zu hinterfragen.[143]

---

[142] Bsp.: Verbrauchs- und Aufwandsteuern (Tabak- und Alkoholsteuern können als Sozialzwecksteuern zum Schutze der Volksgesundheit qualifiziert werden). Der Zoll ist ein klassisches Bespiel für eine Sozialzwecksteuer mit lenkendem Hauptzweck und fiskalischen Nebenzweck.

[143] Vgl. Tipke/Lang (2002): Steuerrecht, § 1 Rz. 10ff.

Die meisten Normen der Steuergesetze sind Fiskalzwecknormen, die sich überwiegend am Leistungsfähigkeitsprinzip orientieren. Dass Steuergesetze auch durch nicht an das Leistungsfähigkeitsprinzip anknüpfende Erwägungen motiviert sein können und dürfen, steht dem Zweck des EStG, Mittel für die öffentliche Hand zu beschaffen, grundsätzlich nicht entgegen. Solche finanzpolitischen, volkswirtschaftlichen, sozialpolitischen, steuertechnischen oder in anderer Art geartete Erwägungen dienen gemäß der Rechtsprechung des BVerfG letztendlich auch dem Zweck des EStG, da sie im Ergebnis ebenfalls auf der Absicht, Einnahmen für die öffentliche Hand zu erzielen, begründet sind.[144]

Die Fiskalzwecknormen haben wirtschaftliche und soziale Nebenwirkungen zur Folge, sie sollen jedoch nicht primär die o. g. Nebenwirkungen bezwecken. Sie haben also nicht den Zweck die wirtschaftliche Tätigkeit, die Investitionen, das Sparen oder das Konsumieren zu verhindern. Mit steuerrechtlichen Normen kann jedoch ein Doppel- oder Mehrfachzweck verfolgt werden. Grundsätzlich wird im Schrifttum darum zwischen Fiskalzweck-, Sozialzweck- und Vereinfachungszwecknormen unterschieden.[145]

2.5.2 Leistungsfähigkeitsprinzip

Das Leistungsfähigkeitsprinzip dient als systemtragender Vergleichsmaßstab für die Fiskalzwecknormen. Es „ist weltweit und in allen steuerwissenschaftlichen Disziplinen als Fundamentalprinzip gerechter Besteuerung anerkannt"[146]. Gegen das Leistungsfähigkeitsprinzip wird eingewendet, dass es zu vieldeutig sei, um aus ihm konkrete Schlüsse ziehen zu können.[147] Hiergegen argumentiert Tipke/Lang, dass das Leistungsfähigkeitsprinzip den „rechtsethisch klugen Richtwert" für die Ordnung des Steuerrechts liefere, zu dem es keine bessere Alternative gebe. Es existiere kein „geeigneterer Primärgrundsatz", dementsprechend gebe es ansonsten nur die Alternative einer „fundamentalen Prinzipienlo-

---

[144] Vgl. BVerfG-Beschluss v. 06.12.1983 2 BvR 1275/79, BVerfGE 65, S. 325.
[145] Vgl. Tipke/Lang (2002): Steuerrecht, § 4 Rz. 19.
[146] Ebd. Tipke/Lang (2002), § 4 Rz. 83.
[147] Vgl. Schmidt (1995/1996): Die Besteuerung nach der Leistungsfähigkeit, S. 31.

sigkeit".[148] Birk stellt die Frage, was überhaupt unter „Leistungsfähigkeit" verstanden werden soll. Ist es die sog. Ist-Leistungsfähigkeit (konkrete Güterzuordnung entscheidend) oder die sog. Soll-Leistungsfähigkeit, bei der auch derjenige als leistungsfähig erachtet werden müsste, der zwar viel verdienen könnte, aber es aus welchen Gründen auch immer nicht tut. Ob nun das Leistungsfähigkeitsprinzip ein tauglicher Verteilungsmaßstab für Steuern ist, ist somit im Schrifttum umstritten.[149]

Nach ständiger Rechtsprechung des BVerfG fordert der im allgemeinen Gleichheitsgrundsatz (Art. 3 Abs. 1 GG) verankerte Grundsatz der Steuergerechtigkeit, dass sämtliche Steuerlasten auf die Steuerpflichtigen im Verhältnis zu ihrer wirtschaftlichen Leistungsfähigkeit verteilt werden müssen. Diese Aussage gilt insbesondere für das Einkommensteuerrecht, da es auf die Leistungsfähigkeit des Einzelnen hin ausgelegt ist.[150] Art. 3 Abs. 1 GG fordert sowohl eine Rechtssetzungsgleichheit, die der Gesetzgeber sicherzustellen hat, als auch eine Rechtsanwendungsgleichheit, für deren Gewährleistung Finanzverwaltung und -gerichtsbarkeit die Verantwortung tragen.[151] Nach Birk muss daher bei der Prüfung von Steuergesetzen zwischen horizontaler und vertikaler Steuergerechtigkeit differenziert werden. „In vertikaler Richtung muss die Besteuerung höherer Einkommen dem Gerechtigkeitsgebot genügen. In horizontaler Richtung muss darauf abgezielt werden, dass Steuerpflichtige bei gleicher Leistungsfähigkeit auch gleich hoch besteuert werden."[152]

Gemäß Jakob empfängt der Einkommensteuertatbestand des geltenden Rechts seine verfassungsrechtlichen Direktiven vor allem aus dem Gleichheitsgrundsatz (Art. 3 Abs. 1 GG), woraus sich das Leistungsfähigkeitsprinzip ableitet. Das Maß für die Bemessung ist, was dem Steuerpflichtigen nach seinen persönlichen Umständen noch zur Verfügung steht. Maßgeblich ist somit die wirtschaftliche

---

[148] Vgl. Tipke/Lang (2002): Steuerrecht, § 4 Rz. 83.
[149] Vgl. Birk (2003): Steuerrecht, § 1 Rn. 33.
[150] Vgl. Tipke/Lang (2002): Steuerrecht, § 4 Rz. 81.
[151] Vgl. Birk (2003): Steuerrecht, § 1 Rn. 152.
[152] BVerfGE 82, 60, S. 89 unter Verweis auf Birk. Zitiert nach: Ebd. Birk (2003), § 2 Rn. 155.

Leistungsfähigkeit des Steuerpflichtigen, die sich aus dem steuerbaren (= „nichtprivaten") Handeln des Steuerpflichtigen ergibt.[153]

Der Gleichheitsgrundsatz muss allerdings bereichsspezifisch konkretisiert werden.[154] Unter der Gleichheit im Steuerrecht wird eine unterschiedliche Belastung je nach individueller wirtschaftlicher Leistungsfähigkeit verstanden. Das BVerfG führt Art. 134 WRV an: „Alle Staatsbürger ohne Unterschied tragen im Verhältnis ihrer Mittel zu allen öffentlichen Lasten nach Maßgabe der Gesetze bei."[155]

Im Schrifttum differenziert man zwischen der objektiven und der subjektiven Leistungsfähigkeit, die sich im Einkommensteuerrecht in den Begriffen „Gesamtbetrag der Einkünfte" (§ 2 Abs. 3 EStG) und „zu versteuerndes Einkommen" (§ 2 Abs. 5 EStG) widerspiegeln. Die Ermittlung einzelner Einkünfte und ihrer Summe ergibt die sog. objektive Leistungsfähigkeit (Gewinn bzw. Überschuss der Einnahmen über die Werbungskosten). Vom „Gesamtbetrag der Einkünfte" sind noch Beiträge des Steuerpflichtigen abzuziehen, die der Gesetzgeber im Rahmen der Ermittlung der subjektiven Leistungsfähigkeit ausdrücklich zum Abzug zugelassen hat. Gemäß § 2 Abs. 4 EStG sind dies Sonderausgaben (§ 10 EStG) und außergewöhnliche Belastungen (§§ 33, 33 a – c EStG). Somit gibt erst die subjektive Leistungsfähigkeit Auskunft über den Teil des Erworbenen, der dem Steuerpflichtigen für die Steuerzahlung tatsächlich zur Verfügung steht.[156]

Die Abzugsfähigkeit setzt allerdings einen positiven „Gesamtbetrag der Einkünfte" voraus. Wenn also keine positiven Erwerbsbezüge (bzw. nur bis zur Höhe des Grundfreibetrags) vorliegen, können auch keine der o. g. subjektiven Leistungsfaktoren berücksichtigt werden.[157]

Die Bemessungsgrundlage der Einkommensteuer ist das zu versteuernde Einkommen. Das sog. Nettoprinzip konkretisiert die Bestimmung der maßgeblichen

---

[153] Vgl. Jakob(1996): Einkommensteuer, § 1 Rn. 8.
[154] Vgl. BVerfGE 93, 121, S. 134. Nach: Birk (2003): Steuerrecht, § 2 Rn. 153.
[155] BVerfGE 82, 60, S. 86. Zitiert nach: Ebd. Birk (2003), § 2 Rn. 153.
[156] Vgl. Tipke/Lang (2002): Steuerrecht, § 1 Rz. 113 u. § 9 Rz. 68ff.
[157] Vgl. Birk (2003): Steuerrecht, § 1 Rn. 156.

Ist-Leistungsfähigkeit, an die die Einkommensteuerpflicht anknüpft. Gemäß § 2 Abs. 5 EStG wird es in zwei Schritten ermittelt:[158]

1. Zunächst wird von den Erwerbsbezügen der erwerbsbezogene Aufwand (Betriebsausgaben/Werbungskosten) abgezogen.[159]
2. Danach wird der existenziell notwendige private Aufwand abgezogen, soweit dies entgegen der Regel (§ 12 Nr. 1 EStG) vom Gesetzgeber ausdrücklich zugelassen ist (Sonderausgaben und außergewöhnliche Belastungen als subjektive Leistungsfaktoren).[160]

Zusammengefasst bedeutet dies, dass zunächst von den Erwerbsbezügen die beruflich veranlassten Erwerbsaufwendungen abgezogen werden. Erst danach können Sonderausgaben und außergewöhnliche Belastungen geltend gemacht werden. Aufwendungen, die hingegen im Rahmen der privaten Lebensführung gemäß § 12 Nr. 1 EStG getätigt werden, sind nicht abzugsfähig. „Leistungsfähigkeit entsteht also erst, nachdem der Einkommensbezieher seine Erwerbsvoraussetzungen geschaffen und seine zwangsläufigen Daseinsvoraussetzungen finanziell gesichert hat.[161]

Die geltende Einkommensteuer ist sowohl kapital-, als auch konsumorientiert ausgestaltet. Diese dualistische Konzeption geht vornehmlich auf Adolph Wagner zurück, der folgendes erkannte: „Die wirtschaftliche Leistungsfähigkeit einer Person liegt in zwei Reihen von Momenten, solchen, welche den Erwerb und Besitz von Sachgütern, und solche, welche die Verwendung dieser Güter zu eigener oder anderer pflichtgemäß zu ermöglichender Bedürfnisbefriedigung betreffen."[162]

---

[158] Vgl. Tipke/Lang (2002): Steuerrecht, § 4 Rz. 113.
[159] objektives Nettoprinzip (= Abzugsgebot für Erwerbsaufwendungen)
[160] subjektives Nettoprinzip (= Abzugsgebot für indisponiblen Lebenshaltungsaufwand)
[161] Vgl. BVerfGE 99, 280, S. 290f; BVerfGE 101, 297, S. 310. Nach: Birk (2003): Steuerrecht, § 2 Rn. 154.
[162] Wagner (1890): Finanzwissenschaft, S. 444. Zitiert nach: ebd. Tipke/Lang (2002), § 4 Rz. 113.

Das Leistungsfähigkeitsprinzip wird jedoch auch durch andere Verfassungsinhalte konkretisiert und ist damit als Ordnungsprinzip sogar auf die Konkretisierung durch den Gesetzgeber angewiesen. Der normative Gehalt des Leistungsfähigkeitsprinzips ist insbesondere durch folgende verfassungsrechtliche Wertentscheidungen des Grundgesetzes beeinflusst:[163]

(1) Das Gebot der Berücksichtigung des steuerlichen Existenzminimums („allgemeines privates Nettoprinzip"):
Im Jahr 1892 war es bereits für Georg Schanz selbstverständlich, dass eine Besteuerung erst dort zulässig sei, wo für den Einzelnen der „Genuss des Entbehrlichen" beginne. Die heutige Rechtsprechung des BVerfG begründet seine Lastenverteilungsentscheidung mit den Wertentscheidungen des Grundgesetzes aus Art. 1 Abs. 1 GG i. V. m. dem Sozialstaatprinzip des Art. 20 Abs. 1 GG. Demnach muss dem mittellosen Bürger mit Hilfe von Sozialleistungen des Staates zumindest ein menschenwürdiges Dasein ermöglicht werden. In Folge dessen wäre es systemfremd, dem Bürger zunächst etwas durch Besteuerung zu nehmen, um es ihm letztendlich über Sozialleistungen wieder zurückgeben zu können. Aus diesem Grund wird bei der Festlegung der tariflichen Einkommensteuer der Grundfreibetrag als Existenzminimum nicht durch Steuern belastet. Weiterhin führt das BVerfG - neben den o. g. Artikeln - die Art. 2 Abs. 1 GG unter Berücksichtigung der Art. 14 Abs. 1 und Art. 12 Abs. 1 GG an. Auf Grundlage dieser Artikel entschied das BVerfG, dass es dem Steuergesetzgeber umso weniger gestattet sei auf die einkommensteuerrechtlich relevanten Einkünfte des Steuerpflichtigen zu zugreifen, je mehr das Einkommen zur Sicherung des unmittelbaren persönlichen Bedarfs und zur freien Entfaltung der Freiheitsrechte des Steuerpflichtigen benötigt werde. Dementsprechend sollen indisponible Einkommen nicht Grundlage der steuerlichen Leistungsfähigkeit sein und sind damit als nicht steuerbar zu erachten.

---

[163] Vgl. Birk: (2003): Steuerrecht, § 2 Rn. 157ff.

(2) Das Gebot der Förderung von Ehe und Familie:
Art. 6 GG stellt Ehe und Familie unter einen besonderen Schutz der staatlichen Ordnung. Im Umkehrschluss leitet man für das Steuerrecht ein Benachteiligungsverbot von Ehe und Familie ab. Hierauf basiert vermutlich auch das „spezielle Familien-Nettoprinzip", das eine realitätsgerechte Berücksichtigung von Unterhaltsverpflichtungen durch das Einkommensteuergesetz fordert.[164]

(3) Die Eigentumsgarantie:
Die Eigentumsgarantie des Art. 14 Abs. 1 GG begrenzt ebenfalls den Besteuerungseingriff. Gemäß ständiger Rechtsprechung des BVerfG schützt Art. 14 Abs. 1 GG grundsätzlich nicht vor einer Auferlegung von Geldleistungspflichten, da diese „nicht ein bestimmtes Eigentumsobjekt belasten, sondern als reine Geldschuld zu begleichen sind"[165]. Abgewichen wird von diesem Grundsatz nur, wenn die Geldleistungspflichten den betroffenen Steuerpflichtigen übermäßig belasten und seine Vermögensverhältnisse so grundlegend beeinträchtigt werden, dass sie eine „erdrosselnde Wirkung" hätten. Dies wäre gleichzusetzen mit einem Zugriff auf das Eigentumsobjekt. Der 2. Senat des BVerfG äußerte in seiner Vermögenssteuerentscheidung, dass eine Vermögenssteuer zu den übrigen Steuern auf den Ertrag nur hinzutreten dürfe, soweit die steuerliche Gesamtbelastung des Sollertrags „in der Nähe einer hälftigen Teilung zwischen privater und öffentlicher Hand"[166] verbleibe.

2.5.3 Abgrenzung der Erwerbssphäre zur Privatsphäre

Der Leistungsfähigkeitsgrundsatz als verfassungskräftiges Normativprinzip entfaltet Direktiven für die Gestaltung des Einkommensteuertatbestandes. Grundsätzlich ist zunächst zwischen steuerbarer Einkommenserzielung (Erwerbsphäre/beruflicher Bereich) und einkommensteuerrechtlich irrelevanter Einkommensverwendung (Privatsphäre/privater Bereich) zu unterscheiden. In die-

---

[164] Tipke/Lang (2002): Steuerrecht, § 4 Rz. 113.
[165] Birk (2003): Steuerrecht, § 2 Rn. 161.
[166] BVerfGE 93, 121, S. 149ff. Zitiert nach: Ebd. Birk (2003), § 2 Rn. 161.

sem Zusammenhang belastet die Einkommensteuer das hinzuerworbene Einkommen und sichert zugleich die anschließende private Einkommensverwendung.[167]

Die Abgrenzung von Erwerbssphäre zur Privatsphäre ist steuerrechtlich bedeutsam, wie auch problematisch. Problematisch, weil Steuerpflichtige u. U. ein großes Interesse daran haben können privat veranlasste Aufwendungen in den Rahmen der Erwerbsaufwendungen zu verlagern und somit, sofern ihnen dieses gelingt, das Abzugsverbot für den disponiblen Lebenshaltungsaufwand bzw. die Kosten der privaten Lebensführung gemäß § 12 Nr. 1 EStG umgehen können.

Einkünfte (= Erwerbsbezügen und Erwerbsaufwendungen) sind durch eine konkrete Erwerbstätigkeit veranlasst und werden beide als einkommensteuerbare Bestandteile angesehen. Im Zentrum der Betrachtung steht somit die Veranlassung, aufgrund der ein Steuerpflichtiger positive oder negative Einkünfte erzielt hat.[168] Aufwendungen aus dem Bereich der Einkommenserzielungsebene sind i. d. R. abzugsfähig. Eine Ausnahme von diesem Grundsatz liegt vor, wenn der Abzug durch den Gesetzgeber ausdrücklich nicht vorgesehen ist. Erwerbsaufwendungen sind Werbungskosten bei den Überschusseinkünften (§ 9 Abs. 1 Satz 1 EStG – Generalklausel) und Betriebsausgaben bei den Gewinneinkünften (§ 4 Abs. 4 EStG - Generalklausel). Werbungskosten sind Aufwendungen zur Erwerbung, Sicherung und Erhaltung der Einnahmen. Sie sind somit Ausgaben, die einen bestimmten finalen Zweck erfüllen müssen und einen deutlich engeren Sachverhalt umfassen als die Betriebsausgaben. Betriebsausgaben sind Ausgaben, die durch den Betrieb veranlasst sind. Diese Veranlassung ist kausal und relativ „einfach" zu erfüllen.[169]

Trotz dieser unterschiedlichen Definition (final vs. kausal) im EStG interpretiert die Rechtsprechung des BFH die o. g. Begrifflichkeiten sowohl final als auch kausal.[170] Gemäß der Rechtsprechung liegt eine berufliche/betriebliche Veran-

---

[167] Vgl. Jakob (1996): Einkommensteuer, § 1 Rn. 10.
[168] Vgl. Tipke/Lang (2002): Steuerrecht, § 9 Rz. 206.
[169] Vgl. ebd. Tipke/Lang (2002), § 9 Rz. 206ff.
[170] Vgl. Heinicke (2004): EStG, § 4 Rn. 30.

lassung vor, wenn ein objektiver Zusammenhang zwischen den geleisteten Erwerbsaufwendungen und dem Beruf/Betrieb gegeben ist und die Aufwendungen im subjektiven Zusammenhang zur Förderung des Berufs/Betriebes stehen. Dabei muss der objektive Zusammenhang zwingend gegeben sein, während die subjektive Absicht nicht zwingend vorliegen muss.[171]
Aus heutiger Sichtweise ist aus gleichheitsrechtlichen und aus steuersystematischen Gründen allgemein anerkannt, dass beide Begrifflichkeiten kausal im Sinne des Veranlassungsprinzips verstanden werden müssen. Aus diesem Grund kommt es in der Praxis entgegen dem Wortlaut des § 9 Abs. 1 EStG ausschließlich darauf an, ob die Aufwendungen durch die Erwerbstätigkeit veranlasst sind. Unerheblich ist, ob die Aufwendungen geeignet oder nach objektiven Gesichtspunkten notwendig, üblich oder zweckmäßig sind. Hieraus lässt sich schlussfolgern, dass dem Steuerpflichtigen eine Entscheidungsfreiheit überlassen wird, solange nicht eine private Mitveranlassung im Rahmen der privaten Lebensführung gemäß § 12 Nr. 1 EStG vorliegt. Es ist zudem nicht von Relevanz, ob die Einnahmen schon zugeflossen sind oder erst nach den getätigten Aufwendungen zufließen. Entscheidend ist der nach objektiven Umständen festzustellende Entschluss des Steuerpflichtigen, positive Einkünfte zu erzielen.[172]
Für Aufwendungen, die hingegen im Rahmen der privaten Lebensführung gemäß § 12 Nr. 1 EStG getätigt werden, gilt dieses nicht. Für diese lediglich privat veranlassten Aufwendungen hat der Gesetzgeber ein Abzugsverbot vorgesehen, das aus dem Einleitungssatz des § 12 EStG resultiert. Im Rahmen der Gleichmäßigkeit der Besteuerung gemäß Art. 3 Abs. 1 GG soll niemand aufgrund seiner individuellen Berufswahl bestimmte Aufwendungen absetzen dürfen, die ein anderer Steuerpflichtiger aus seinem versteuerten Einkommen bezahlen müsste. Ausgenommen von diesem Abzugsverbot für privat veranlasste Aufwendungen

---

[171] Vgl. Drenseck (2004): EStG, § 9 Rn. 7.
[172] Vgl. Beckerath von (2001): EStG KompaktKommentar, § 9 Rn. 61ff.

sind lediglich die Sonderausgaben (§ 10 EStG) und die außergewöhnlichen Belastungen (§§ 33, 33 a – c EStG).[173]

Die Abgrenzung der Erwerbssphäre (§ 2 Abs. 1 EStG) zur Privatsphäre (§12 EStG) ist unproblematisch, wenn sich die Erwerbsaufwendungen eindeutig in den beruflichen oder den privaten Bereich zuordnen lassen. Zu den grundsätzlich nicht abzugsfähigen Aufwendungen für die private Lebensführung gehören neben den Kosten für die private Lebensführung auch Ausgaben, die eine wirtschaftliche oder gesellschaftliche Stellung mit sich bringen (Repräsentationskosten), selbst wenn sie zur Förderung der steuerrechtlich relevanten Tätigkeit zweckdienlich sein können (Einstandsfeiern, Geburtstage,...).[174]

Schwierig wird die Abgrenzung, wenn die Aufwendungen sowohl beruflich, als auch privat veranlasst sind. Derartige Aufwendungen werden im Schrifttum als sog. „gemischte Aufwendungen" bezeichnet und dürfen gemäß der Rechtsprechung des BFH nicht in einen beruflich veranlassten und einen privat veranlassten Aufwendungsanteil aufgeteilt werden. Eine solche Aufteilung könnte vermutlich nur durch eine Schätzung der jeweiligen Anteile vorgenommen werden. Dieses lehnt der BFH allerdings grundsätzlich ab (=> Aufteilungsverbot).[175]

Die Konsequenz einer strikten Befolgung dieses Grundsatzes wäre, dass selbst bei einer geringfügigen privaten Mitveranlassung Aufwendungen nicht abzugsfähig wären, weshalb in einem solchen Fall der Grundsatz der Verhältnismäßigkeit neben dem Gleichheitsgrundsatz eingreift.[176] Dementsprechend verweist die Rechtsprechung auf zwei Ausnahmen, bei denen eine Durchbrechung des Aufteilungs- und Abzugsverbot gemäß § 12 Nr. 1 Satz 2 EStG zulässig ist.

Zum einen soll die private Mitnutzung als unschädlich erachtet werden, wenn der Anteil der privaten Lebensführung unbedeutend ist. Diese Ausnahme ist auf dem Grundsatz der Verhältnismäßigkeit begründet.

---

[173] Vgl. Drenseck (2004): EStG, § 12 Rn. 11.
[174] Vgl. ebd. Drenseck (2004), § 12 Rn. 11.
[175] Vgl. ebd. Drenseck (2004), § 12 Rn. 11ff.
[176] Vgl. ebd. Drenseck (2004), § 12 Rn. 11ff.

Als Richtmaß gilt ein Anteil der privaten Lebensführung, der kleiner zehn Prozent ist. Bei einer privaten Mitbenutzung ab 15 Prozent soll hingegen das Aufteilungs- und Abzugsverbot eingreifen. Eine solche prozentuale bzw. quantitative Typisierung einer geringfügigen privaten Mitveranlassung muss jedoch als äußerst fragwürdig beurteilt werden, da die Gerichte zunächst wissen müssten wie viel 100 Prozent sind, bevor sie 10 bzw. 15 Prozent ermitteln könnten. Derartige Urteile würden sich somit maßgeblich auf subjektive Schätzungen stützen, die der BFH selbst grundsätzlich ablehnt. Nach Meinung des Verfassers ist eine derartige Schätzung, bei der im Extremfall „ungewisse" fünf Prozent ausschlaggebend sein können, auch aufgrund von Steuergerechtigkeitsgründen abzulehnen, da u. U. einige Steuerpflichtige Aufwendungen absetzen könnten, die bei anderen Steuerpflichtiger ggf. als nicht abzugsfähig beurteilt werden müssten.[177] Daher ist eine qualitative Abgrenzung, die offen als Wertungsfrage zu behandeln ist, einer solchen quantitativen Abgrenzung vorzuziehen.

Zum anderen darf eine Aufteilung der Aufwendungen vorgenommen werden, wenn „objektive Merkmale und Unterlagen eine zutreffende und leicht nachprüfbare Trennung ermöglichen und der betriebliche bzw [sic] berufliche Nutzungsanteil nicht von untergeordneter Bedeutung ist"[178]. Diese Ausnahme wird durch den verfassungsrechtlich verankerten Gleichheitsgrundsatz begründet. Die Rechtsprechung stellt an diese klar definierten Kriterien jedoch relativ hohe Anforderungen, weshalb ein betroffener Steuerpflichtiger es im Regelfall schwer hat das Aufteilungs- und Abzugsverbot auf diese Weise zu durchbrechen.

Grundsätzlich ist zu berücksichtigen, dass der Gesetzgeber diesen Bereich sehr umfassend reglementiert hat und sich aus diesem Grund in vielen Bereichen eine derartige Prüfung erübrigen dürfte. Die bestehenden Schwierigkeiten bei der Abgrenzung von Erwerb- zur Privatsphäre sind nach Erachten des Verfassers dennoch ein Indiz dafür, dass der Gesetzgeber womöglich im Detail sehr viel

---

[177] Vgl. ebd. Drenseck (2004), § 12 Rn. 12.
[178] Birk (2003): Steuerrecht, § 6 Rn. 883.

geregelt hat, jedoch in Bezug auf grundsätzliche Vorgaben, Ergänzungen angebracht wären.

Das Schrifttum ist zu der o. b. Rechtsprechungspraxis geteilter Meinung. Drenseck ist sogar der Meinung, dass der BFH nicht dem Gedanken der Rechtsprechungskontinuität erliegen dürfe und er deshalb seine Rechtsprechung zum Aufteilungsverbot überprüfen solle. Er kritisiert, dass sowohl bei Fallgestaltungen, bei denen objektive bzw. objektivierbare Aufteilungskriterien vorliegen, als auch bei denen keine derartigen Kriterien vorliegen, keine verlässliche Nachprüfbarkeit der Angaben des Steuerpflichtigen möglich sei und es im Regelfall immer um „Glauben und Schätzen" gehe.

Lösungsansätze[179] aus dem Schrifttum, die die derzeitige Rechtsprechung zur Liebhaberei kritisch beurteilen und im Wesentlichen auf eine ähnliche Lösung in Bezug auf die Liebhabereithematik abzielen, vernachlässigen daher nach Meinung des Verfassers die nachteiligen und u. U. aus Steuergerechtigkeitsgründen abzulehnenden Folgen einer derartigen Liebhabereirechtsprechung. Zudem dürften die entwickelten Grundsätze der Rechtsprechung zu den „echten gemischten Aufwendungen" nicht ohne weiteres auf die Liebhabereirechtsprechung übertragbar sein. Aus diesem Grund wird auf derartige Lösungsansätze[180] in der weiteren Bearbeitung nicht eingegangen.

Die auf dem subjektiven Liebhabereibegriff basierende Rechtsprechung hat ihre gesetzliche Grundlage ebenfalls in dem § 12 EStG. Sie entscheidet über die einkommensteuerrechtliche Relevanz oder Irrelevanz einer Tätigkeit, die unter einer der sieben Einkunftsarten subsumiert werden kann. Dementsprechend sind erwirtschaftete Verluste ein gewichtiges Indiz für eine fehlende Einkünfteerzie-

---

[179] Vgl. Schuck (1993): Veranlassung als Kriterium der „Liebhaberei" – Kritische Auseinandersetzung mit der Rechtsprechung des BFH, S. 975ff; Theisen (1999): Die Liebhaberei – Ein Problem des Steuerrechts und der Betriebswirtschaftlichen Steuerlehre, S. 258f.

[180] Schuck und Theisen stützen die Grundlagen der sog. Liebhaberei auf die einkommensteuerrechtliche Abgrenzung von Einkommenserzielung und Einkommensverwendung. Nach Theisen soll bei einer systematischen Untersuchung einer potentiellen Einkommenserzielung zunächst allein auf die Abgrenzung zur Einkommensverwendung abzustellen sein.

lungsabsicht des Steuerpflichtigen. Verluste allein sind jedoch nicht ausschlaggebend für die Qualifizierung einer Tätigkeit als Liebhaberei. Der Steuerpflichtige muss zudem die verlustbringende Tätigkeit nur aus im Bereich seiner Lebensführung liegenden persönlichen Gründen oder Neigungen ausüben.[181]

2.5.4 Zusammenfassende eigene Stellungnahme und Ansichten aus dem Schrifttum

Das deutsche Einkommensteuerrecht erfasst und besteuert grundsätzlich die Einkommenserzielung und nicht die Einkommensverwendung. Aus diesem Grund ist der Staat nur an Steuerquellen interessiert, die auf einer positiven Bemessungsgrundlage basieren und somit zu Steuereinnahmen führen. Diese Argumentation der Finanzverwaltung und -gerichtsbarkeit ist sowohl einleuchtend, als auch nachvollziehbar. „Die gesamtwirtschaftliche Bedeutung der Besteuerung als Einnahmequelle für den Staat kann dagegen nicht zum individuellen Maßstab werden."[182]

Dies ist auch die herrschende Meinung im Schrifttum, das den Fiskalzweck der Einkommensteuer - den die Rechtsprechung seit dem RFH-Urteil vom 14.03.1929 bis heute kontinuierlich im Bereich der Liebhabereirechtsprechung anführt[183] - nicht als alleinige Begründung für angemessen hält.[184] Schuck führt diesbezüglich an, dass sich andernfalls mit diesem „Telos" alles begründen ließe, was letztendlich zu höheren Steuereinnahmen führen würde. Die Tatbestandsmäßigkeit der Besteuerung bliebe bei einem solchen Umstand völlig unberücksichtigt.[185] Es ist allerdings festzustellen, dass die heutige Rechtsprechung nach der Rückkehr zum subjektiven Liebhabereibegriff diesem Rechtfertigungsgrund ebenfalls eine geringere Bedeutung beimisst, da ansonsten jeder nachhal-

---

[181] Vgl. BFH-Beschluss v. 25.06.1984 GrS 4/82, BStBl. II 1984, S. 767.
[182] Theisen (1999): Die Liebhaberei – Ein Problem des Steuerrechts und der Betriebswirtschaftlichen Steuerlehre, S. 257.
[183] Vgl. Paus (2001): Liebhaberei trotz positiver Gesamteinkünfte, S. 200.
[184] Vgl. Rapp (2003): Liebhaberei und Einkünfteerzielungsabsicht, S. 40; Theisen (1999): Die Liebhaberei – Ein Problem des Steuerrechts und der Betriebswirtschaftlichen Steuerlehre, S. 257; Weber-Grellet (1992a): Wo beginnt die Grenze zur Liebhaberei? (Teil I), S. 562f.
[185] Vgl. Schuck (1993): Veranlassung als Kriterium der Liebhaberei – Kritische Auseinandersetzung mit der Rechtsprechung des BFH, S. 976.

tige Totalverlust nicht nur als gewichtiges Indiz gelten würde, sondern als Liebhaberei qualifiziert werden würde.

Als Beleg für diese Feststellung soll in diesem Zusammenhang auf die unterschiedlichen Ausführungen von RFH (14.03.1929)[186] und BFH (25.06.1984)[187] zu dieser Thematik verwiesen werden. Dass die neuere Rechtsprechung dem Totalgewinn bzw. Totalüberschuss eine geringere Bedeutung beimisst, als es der Große Senat in seinem Grundsatzbeschluss von 1984 getan hat, spricht ebenfalls für diese Feststellung.

Eine nach Ansicht des Verfassers unstrittige Rechtfertigung findet das Rechtsinstitut der Liebhaberei durch den § 12 EStG. Dementsprechend soll einerseits kein Steuerpflichtiger unverhältnismäßig belastet werden, anderseits niemand Aufwendungen aufgrund seiner spezifischen Umstände geltend machen können, die ein anderer Steuerpflichtiger aus seinem versteuertem Einkommen bezahlen müsste. Der letzte Punkt liegt allerdings bei einer typischen Liebhaberei vor, bei der der Steuerpflichtige von Beginn an ohne Einkünfteerzielungsabsicht tätig wird und versucht seine Leistungsfähigkeit durch derartige Aufwendungen (für Hobby, Passion, ...), einkommensteuerrechtlich ungerechtfertigt zu mindern.[188] Hier setzt das Rechtsinstitut der Liebhaberei an, da es bestrebt ist die einkommensteuerrechtlich relevante von der irrelevanten Tätigkeit abzugrenzen, um somit bereits bei der Tätigkeit selbst zwischen Einkommenserzielung und Einkommensverwendung zu differenzieren.

---

[186] Der Zweck der Einkommensteuer sei, „dem Reich Einnahmen zu verschaffen und es daher auf eine objektive Sachlage ankomme".
[187] Der Große Senat begründete seine Entscheidung unter anderem mit dem Zweck des EStG, der darin liege Mittel für die öffentliche Hand zu verschaffen und dabei den Steuerpflichtigen entsprechend seiner Leistungsfähigkeit heranzuziehen.
[188] Vgl. Rapp (2003): Liebhaberei und Einkünfteerzielungsabsicht, S. 44f.

3 Liebhaberei – allgemeine Tatbestandsmerkmale und Beweisanzeichen

Im Abschnitt 3 sollen die zentralen Begriffe bzw. Formulierungen Einkünfteerzielungsabsicht, Totalerfolg, Anlaufverluste, Ergebnisprognose, Beurteilungseinheit, Totalerfolgsperiode und „Persönliche Gründe oder Neigungen" erörtert und deren Bedeutung im Bereich der Liebhabereirechtsprechung untersucht werden.

Die Frage, welche Voraussetzungen erfüllt sein müssen, damit Einkünfte i. S. des § 2 Abs. 1 EStG erzielt werden, ist von immenser Bedeutung, da die Abgrenzung einer steuerrechtlich relevanten Tätigkeit zur steuerrechtlich irrelevanten Liebhaberei von der Beantwortung dieser Frage im Wesentlichen abhängt. Gemäß der Rechtsprechung ist „Liebhaberei" als Tätigkeit aus persönlichen Gründen oder Neigungen (Hobby, Passion, ...) unter den Begriff der Einkommensverwendung für gemischte Zwecke und nicht unter den Begriff der Einkünfteerzielung zu subsumieren.[189] Gemäß Theisen ist andererseits jede „Tätigkeit, die objektiv geeignet und subjektiv darauf angelegt ist, wirtschaftliches Einkommen - nicht automatisch Einkünfte im steuerlichen Sinne - zu erzielen"[190] ein potentieller Gegenstand der Einkommensbesteuerung. Diese Feststellungen sind insb. für negative Einkünfte von Relevanz, da Einkünfte, die ohne Einkünfteerzielungsabsicht erworben wurden oder werden, nicht verlustausgleichs- oder verlustabzugsfähig sind. Demzufolge sind andauernde Verluste aus Liebhabereitätigkeiten einkommensteuerrechtlich irrelevant, weil sie außerhalb einer der im EStG bezeichneten sieben Einkunftsarten erwirtschaftet wurden.[191]

---

[189] Vgl. Tipke/Lang (2002): Steuerrecht, § 9 Rz. 128.
[190] Theisen (1999): Die Liebhaberei – ein Problem des Steuerrechts und der Betriebswirtschaftlichen Steuerlehre, S. 258.
[191] Vgl. BFH-Beschluss v. 25.06.1984 GrS 4/82, BStBl. II 1984, S. 766.

Jeder Steuerpflichtige der den Tatbestand verwirklicht, an den das EStG die Entstehung der Steuer knüpft, erzielt Einkünfte und hat diese zu versteuern.[192] Der Steuertatbestand setzt sich zusammen aus Steuersubjekt, Steuerobjekt (= „Summe der Einkünfte"), Zurechnung, Inlandsbezug, Bemessungsgrundlage und Steuersatz.[193] Der § 2 EStG regelt die sachliche Steuerpflicht. Es sollen die persönlich Steuerpflichtigen nach Maßgabe ihrer objektiven Leistungsfähigkeit auf Grundlage des EStG besteuert werden. Dies ermöglicht dem Fiskus seinen Finanzbedarf zu decken. Einkünfte, die im Rahmen der sieben Einkunftsarten (§ 2 Abs. 1 EStG) erzielt wurden, können sowohl als negative, als auch als positive Einkünfte erwirtschaftet worden sein. Positive oder negative Einkünfte, die ohne Einkünfteerzielungsabsicht erwirtschaftet wurden, sind hingegen nicht bei der Quantifizierung des Einkommensteuerobjekts zu berücksichtigen.[194]

Der „BFH hat mit der Einkünfteerzielungsabsicht ein Kriterium zur Abgrenzung steuerrechtlich relevanter von subjektiv nicht steuerbaren Tätigkeiten herangezogen, das sowohl objektive als auch subjektive Momente enthält"[195]. Die in Abschnitt 2.1.3 erörterte systematische Vorgehensweise des sog. „zweigliedrigen Tatbestandes" umfasst die objektive Komponente der Totalerfolgsprognose und eine subjektive Komponente, bei der es sich um eine Analyse der, u. U. vorliegenden, persönlichen Gründe und Neigungen des Steuerpflichtigen handelt. Diese beiden zentralen Prüfpunkte der Liebhabereirechtsprechung bilden den Schwerpunkt in der Bearbeitung des Abschnitts 3.

3.1 Einkünfteerzielungsabsicht – Grundlagen

Die Prüfung, ob die Einkünfteerzielungsabsicht eines Steuerpflichtigen vorliegt, hat i. d. R. Vorrang vor anderweitigen Erwägungen. Zu diesen anderweitigen Erwägungen zählt beispielsweise der Rechtsmissbrauch gemäß § 42 AO oder auch die Prüfung des Mietverhältnisses nach Maßstab des Fremdvergleichs.

---

[192] Vgl. § 38 AO.
[193] Vgl. Seeger (2004): EStG, § 2 Rn. 18.
[194] Vgl. auch Abschnitt 2.2.
[195] Pferdemenges (1990): Einkünfteerzielungsabsicht, S. 100.

Ausnahmen bilden Scheingeschäfte und auf Dauer verbilligt vermietete Immobilien.[196]

Die Einkünfteerzielungsabsicht, als Oberbegriff für die Gewinn- und Überschusserzielungsabsicht, ist eine innere Tatsache, auf deren Vorliegen nur anhand äußerer Umstände geschlossen werden kann.[197] Die spezifischen Umstände des Einzelfalls müssen bei dieser Beurteilung berücksichtigt werden. Die Einkünfteerzielungsabsicht ist infolgedessen nicht unmittelbar durch sinnliche Wahrnehmungen erfassbar. Aus diesem Grund kann das Vorliegen einer Einkünfteerzielungsabsicht nur durch einen mittelbaren Rückschluss aus objektiven Anhaltspunkten festgestellt werden.[198]

Es kann von Bedeutung sein, ob die steuerrechtlich relevante Tätigkeit bei objektiver Betrachtung einen Totalerfolg erwarten lässt. Muss dies verneint werden, können die Steuerpflichtigen gleichwohl nachweisen, dass sie bis zum betreffenden Zeitpunkt die objektiven Gegebenheiten verkannt und erwartet haben, die zunächst angefallenen Verluste im Laufe der Tätigkeit durch Gewinne bzw. Einnahmen wieder ausgleichen zu können. Letztendlich muss es dem Steuerpflichtigen jedoch möglich sein, ein positives Gesamtergebnis erzielen zu können.[199] Diesbezüglich erachtet der BFH schon das Streben nach einem „bescheidenen" Totalerfolg als ausreichend.[200] Die Steuerpflichtigen, die für das Vorhandensein der Einkünfteerzielungsabsicht die Feststellungslast tragen, müssen die objektiven Umstände vortragen, aufgrund derer sie im Beurteilungszeitraum erwarten konnten, einen Totalerfolg erzielen zu können.[201] Für die Beantwortung der Frage, ob ein Totalerfolg zu erzielen ist, liefert eine in die Zukunft gerichtete Beurteilung, die alle Umstände des Einzelfalls berücksichtigt, we-

---

[196] Vgl. Stein (2004): Verlustausgleich oder Liebhaberei bei der Vermietung von Grundstücken, S. 33.
[197] Vgl. BFH-Urteil v. 24.08.2000 IV R 46/99, BStBl. II 2000, S. 674; BFH-Urteil v. 06.03.2003 IV R 26/01, BFH/NV 2003, S. 1110.
[198] Vgl. Weber-Grellet (1992b): Wo beginnt die Grenze der „Liebhaberei"? (Teil II), S. 603.
[199] Vgl. BFH-Beschluss v. 28.03.2000 X B 82/99, BFH/NV 2000, S. 1186.
[200] Vgl. BFH-Urteil v. 15.12.1999 X R 23/95, BStBl. II 2000, S. 267.
[201] Vgl. BFH-Urteil v. 7.12.1999 VIII R 8/98, BFH/NV 2000, S. 825.

sentliche Anhaltspunkte.[202] Tatsachen, deren Entstehung nach der Steuerfestsetzung zeitlich konstatiert wird und zu einer höheren Steuer führen, sind ebenfalls zu berücksichtigen, sofern ein sicherer Schluss auf die innere Hauptsache möglich ist. Ist dies gegeben, so rechtfertigt es die Berücksichtigung derartiger Hilfstatsachen nach § 173 Abs. 1 Satz 1 Nrn. 1 AO.

Die Feststellung der Einkünfteerzielungsabsicht bereitet in Grenzfällen häufig Schwierigkeiten.[203] Es besteht daher die Möglichkeit, dass die Rechtsprechung in derartigen Fällen auf Vermutungsregeln zurückgreift, die je nach Einkunftsart differieren können. Aus diesem Grund und weil die verschiedenen Einkunftsarten unterschiedlich erfasst, unterschiedlich ermittelt und sogar unterschiedlich steuerlich belastet werden, muss ausdrücklich darauf hingewiesen werden, dass vor der Klärung der Einkünfteerzielungsabsicht bzw. vor der Frage, ob eine Liebhaberei vorliegt, die Einkunftsart geklärt werden muss. Die Feststellung der Einkunftsart ist die Voraussetzung dafür, ob das Ergebnis als Gewinn oder als Überschuss zu ermitteln ist. Dementsprechend wird das Einkommen - je nach Einkunftsart - nicht qualitativ gleichwertig behandelt.[204]

Der BFH begründet diesen Sachverhalt in seinem Urteil vom 29.03.2001 mit dem Dualismus der Einkunftsarten und mit den einkunftsartspezifischen Besonderheiten. In diesem Urteil wurde durch den BFH festgestellt, dass ein zusammen mit seiner Frau veranlagter, nicht aktiver Landwirt, der einen verpachteten land- und forstwirtschaftlichen Betrieb erworben hatte, nicht - wie er in seiner Einkommensteuererklärung geltend gemacht hatte - Einkünfte aus Land- und Forstwirtschaft erzielt hatte, sondern Einkünfte aus Vermietung und Verpachtung. Im Streitfall hatten sowohl das FA, als auch das FG die Frage nach der Einkunftsart offen gelassen und hatten unmittelbar die Gewinnerzielungsabsicht geprüft. Diese stellte sich allerdings mit dem Urteil des BFH als Überschusserzielungsabsicht der Steuerpflichtigen heraus. Der BFH entschied aus den zuvor

---

[202] Vgl. BFH- Urteil v. 6.11.2001 IX R 97/00, BStBl. II 2001, S. 726.
[203] Vgl. Korn/Fuhrmann (2004a): Entwicklungen und Zeifelsfragen zur „Liebhaberei" im Einkommensteuerrecht -Teil 1-, S. 436.
[204] Vgl. Tipke/Lang (2002): Steuerrecht, § 9 Rz. 479.

ausgeführten Gründen, dass die Vorentscheidung des FG auf einer anderen Rechtsauffassung und unzureichenden tatsächlichen Feststellungen beruht hätte. Hätten die Klägerin und ihr Ehemann „nämlich Einkünfte aus Vermietung und Verpachtung erzielt, so würden bei der Ermittlung der laufenden Einkünfte und des Totalüberschusses die auf das selbst genutzte Wohnhaus entfallenden Aufwendungen, aber auch ein etwaiger auf das Wohnhaus entfallender Veräußerungsgewinn grundsätzlich ausscheiden"[205]. Deshalb sei das Urteil des FG aufgrund fehlerhafter Anwendung der Liebhabereigrundsätze (§ 2 Abs. 1 EStG) aufzuheben.[206]

Im konkreten Sachverhalt klagte eine Frau, die zugleich Rechtsnachfolgerin ihres im Jahr 1999 verstorbenen Ehemanns gewesen ist. Dieser war als Betriebswirt bis zu seiner Pensionierung im Jahr 1983 als Geschäftsführer einer GmbH (Prokurist) tätig. Die Tochter der Klägerin (1986 verstorben) war ausgebildete Industriekauffrau und mit einem Gärtner verheiratet. Ziel des Ehepaares war, nach der Pensionierung des Ehemannes, einen land- und forstwirtschaftlichen Betrieb zur Eröffnung einer Baumschule zu erwerben, was sie im Jahre 1985 zum Kaufpreis von 1,5 Mio. DM auch taten. Bis Oktober 1988 waren alle land- und forstwirtschaftlichen Flächen (ca. 36 ha) verpachtet. Ab Oktober 1988 bis 1992 war lediglich die gesamte landwirtschaftliche Nutzfläche (ca. 20,6 ha) verpachtet worden. 1992 verkaufte die Klägerin den erworbenen Betrieb für 1,7 Mio. DM und erzielte für das Wirtschaftsjahr 1991/92 einen privaten Veräußerungsgewinn von ca. 230 000 DM (Frist zwischen Anschaffung und Veräußerung bis 1999 zwei Jahre ab 1999 zehn Jahre für Immobilien[207]). Diesem Überschuss stand ein Verlust von ca. 502 000 DM der Jahre 1985 bis 1991 gegenüber.

Das FG Münster war hingegen im Urteil vom 11.06.2003 der Ansicht, dass der Frage, ob die Klägerin Einkünfte aus Vermietung und Verpachtung erzielt habe,

---

[205] BFH-Urteil v. 29.03.2001 IV R 88/99. In: world-wide-web [gefunden am 08.02.2005]: http:// juris. bundesfinanzhof. de.
[206] Vgl. BFH-Urteil v. 29.03.2001 IV R 88/99. In: world-wide-web [gefunden am 08.02.2005]: http:// juris. bundesfinanzhof. de.
[207] Tipke/Lang (2002): Steuerrecht, § 9 Rz. 595.

vorliegend keine entscheidungserhebliche Bedeutung zukomme. Vielmehr könne die Frage der Überschuss- oder Gewinnerzielungsabsicht unabhängig von der Einordnung in eine Einkunftsart und daher im Ergebnis nur einheitlich zu beantworten[208]. Das FG Münster scheint dementsprechend z. T. für eine übergreifende Betrachtungsweise offen zu sein.

Die Prüfung, ob eine Einkünfteerzielungsabsicht bei einem betreffenden Steuerpflichtigen vorliegt, basiert auf dem Grundsatz der Individualbesteuerung. D.h., die einzelne Person ist das Steuersubjekt und nicht die Familie oder Ehegatten. Aus diesem Grund wird im Regelfall jeder Steuerpflichtige in Bezug auf die Bemessungsgrundlage und den progressiven Tarif der Einkommensteuer einzeln veranlagt. Das Einkommen wird nach Ablauf des Kalenderjahres (Veranlagungszeitraum) nach dem Einkommen veranlagt, das der Steuerpflichtige in dem betreffenden Veranlagungszeitraum bezogen hat. Dies gilt, sofern nicht eine Veranlagung nach § 46 EStG unterbleibt.[209] Die objektive und subjektive Leistungsfähigkeit der Einzelperson, sowohl aus gegenständlicher Sicht als auch im Hinblick auf die Rechtfertigung ihrer Heranziehung zur Einkommensteuer, ist somit maßgeblich.[210] Besonderheiten in diesem Zusammenhang gelten lediglich bei Eheleuten, die u. U. kraft ehelichen Güterrechts (Gütergemeinschaft, Errungenschaftsgemeinschaft) die zur Einkünfteerzielung verwendeten Wirtschaftsgüter gemeinsam veranlagen.[211]

Die sich maßgeblich aus der Einkommensteuerpflicht (§§ 1, 1a EStG, 2 AStG) ergebende differenzierte Behandlung von unbeschränkt und beschränkt Steuerpflichtigen im Rahmen des EStG ist für die Beurteilung, ob eine Einkünfteerzielungsabsicht eines Steuerpflichtigen vorliegt, ohne Bedeutung. Dieses stellte der BFH in seinem Urteil vom 07.11.2001 fest. „Ob eine Tätigkeit der steuerrechtlich relevanten Einkunftserzielung oder dem Bereich der ‚Liebhaberei' zuzuordnen ist, muss bei beschränkt Steuerpflichtigen nach den selben [sic] Krite-

---

[208] Vgl. Urteil FG Münster v. 11.06.2003 1 K 6534/99. In: world-wide-web [gefunden am 08.02.2005]: http://juris.bundesfinanzhof.de.
[209] Vgl. § 25 EStG.
[210] Vgl. Jakob (1996): Einkommensteuer, § 2 Rn. 113; Seeger (2004): EStG, § 2 Rn. 18.
[211] Vgl. Seeger (2004): EStG, § 2 Rn. 38f.

rien wie bei unbeschränkt Steuerpflichtigen beurteilt werden."[212] Dementsprechend können zwar die gemäß § 49 Abs. 2 EStG im Ausland gegebenen Besteuerungsmerkmale „außer Betracht" bleiben, „nicht aber nicht vorhandene für Zwecke der inländischen Besteuerung fingiert bzw [sic] unterstellt werden"[213]. Aus diesem Grund müssen bei der Prüfung, ob die Einkünfteerzielungsabsicht eines beschränkt Steuerpflichtigen vorliegt, nicht nur die Einkünfte einbezogen werden, die der inländischen, beschränkten Steuerpflicht unterliegen, sondern auch die Einkünfte, die der Steuerpflichtige im Ausland erzielt hat.

3.1.1 Objektiver Tatbestand der Einkünfteerzielungsabsicht

Die „Beteiligung am allgemeinen wirtschaftlichen Verkehr" gilt als objektiver Tatbestand der Erwerbstätigkeit. Dieses für alle Einkunftsarten gültige Tatbestandsmerkmal leitet sich aus § 15 Abs. 2 Satz 1 EStG ab: „Eine selbständige nachhaltige Betätigung, die mit der Absicht, Gewinne zu erzielen, unternommen wird und sich als Beteiligung am allgemeinen wirtschaftlichen Verkehr darstellt, ist Gewerbebetrieb, wenn die Betätigung weder als Ausübung von Land- und Forstwirtschaft noch als Ausübung eines freien Berufs noch als eine andere selbständige Arbeit anzusehen ist."[214] Dieses einkunftsartübergreifende Tatbestandsmerkmal ist u. a. ein Grund für die Schwierigkeiten bei der Abgrenzung der Einkünfte aus Gewerbebetrieb zu den Einkünften aus Vermögensverwaltung.[215]

Mit der Einkommens- und Körperschaftssteuer wird aktuell fließendes, am Markt erzieltes, entgeltliches Einkommen erfasst. Steuergegenstand des EStG ist somit das erwirtschaftete Markteinkommen[216] gemäß der Markteinkommenstheorie.[217]

---

[212] BFH-Urteil v. 07.11.2001 IR 14/01. In: world-wide-web [gefunden am 08.02.2005]: http:// juris.bundesfinanzhof.de.
[213] Seeger (2004): EStG, § 2 Rn. 22.
[214] § 15 Abs. 2 Satz 1 EStG.
[215] Vgl. Tipke/Lang (2002): Steuerrecht, § 9 Rz. 123.
[216] Erwirtschaftetes Einkommen: Tätigkeit oder Einzahlung von Vermögen bzw. Kombination von beiden.
[217] Vgl. Jakob (1996): Einkommensteuer, § 1 Rn. 5 u. 6.

Der Dualismus der Einkunftsarten teilt die Einflusssphären von Reinvermögenszugangstheorie und Quellentheorie[218] auf. Die Gewinneinkünfte sind an der Reinvermögenszugangstheorie und die Überschusseinkünfte an der Quellentheorie ausgerichtet. Dementsprechend konnte sich keine der beiden genannten Theorien als rechtsdogmatisches Konzept für die Einkunftsarten durchsetzen. Nach Tipke/Lang scheiterte die Quellentheorie an ihrem zu eng gefassten Einkommensbegriff und die Reinvermögenszugangstheorie an ihrer mangelnden praktischen Umsetzbarkeit. Aus diesen Gründen gilt die Markteinkommenstheorie, als die Theorie, „die das Wesen des Einkommensobjekts am besten charakterisiert und daher prinzipiell geeignet ist, alle Einkünfte zu substantiieren"[219]. Ihre Schwäche ist hingegen, dass der Markteinkommensbegriff am Gesetz orientiert ist und aus diesem Grund einen eher geringen Erklärungswert bietet. Erste Grundlagen legten die Rechtsprechung zur Liebhaberei sowie H. G. Ruppe[220], der auf Grundlage der Liebhabereirechtsprechung die Zurechnung von Einkünften nach der Einsicht dogmatisierte, dass nur das am Markt erwirtschaftete Einkommen der Einkommensteuer unterworfen ist.

Der objektive Tatbestand der Erwerbstätigkeit wird nicht erfüllt durch:[221]

(1) Erbschaften und Schenkungen, die gemäß den Vorgaben der Erbschafts- und Schenkungssteuer besteuert werden. Diese Steuern erfassen aktuell fließendes Einkommen, das unentgeltlich vereinnahmt wird.[222]

(2) Preisgelder, soweit sie nicht durch eine Erwerbstätigkeit erwirtschaftet sind.

(3) Vermögensmehrungen durch private und staatliche Unterhaltsbezüge. Allerdings erfasst der § 22 Nr. 1, 1a EStG ausnahmsweise auch nicht erwirtschaftete Bezüge.

(4) Eigenleistungen, als Wertvermehrungen für eigene private Zwecke ohne Beteiligung am wirtschaftlichen Verkehr. Z. B. ein Kfz-Mechaniker der seine

---

[218] Vgl. auch Abschnitt 2.4.
[219] Tipke/Lang (2002): Steuerrecht, § 9 Rz. 52.
[220] Vgl. ebd. Tipke/Lang (2002), § 9 Rz. 52.
[221] Vgl. ebd. Tipke/Lang (2002), § 9 Rz. 52.
[222] Vgl. Jakob (1996): Einkommensteuer, § 1 Rn. 5.

Arbeitskraft und sein handwerkliches Können für die Reparatur seines eigenen Autos nutzt oder ein Maler, der seine eigene Wohnung renoviert.

(5) Entschädigungen außerhalb der Beteiligung am wirtschaftlichen Verkehr (§ 24 Nr. 1 EStG).

(6) Sowie sonstige nicht erwirtschaftete Bezüge wie beispielsweise Ausstattungen und andere Bezüge im Bereich der Lebensführung.

3.1.2 Subjektiver Tatbestand der Einkünfteerzielungsabsicht

Literatur[223], Verwaltung[224] und Rechtsprechung[225] sind sich einig, dass das subjektive Tatbestandsmerkmal der Einkünfteerzielungsabsicht kennzeichnend für alle Einkunftsarten ist. Dementsprechend unterliegen der Einkommensteuer alle „Einkünfte, die durch eine Erwerbstätigkeit mit der Absicht, einen Überschuß [sic] von Einnahmen und Erträgen über die Aufwendungen zu erzielen, erwirtschaftet worden sind"[226]. Alle positiven oder negativen Einkünfte, die ohne Einkünfteerzielungsabsicht erzielt werden, sind keine steuerbaren Einkünfte i. S. des EStG. Sie wirken sich somit weder einkommensmindernd noch einkommenserhöhend aus und finden dementsprechend im Rahmen der Steuerbemessung keine Berücksichtigung.[227] Liebhaberei ist somit als Ausdruck einer fehlenden Einkünfteerzielungsabsicht zu verstehen, deren steuerrechtliche Relevanz maßgeblich von Indizien, objektive Beweisanzeichen, u. s. w. oder auch einem Anscheinsbeweis[228] abhängig ist. Bei der Beurteilung des subjektiven Tatbestandes kommt es grds. darauf an, welchen Plan der Steuerpflichtige für die gesamte Dauer der Erwerbstätigkeit verfolgt, „hat er sich noch nicht entschieden, fehlt die Einkünfteerzielungsabsicht"[229]. Ein gewichtiges Indiz ist das Ergebnis der Totalerfolgsprognose. Der prognostizierte Totalgewinn bzw. Totalüberschuss, der durch die unterschiedlich zu Grunde gelegten Totalerfolgspe-

---

[223] Vgl. Seeger (2004): EStG, § 2 Rn. 22 ff.
[224] Vgl. BMF Schreiben v. 04.11.1998, BStBl. I, S. 1444.
[225] Vgl. BFH-Beschluss v. 25.06.1984 GrS 4/82, BStBl. II 1984, S. 766f.
[226] Tipke/Lang (2002): Steuerrecht, § 9 Rz. 52.
[227] Vgl. BFH-Beschluss vom 25.06.1984 GrS 4 /82, BStBl. II 1984, S. 766.
[228] Vgl. Abschnitt 2.3 u. 3.5.1
[229] Weber-Grellet (2004): EStG, § 15 Rn. 25.

rioden und die maßgebliche Beurteilungseinheiten von Fall zu Fall variieren kann, kann dementsprechend einen relativ hohen Stellenwert im Rahmen der Beweisführung haben.

Des Weiteren ist die Feststellung von subjektiven Faktoren, die im Bereich der privaten Lebensführung liegen, von hoher Relevanz. Ein objektives Beweisanzeichen für das Vorliegen einer Liebhaberei kann sein, wenn kein Totalerfolg durch eine Tätigkeit erzielt werden kann und die Tätigkeit allein darauf angelegt ist dem Steuerpflichtigen Steuervorteile dergestalt zu vermitteln, dass andere Einkünfte nicht versteuert werden müssen. Bei Verlustzuweisungsgesellschaften kann daher sogar trotz eines als wahrscheinlich zu unterstellenden Totalgewinns die Gewinnerzielungsabsicht zweifelhaft sein, wenn das Streben nach einem Totalgewinn der Gesellschaft, vom Streben nach einer Kapitalanlage aus Einkommensteuerersparnissen verdrängt werden sollte. Wenn der Steuerpflichtige trotzdem die Feststellung bzw. Verrechung von Verlusten begehrt, trägt er die Beweislast.[230] In derartigen Fällen liegt der Grund für die Fortführung der verlustbringenden Tätigkeit i. d. R. allein im Lebensführungsbereich des Steuerpflichtigen, der lediglich seine persönliche Steuerbelastung aus anderen Tätigkeiten oder Vermögensnutzungen vermindern oder vermeiden will.[231]

3.1.2.1 Gewinnerzielungsabsicht

Die Einkünfteerzielungsabsicht leitet sich aus § 15 Abs. 2 Satz 1 EStG ab, der ausdrücklich „die Absicht, Gewinne zu erzielen" verlangt. Dementsprechend kommt den Einkünften aus Gewerbebetrieb eine signifikante Bedeutung zu. Ein Beleg hierfür ist auch der Beschluss des Großen Senats vom 25.06.1984, dessen Ausführungen sich im Wesentlichen auf die Gewinnerzielungsabsicht beziehen. Der Begriff der Gewinnerzielungsabsicht als Merkmal des gewerblichen Unternehmens i. S. § 15 Abs. 1 Nr. 1 Satz 1 EStG ist weder im EStG noch in der GewStDV definiert. Gemäß dem Beschluss des Großen Senats vom 25.06.1984

---

[230] Vgl. Urteil des FG Köln v. 15.12.2003 15 K 586/99, Orientierungssatz u. Rn. 142. In: world-wide-web [gefunden am 05.04.2005]: http://jurisweb.de; (Nichtzulassungsbeschwerde eingelegt bei BFH: Az. VIII B 21/04).

[231] Vgl. BFH-Beschluss v. 25.06.1984 GrS 4/82, BStBl. II 1984, S. 766f.

ist er jedoch als Streben nach einer Betriebsvermögensmehrung in Gestalt eines Totalgewinns zu verstehen. „Außerhalb des zeitlichen Anwendungsbereiches von § 15 Abs. 2 Satz 2 EStG 1984 ist deshalb der Begriff der Gewinnerzielungsabsicht, wie er in § 1 Abs. 1 GewStDV aufgeführt ist, durch Auslegung des Tatbestandteils ‚gewerbliches Unternehmen' in § 15 [Abs.1] Nr. 1 Satz 1 EStG zu ermitteln".[232]

§ 15 Abs. 2 Satz 1 EStG ist Ausdruck eines allgemeinen Prinzips, das alle Einkunftsarten umfasst. Die Gewinnerzielungsabsicht kann allerdings gemäß § 15 Abs. 2 Satz 3 EStG auch lediglich Nebenzweck sein. Sie ist ein Grundmerkmal von gewerblichen Tätigkeiten und ist somit zugleich Voraussetzung für die restlichen Gewinneinkünfte (§ 2 Abs. 1 Nrn. 1-3). Der Grund weshalb im § 15 Abs. 2 Satz 1 EStG die anderen Gewinneinkunftsarten ausgeklammert[233] werden, ist in dem Umstand begründet, dass alle Gewinneinkunftsarten die Merkmale der gewerblichen Einkünfte erfüllen (= Negativabgrenzung).[234] Scheitert eine Tätigkeit möglicherweise wegen Fehlens eines der in den §§ 13 bis 18 EStG geforderten Merkmale, so fällt diese Tätigkeit auf die gewerbliche Tätigkeit zurück, soweit nicht eine private Vermögensverwaltung (= negatives Tatbestandsmerkmal) vorliegt. Der Wortlaut des § 15 Abs. 2 Satz 1 EStG ist allerdings missverständlich. Gefordert wird nicht eine Absicht i. S. eines „gesteigerten Vorsatzes", sondern die „Absicht" soll lediglich zum Ausdruck bringen, dass eine Vollendung des Einkunftserzielungstatbestandes nicht geboten ist. Verluste sind somit ebenfalls zu berücksichtigen.[235] Maßgeblich sind nicht die Vorstellungen, sondern die objektiven Verhältnisse. Eine „Besteuerung nach Absichten und Vorstellungen ist schlicht verfwidrig [verfassungswidrig]."[236]

§ 15 Abs. 3 EStG verweist nochmals ausdrücklich auf das Vorliegen der Einkünfteerzielungsabsicht, sofern eine unternommene Tätigkeit im vollem Umfang

---

[232] BFH-Beschluss v. 25.06.1984 GrS 4/82, BStBl. II 1984, S. 766.
[233] Vgl. § 15 Abs. 2 Satz 1 EStG.
[234] Vgl. Jakob (1996): Einkommensteuer, § 2 Rn. 25; Tipke/Lang (2002): Steuerrecht, § 9 Rz. 124ff.
[235] Vgl. Weber-Grellet (2004): EStG, § 15 Rn. 25.
[236] Ebd. Weber-Grellet (2004), § 15 Rn. 25.

als Gewerbebetrieb gelten soll.[237] Bei Personengesellschaften ist im Regelfall gemäß § 15 Abs. 3 EStG ein einheitlicher, alle Tätigkeitsbereiche umfassender Gewerbebetrieb zu unterstellen. Jedoch kann aufgrund einer Erfolgsspaltung bzw. Segmentierung eine negative Beurteilung der Gewinnerzielungsabsicht einzelner Sparten erfolgen.[238] Im Fall der Vermietung von Hubschraubern durch eine Personengesellschaft kam der VIII. Senat des BFH im Urteil vom 25.06.1996[239] zu dem Ergebnis, dass „Ertrag und Aufwand, die auf einer privat veranlaßten [sic] Tätigkeit beruhen"[240] nicht steuerrechtlich in die Gewinnermittlung der Personengesellschaft einzubeziehen sind.

Steuerbare Gewinneinkünfte sind durch die Absicht gekennzeichnet, einen Totalgewinn i. S. eines positiven Gesamtergebnisses zu erzielen. Die Summe aller periodisch erwirtschafteten Ergebnisse eines Betriebes von der Gründung bis zur Veräußerung, Aufgabe oder Liquidation sind i. d. R. für die Ermittlung des Totalgewinns maßgeblich. Zugleich wird deutlich, dass die Begriffe Totalgewinn und Gewinn (§ 4 Abs. 1 EStG) nicht synonym verwendet werden dürfen. Gleiches gilt für die Begriff Totalüberschuss und Überschuss der Einnahmen über die Werbungskosten (§ 8, 9, 9a EStG). Hierin kommt zum Ausdruck, dass durch die gewichtigen Indizien Totalgewinn bzw. Totalüberschuss das im EStG geltende Abschnittsbesteuerungsprinzip im Bereich der Liebhabereirechtsprechung durchbrochen wird.

Gemäß § 4 Abs. 1 Satz 1 EStG ist der Gewinn „der Unterschiedsbetrag zwischen dem Betriebsvermögen am Schluss des Wirtschaftsjahres und dem Betriebsvermögen am Schluss des vorangegangenen Wirtschaftsjahres, vermehrt um den Wert der Einnahmen und vermindert um den Wert der Einlagen"[241]. Das

---

[237] Vgl. § 15 Abs. 3 EStG.
[238] Vgl. Braun (2000): Objektivierung der Gewinnerzielungsabsicht bei der Liebhaberei, S. 285.
[239] Vgl. Abschnitt 3.4.
[240] BFH-Urteil v. 25.06.1996 VIII R 28/94, BStBl. II 1997, S. 202.
[241] § 4 Abs. 1 EStG.

Ergebnis einer Betätigung, durch die lediglich eine planmäßige Minderung von Steuern verursacht wird, ist hingegen kein Gewinnbestandteil.[242]

Der Gewinn im Begriff Gewinnerzielungsabsicht ist als Streben nach einer Betriebsvermögensmehrung in Gestalt eines Totalgewinns zu verstehen, dies ergäbe sich gemäß dem Beschluss des Großen Senats vom 25.06.1984 aus der Funktion des Merkmals. Ein Abstellen auf den Periodengewinn i. S. des § 4 Abs. 1 EStG sei nicht geeignet und ein Abstellen auf den wirtschaftlichen Vorteil i. S. einer Minderung der steuerlichen Belastung nicht ausreichend.[243] „In dem einen Fall wird ein abschnittsbezogenes und damit nur begrenzt aussagekräftiges Ergebnis und in dem anderen Fall ein Ergebnis außerhalb einer steuerrechtlich bedeutsamen Tätigkeit, eine Folge im Bereich der Einkommensverwendung, betrachtet."[244]

Seeger verweist dementsprechend auf den Grundsatz der Abschnittsbesteuerung und die damit grds. auf den Jahreszeitraum eingeengte Einkünfteermittlung. Er ist der Ansicht, dass die Rechtsprechung zur Totalgewinnprognose als Indiz der Einkünfteerzielungsabsicht die Systematik des EStG überspannen würde.[245]

Heinicke verweist hingegen auf die Fortentwicklung der o. b. Grundsätze durch die Rechtsprechung. Der BFH räume i. d. R. der richtigen Besteuerung des Einzelfalles und des „zutreffenden" Totalgewinns den Vorrang vor dem Vereinfachungszweck des § 4 Abs. 3 EStG und der systemgerechten Ermittlung der Periodengewinne ein. Dieser Umstand gehe von der Überlegung aus, „dass die laufende Buchführung von Betriebsanfang bis zum Betriebsende ein geschlossenes Ganzes darstellt"[246].

3.1.2.2 Überschusserzielungsabsicht

Bei den Überschusseinkunftsarten (§ 2 Abs. 1 Nrn. 4-7 EStG) muss der Steuerpflichtige einen Totalüberschuss der Einnahmen über die Werbungskosten in-

---

[242] Vgl. Weber-Grellet (2004): EStG, § 15 Rn. 29.
[243] Vgl. BFH-Beschluss v. 25.06.1984 GrS 4/82, BStBl II 1984, S. 766.
[244] BFH-Beschluss v. 25.06.1984 GrS 4/82, BStBl. II 1984, S. 766.
[245] Vgl. Seeger (2004): EStG, § 2 Rn. 23.
[246] Heinicke (2004): EStG, § 4 Rn. 14.

nerhalb der voraussichtlichen Vermögensnutzungsdauer bzw. Dauer der Tätigkeit anstreben.[247] Die Überschusserzielungsabsicht, als Absicht positive Einkünfte aus Überschusseinkunftsarten zu erzielen, geht nicht explizit aus dem EStG hervor. Der Große Senat stellte allerdings in seinem Beschluss vom 25.06.1984 klar, dass seine grundsätzlichen Aussagen zur Einkünfteerzielungsabsicht sowohl für den Bereich der Gewinneinkünfte, als auch für den Bereich der Überschusseinkünfte gelten. Dementsprechend sei eine einkommensteuerrechtlich relevante Betätigung oder Vermögensnutzung nur dann als gegeben anzusehen, „wenn die Absicht besteht, auf Dauer gesehen nachhaltige Überschüsse zu erzielen"[248]. Somit sei auch bei den Überschusseinkünften auf ein positives Gesamtergebnis in Gestalt eines Totalüberschusses abzustellen. Diese Feststellung des Großen Senats ist nach der Ansicht von Teilen des Schrifttums (z. B. Kruse) möglicherweise als eine unzulässige, steuerverschärfende Analogie zu beurteilen. Dieser Meinung ist allerdings weder der BFH noch das BVerfG.[249] Das BVerfG erachtet das durch die Rechtsprechung entwickelte Rechtsinstitut der Liebhaberei als einen anerkannten Ausfluss eines einkommensteuerrechtlichen Grundgedankens. Im Konkreten handele es sich um eine verfassungskonforme Auslegung des in § 2 EStG normierten Einkommensbegriffs als eigenständigen Steuertatbestand.[250] Falls dennoch eine unzulässige Analogie vorläge, wäre vermutlich sowohl aufgrund des Gleichheitsgrundsatzes, als auch wegen des Interesses des Fiskus, Einnahmen zu erzielen, bereits eine entsprechende Reaktion des Gesetzgebers erfolgt.

Bei den Überschusseinkünften kann im Gegensatz zu den Gewinneinkünften, bei denen die Betriebsveräußerungsgewinne einzubeziehen sind, nicht die gesamte Vermögensmehrung berücksichtigt werden. Wertsteigerungen der Vermögenssubstanz werden nicht mit einbezogen, da bei den Überschusseinkünften die Veräußerungsgewinne einkommensteuerrechtlich nicht erfasst werden. Nach

---

[247] Vgl. BFH-Urteil v. 14.09.1999, BStBl. II 1999, S. 268.
[248] BFH-Beschluss v. 25.06.1984 GrS 4/82, BStBl. II 1984, S. 766.
[249] Vgl. BVerfG-Beschluss v. 18.11.1986 1 BvR 330/86, HFR 1988, S. 34. Nach: Weber-Grellet (1992a): Wo beginnt die Grenze zur „Liebhaberei"? (Teil I), S. 562.
[250] Vgl. BVerfG-Beschluss v. 24.04.1999 2 BvR 177/90 und 2 BvR 2/90, HFR 1991, S. 111.

Tipke/Lang bedingt der Dualismus der Einkunftsarten eine Beschränkung der Einkünfteerzielungsabsicht auf den Tatbestand von Quelleneinkünften.[251]

Die Einkünfte aus Vermietung und Verpachtung (§ 21 EStG) waren im Bereich der Überschusseinkunftsarten in einer Vielzahl von Streitfällen[252] Gegenstand von finanzgerichtlichen Verfahren. Daher soll in der weiteren Bearbeitung die Überschusserzielungsabsicht am Beispiel der Vermietungsabsicht erörtert werden.

Der IX. Senat des BFH stellte im Urteil vom 04.12.2001 fest, dass Einkünfte aus Vermietung und Verpachtung (§ 21 Abs. 1 Nr.1 EStG) nur derjenige erzielt, der einem anderen ein Grundstück gegen Entgelt zur Nutzung überlässt und beabsichtigt, auf die voraussichtliche Dauer der Nutzung des Grundstücks, einen Überschuss der Einnahmen über die Werbungskosten zu erzielen.[253] Nach ständiger Rechtsprechung können nur die Aufwendungen als Werbungskosten gemäß § 9 Abs. 1 Satz 1 EStG (= Generalklausel) geltend gemacht werden, „bei denen objektiv ein wirtschaftlicher Zusammenhang mit einer Vermietung und Verpachtung besteht und die subjektiv zur Förderung der Nutzungsüberlassung gemacht werden"[254].

Insbesondere bei vorab entstandenen Werbungskosten wird die Überschusserzielungsabsicht als subjektiver Veranlassungszusammenhang vorausgesetzt. Derartige Aufwendungen liegen vor, wenn eine Wohnung oder ein Gebäude zunächst leer steht, aber dennoch Kosten verursacht. Für diese Fälle gelten gemäß der Rechtsprechung folgende Grundsätze:[255]

Sofern der Steuerpflichtige Aufwendungen für eine leer stehende Wohnung oder noch nicht vermietetes Objekt als Werbungskosten geltend machen will, muss der Entschluss zur Einkünfteerzielung endgültig gefasst sein und darf nicht spä-

---

[251] Vgl. Tipke/Lang (2002): Steuerrecht, § 9 Rz. 125.
[252] Gemäß JURIS 122 Urteile seit 1984. In: world-wide-web [gefunden am 07.04.2005]: http://jurisweb.de.
[253] Vgl. BFH-Urteil v. 04.12.2001 IX R 70/98, BFH/NV 2002, S. 635.
[254] Stein (2004): Verlustausgleich oder Liebhaberei bei der Vermietung von Grundstücken, S. 44.
[255] Vgl. ebd. Stein (2004), S. 44ff.

ter wieder wegfallen.[256] Die Überschusserzielungsabsicht ist zudem gemäß dem BMF-Schreiben vom 08.10.2004 „für das einzelne Mietverhältnis gesondert zu prüfen"[257].

Ein Leerstehen aufgrund einer mehrjährigen Renovierung kann ein Beweisanzeichen für Liebhaberei sein, wenn die Absicht zur Fertigstellung durch den Steuerpflichtigen nicht erkennbar ist.[258] Der Steuerpflichtige kann keine Renovierungskosten und andere Aufwendungen geltend machen, die aus einer Renovierung resultieren, die mit der Absicht der anschließenden Nutzung zu eigenen Wohnzwecken entstehen oder entstanden sind. Eine ernst gemeinte Vermietungsabsicht liegt in derartigen Fällen auch dann nicht vor, wenn argumentiert wird, dass ein mündlicher Mietvertrag abgeschlossen worden sei.[259] Sollte die ursprünglich vorhandene Vermietungsabsicht aufgrund neuer Umstände dennoch wegfallen, begründet dies noch keinen rückwirkenden Wegfall der Überschusserzielungsabsicht.[260] Ein Abzug von vorweggenommenen Werbungskosten ist jedoch bereits dann nicht mehr möglich, wenn eine ursprünglich vorhandene Vermietungsabsicht bestand, diese allerdings durch eine Selbstnutzung ersetzt worden ist. Unschädlich für die Überschusserzielungsabsicht kann sein, wenn der Entschluss des Steuerpflichtigen, Einkünfte zu erzielen, zeitlich verzögert umgesetzt wird und die Verzögerung im Bereich der Lebensführung begründet war.[261] Die Verzögerung muss jedoch einen überschaubaren Zeitraum umfassen. Ein Leerstand von zwei Jahren kann u. U. schädlich sein, ein Leerstand von zehn Jahren kann schon als gewichtiges Beweisanzeichen gegen ein Vorliegen der Überschusserzielungsabsicht gelten.[262]

---

[256] Vgl. BFH-Urteil v. 14.05.2003 XI R 8/02, HFR 2003, S. 966.
[257] BMF-Schreiben v. 08.10.2004, BStBl. I 2004, S. 937.
[258] Vgl. Urteil des FG Baden-Württemberg v. 17.07.1996 6 V 8/96, EFG 1996, S. 1211.
[259] Vgl. BFH-Beschluss v. 25.09.2002 IX B 4/02, BFH/NV 2003, S.160.
[260] Urteil des FG Baden-Württemberg v. 05.09.2002 5 K 203/01. Nach: Stein (2004): Verlustausgleich oder Liebhaberei bei der Vermietung von Grundstücken, S. 45.
[261] BFH-Urteil v. 27.01.1993 IX R 64/88, BFH/NV 1993, S. 528.
[262] Vgl. Stein (2004): Verlustausgleich oder Liebhaberei bei der Vermietung von Grundstücken, S. 45.

Schuldzinsen, Geldbeschaffungskosten und andere Aufwendungen, die für ein unbebautes Grundstück angefallen sind, können nur als vorab entstandene Werbungskosten geltend gemacht werden, wenn der Steuerpflichtige bereits bei der Anschaffung damit rechnen kann, dass er das sog. Bauerwartungsland auch in einer überschaubaren Zeit (ca. zehn Jahre) bebauen darf. Indizien für das Vorliegen einer Überschusserzielungsabsicht sind in diesem Zusammenhang zum einen, wenn das Verfahren zur Aufstellung eines Bebauungsplans bereits eingeleitet ist und zum anderen, wenn der Steuerpflichtige seine Bebauungspläne nachhaltig verfolgt hat. Der Steuerpflichtige muss allerdings den Nachweis erbringen, dass ein wirtschaftlicher Zusammenhang zwischen den „mit dem unbebauten Grundstück zusammenhängenden Aufwendungen nicht nur mit der späteren Bebauung, [sic] sondern auch mit der anschließenden Nutzung des Gebäudes zur Erzielung von Einkünften aus Vermietung und Verpachtung" [263] besteht.

3.1.2.3 Eckdaten im Verhältnis von Gewinn- und Überschusseinkünften

Jakob hebt folgende Eckdaten in Bezug auf das Verhältnis von Gewinn- und Überschusseinkünften hervor:[264]

(1) Für alle Einkunftsarten ist es ohne Relevanz, ob die Tätigkeit gesetzlich oder standesrechtlich erlaubt, unsittlich oder gar kriminell ist. Dieser Umstand ist auf die Wertneutralität des Steuerrechts gemäß § 40 AO zurückzuführen.

(2) Soweit nicht private Vermögensverwaltung gegeben ist, sind die Überschusseinkünfte gegenüber den Gewinneinkünften subsidiär.

(3) Sonderleistungen eines Gesellschafters werden bei den Überschusseinkünften in vergesellschafteter Form „normal" qualifiziert. Im Bereich der Gewinneinkünfte erfolgt hingegen eine Umqualifizierung gemäß § 15 Abs. 1 Nr. 2 EStG (§§ 13 Abs. 5, 18 Abs. 4 EStG) und das Entgelt wird zum Gewinnanteil hinzugerechnet.

---

[263] Vgl. ebd. Stein (2004), S. 47.
[264] Vgl. Jakob (1996): Einkommensteuerrecht, § 2 Rn. 23.

(4) Zu- bzw. Abflussgrößen sind bei den Gewinneinkunftsarten Betriebseinnahmen/Betriebsausgaben und bei den Überschusseinkunftsarten Einnahmen/Werbungskosten. (Zur synchronen Auslegung nach dem Veranlassungsprinzip vgl. Abschnitt 2.5.)

(5) Bei den Überschusseinkunftsarten werden die Einnahmen steuerlich wirksam, wenn sie zufließen, Werbungskosten, wenn sie abfließen. Eine Ausnahme von diesem Grundsatz gilt bei Anschaffungs-/Herstellungskosten von steuerbar genutzten Wirtschaftgütern. Diese werden gemäß § 9 Abs. 1 Nr. 7 EStG auf die Nutzungsdauer gemäß den AfA-Vorschriften abgeschrieben. Dementsprechend gilt das Zufluss-/Abflussprinzip des § 11 EStG i. d. R. uneingeschränkt im Bereich der Überschusseinkunftsarten. Gleiches gilt für die Gewinneinkünfte, wenn der Gewinn nach § 4 Abs. 3 EStG ermittelt wird. Sobald er allerdings bilanziell gemäß den §§ 4 Abs. 1, 5 EStG ermittelt wird, gelten die Vorgaben des § 11 EStG für die Frage des „bloßen" Zuflusses oder Abflusses gleichermaßen. Die eigentliche Gewinnwirksamkeit richtet sich indessen nach bilanzsteuerrechtlichen Grundsätzen.

(6) Letztendlich ist anzumerken, dass Bezieher von Gewinneinkünften sowohl ein Betriebsvermögen, als auch ein Privatvermögen besitzen. Dies bedingt eine rechtliche Zuordnung. Bezieher von Überschusseinkünften haben indes allein ein Privatvermögen.

3.2 Totalerfolg

Nach Rose ist der Begriff Totalerfolg als Oberbegriff für den Totalgewinn im Bereich der Gewinneinkünfte (§ 2 Abs. 1 Nrn. 1-3) und den Totalüberschuss im Bereich der Überschusseinkunftsarten (§ 2 Abs. 1 Nrn. 4-7) zu verstehen. Der Totalerfolg ist eine maßgebliche Messgrößen bzw. Kriterium für die Beurteilung, ob das Vorliegen einer Einkünfteerzielungsabsicht und somit das Vorliegen einer einkommensteuerrechtlich relevanten Tätigkeit bejaht oder verneint werden muss.[265] Somit dient die Feststellung eines Totalerfolgs als Kriterium,

---

[265] Vgl. Abschnitt 3.1.

inwieweit eine bestimmte Betätigung der einkommensteuerrechtlich relevanten Erwerbsphäre oder der einkommensteuerrechtlich irrelevanten Privatsphäre zuzuordnen ist.[266]

Nach ständiger Rechtsprechung des BFH deuten zwar andauernde Verluste auf eine fehlende Einkünfteerzielungsabsicht hin, sie sind für die Beurteilung, ob eine Liebhaberei vorliegt, jedoch für sich allein nicht ausschlaggebend.[267] Gemäß dem Beschluss des Großen Senats vom 25.06.1984 ist zudem nicht ein einziges Jahr maßgeblich, sondern ein positives Gesamtergebnis, das von der Gründung bis zur Veräußerung, Aufgabe oder Liquidation durch eine einkommensteuerrechtlich relevante Tätigkeit i. S. des § 2 Abs. 1 Nrn. 1-3 EStG (Gewinneinkunftsarten) erwirtschaftet wurde.[268] Das Gesamtergebnis ist nach Verständnis des Großen Senats als das Ergebnis der voraussichtlichen Tätigkeits- und Vermögensnutzungsdauer zu verstehen, „wobei allerdings steuerfreie Veräußerungsgewinne nicht in diese Betrachtung einzubeziehen sind"[269]. Der Gewinn im Begriff Gewinnerzielungsabsicht soll somit nicht als Periodengewinn, sondern als Totalgewinn zu verstehen sein.[270] Eine solche Auslegung begründe sich aus der Funktion des Merkmals, da mit der Gewinnerzielungsabsicht „Tätigkeiten als Grundlagen für Einkünfte im Rahmen der Einkunftsarten i. S. d. § 2 Abs. 3 Nrn. 1-3 EStG von anderen Tätigkeiten mit nicht einkommensteuerbaren Einkünften - Vermögensmehrungen, die keiner der sieben Einkunftsarten zugeordnet sind - abgegrenzt werden"[271] sollen. Der Totalgewinn ist demnach für die Abgrenzung einer einkommensteuerrechtlich relevanten zur einkommensteuerrechtlich irrelevanten Tätigkeit von Bedeutung.

„Der maßgebliche Totalgewinn setzt sich dabei aus den in der Vergangenheit erzielten und den künftig zu erwartenden laufenden Gewinnen/Verlusten sowie

---

[266] Valentin (2001): Personenübergreifende Betrachtungsweise bei der Bestimmung der Totalerfolgsperiode zur Feststellung der Einkünfteerzielungsabsicht, S. 509.
[267] BFH-Beschluss vom 25.06.1984 GrS 4/82, BStBl. II 1984, S. 766.
[268] Vgl. BFH-Beschluss vom 25.06.1984 GrS 4 /82, BStBl. II 1984, S. 766.
[269] BFH-Beschluss vom 25.06.1984 GrS 4 /82, BStBl. II 1984, S. 766; Vgl. auch BFH-Urteil in BFHE 135, 320, BStBl. 1982, 463.
[270] Vgl. Abschnitt 3.1.2.1.
[271] BFH-Beschluss vom 25.06.1984 GrS 4 /82, BStBl. II 1984, S. 766.

dem sich bei Betriebsbeendigung voraussichtlich ergebenden Veräußerungs- bzw. Aufgabegewinn/-verlust zusammen."[272] Nicht zwingend notwendig ist, dass letztendlich ein Totalerfolg erwirtschaftet wird, da die Beurteilung, ob eine Einkünfteerzielungsabsicht bejaht oder verneint werden muss, nicht ausschließlich von dem Totalerfolg (objektive Komponente) abhängig ist. Der Steuerpflichtige muss verlustbringende Tätigkeit zudem „nur aus im Bereich seiner Lebensführung liegenden persönlichen Gründen oder Neigungen"[273] (subjektive Komponente) ausgeübt haben.[274]

Littwin führt an, dass der Totalgewinn nach steuerrechtlichen Grundsätzen zu ermitteln sei. Dementsprechend sind sowohl die Periodengewinne als auch die stillen Reserven, die bei der Realisation zu einem Veräußerungs-, Entnahme- oder Aufgabegewinn führen, mit einzubeziehen.[275] Der Totalgewinn ist somit als Saldo[276] aus bisher bekannten Ergebnissen, den prognostizierten zukünftigen Ergebnissen bis zur Beendigung und den prognostizierten steuerbaren Veräußerungs- oder Entnahmegewinnen zu verstehen. Wann, in welcher Abfolge und mit welchem Zeitbezug positive oder negative Einkünfte angefallen sind bzw. anfallen werden, ist unbeachtlich.[277] Eine Mindestverzinsung des Eigenkapitals ist nicht erforderlich. Maßgeblich sind die tatsächlichen Erträge und Aufwendungen, zu denen auch die direkten Subventionen gehören. Ob diese Subventionen steuerfrei oder steuerpflichtig sind, ist ohne Relevanz. Kalkulatorische Kosten, wie beispielsweise der Unternehmerlohn oder AfA nach Wiederbeschaffungskosten, zählen hingegen nicht zu den tatsächlichen Erträgen und Aufwendungen.[278]

---

[272] FG Baden-Württemberg – Urteil v. 22.02.2001 14 K 295/96, EFG 2001, S. 889.
[273] BFH-Beschluss vom 25.06.1984 GrS 4 /82, BStBl. II 1984, S. 766.
[274] Vgl. Theisen (1999): Die Liebhaberei – Ein Problem des Steuerrechts und der Betriebswirtschaftlichen Steuerlehre, S. 260.
[275] Vgl. Littwin (1996): Liebhaberei und Gewinnerzielungsabsicht im Ertragssteuerrecht, S. 244; Seeger (2004): EStG § 2 Rn. 26.
[276] Unterschiedsbetrag zwischen Soll- und Habenseite
[277] Vgl. Theisen (1999): Die Liebhaberei – Ein Problem des Steuerrechts und der Betriebswirtschaftlichen Steuerlehre, S. 260.
[278] Vgl. Weber-Grellet (1998): Liebhaberei im Ertragssteuerrecht, S. 874.

Berz kritisiert allerdings, „daß [sic] die Subventionierung aus Steuergeldern bzw. aus Einlagen einflussloser Gesellschafter (Spartenkonzern) steuerlich folgenlos bleibt"[279]. Subventioniere hingegen ein Gesellschafter-Geschäftsführer sein Unternehmen aus dem privaten Familienvermögen, so solle gerade dies ein Indiz für das Fehlen der Gewinnerzielungsabsicht sein.

Das Schrifttum ist geteilter Meinung, ob der notwendige Totalgewinn ein wirtschaftlich ins Gewicht fallender Gewinn[280] oder lediglich ein bescheidener Gewinn bzw. Überschuss[281] sein muss. Der überwiegende Teil des Schrifttums erachtet jedoch die letztere Aussage für zutreffend. Die Einkünfteerzielungsabsicht fehlt jedoch grundsätzlich, wenn lediglich eine bloße Selbstkostendeckung vorliegt.

Theisen kritisiert im Jahr 1999 die pauschale Ablehnung einer Berücksichtigung von Verzinsung. Er beschreibt diesen Sachverhalt als „Verzicht auf eine inflationsberücksichtigende Indexierung"[282]. Der X. Senat des BFH hat nachhaltig in neueren Entscheidungen die Zinsen auf Verbindlichkeiten in seiner Beurteilung mit berücksichtigt. Allerdings haben die anderen Senate des BFH die Beurteilung des X. Senats bisher nicht übernommen.[283] Der X. Senat entschied im Urteil vom 21.06.2004, dass eine hauptsächlich in einer Kostensenkung bestehende Umstrukturierung auch dann als geeignete Maßnahme anzusehen sei, wenn sie nur bei Außerachtlassung der Zinsen auf Verbindlichkeiten aus früheren Fehlmaßnahmen zu künftig positiven Ergebnissen führen würde. Eine andere Entscheidung würde zu Widersprüchen führen, da in entsprechenden Grenzfällen der Eintritt in die Liebhaberei allein mit zu hohen Schuldzinsen begründet werden könne. Dieselben zu hohen Schuldzinsen seien allerdings zugleich, falls der

---

[279] Berz (1997): Liebhaberei und Segmentierung einer einheitlichen gewerblichen Tätigkeit von Personengesellschaften, S. 359.
[280] Vgl. ebd. Weber-Grellet (1998), S. 874.
[281] Vgl. Rapp (2003): Liebhaberei und Einkünfteerzielungsabsicht, S. 118ff.
[282] Theisen (1999): Die Liebhaberei – Ein Problem des Steuerrechts und der Betriebswirtschaftlichen Steuerlehre, S. 260.
[283] Vgl. Kulosa (2005): Anmerkung zum BFH-Urteil vom 21.06.2004 X R 33/03, S. 27. In: HFR (2005), S. 26f.

Übergang zum Liebhabereibetrieb stattgefunden habe, als Schuldzinsen weiterhin abziehbar.[284]

Da die Rechtsprechung bezüglich der maßgeblichen Totalgewinnperiode variiert und zum Teil sogar in der Rechtsprechung auf eine Totalerfolgsprognose verzichtet wird, muss angemerkt werden, dass der Totalerfolg in jüngster Zeit an Bedeutung verloren hat. Umso bedeutender für die Überzeugungsbildung der Finanzgerichtsbarkeit ist daher, ob die verlustbringende Tätigkeit „nur aus im Bereich seiner Lebensführung liegenden persönlichen Gründen oder Neigungen"[285] durch den Steuerpflichtigen ausgeübt worden ist.[286]

3.3 Anlaufverluste

Anlaufverluste sind Verluste, die in den ersten Jahren nach Eröffnung eines Betriebes oder nach Beginn einer Tätigkeit anfallen. Sie sind allerdings nur ein schwaches Indiz für das Fehlen einer Gewinnerzielungsabsicht. Grundsätzlich werden derartige Anlaufverluste nur in Ausnahmefällen untersagt, da im Regelfall nachhaltige positive Einkünfte auf zuvor getätigten Investitionen basieren.

Ein derartiger Ausnahmefall liegt vor, wenn aufgrund der Entwicklung eindeutig feststeht, dass der Steuerpflichtige, so wie er den Betrieb geführt hat, entweder die Erzielung eines Totalgewinns von vornherein nicht beabsichtigt hat oder ein Totalgewinn aufgrund von offenkundigen und immensen strukturellen Mängeln nicht erzielbar erscheint. Die Anlaufverluste können in derartigen Fällen selbst dann nicht geltend gemacht werden, wenn der Steuerpflichtige den Betrieb aufgrund erkannter Unmöglichkeit, nachhaltig mit seiner Tätigkeit positive Einkünfte zu erzielen, eingestellt hat.[287]

---

[284] Vgl. BFH-Urteil v. 21.06.2004 X R 33/03, BStBl. II 2004, S. 1066.
[285] BFH-Beschluss vom 25.06.1984 GrS 4 /82, BStBl. II 1984, S. 766.
[286] Vgl. Theisen (1999): Die Liebhaberei – Ein Problem des Steuerrechts und der Betriebswirtschaftlichen Steuerlehre, S. 260.
[287] Vgl. BFH-Urteil vom 24.02.1999 X R 106/95, Rn. 36. In: world-wide-web [gefunden am 14.04.2005]: http://jurisweb.de.

Grundsätzlich sind jedoch anfängliche, langjährige Verluste nicht gleichzusetzen mit einer Unmöglichkeit in der Zukunft, Gewinne zu erzielen.[288] „Verluste der Anlaufphase sind daher kein Indikator fehlender Gewinnerzielungsabsicht."[289] Die Dauer von Anlaufverlusten ist nicht generell in Jahren auszudrücken bzw. festzustellen, da diese betriebsindividuell, branchentypisch und konjunkturabhängig variieren. Somit kann nur nach den Umständen des Einzelfalls entschieden werden. Dementsprechend wird i. d. R. erst nach Ablauf der Anlaufphase geprüft, ob die Einkünfteerzielungsabsicht eines Steuerpflichtigen fehlt bzw. eine Liebhaberei vorliegt.

Die Rechtsprechung spricht von einer „gewissen", nicht zu kurz zu bemessenden Anlaufzeit, die ggf. sechs bis acht Jahre betragen kann.[290] Bei Forstbetrieben und in der Landwirtschaft sind die Zeiträume mit acht bis zehn Jahren naturbedingt länger.[291] Aber auch bei einem Künstler oder Erfinder sind zumeist positive Ergebnisse erst nach längerer Anlaufzeit zu erwarten. Falls sich allerdings zu einem späteren Zeitpunkt herausstellt, dass die Gemälde, Erfindungen u. s. w. nicht mit Erfolg verwertet werden können, kann in Betracht gezogen werden, dass die Einkünfteerzielungsabsicht verneint werden muss und somit die Verluste nicht mehr geltend gemacht werden können.[292]

Seeger differenziert zwischen drei grundsätzlichen Fallgestaltungen für die Anlaufphase eines Betriebes:[293]

1. Es ist mit hoher Wahrscheinlichkeit anzunehmen, dass der über einen längeren Zeitraum Verluste erwirtschaftende Betrieb, dennoch einen Totalgewinn erzielen wird. Aus diesem Grund liegt von Beginn an ein Erwerbsbetrieb vor, der sich erst durch erhebliche Umstrukturierungen in einen Liebhabereibetrieb umwandeln könnte.

---

[288] Littwin (1996): Liebhaberei und Gewinnerzielungsabsicht im Ertragssteuerrecht, S. 244ff.
[289] Weber-Grellet (1992a): Wo beginnt die Grenze zur „Liebhaberei"? (Teil I), S. 563.
[290] Vgl. BFH-Urteil v.35.05.1985 IV R 84/82, BStBl. II 1985, S. 515; BFH-Urteil v. 15.11.1984 IV R 139/81, BStBl. II 1985, 205.
[291] Vgl. Seeger (2004): EStG, § 13 Rn. 6 ff.
[292] Vgl. Weber-Grellet (1992a): Wo beginnt die Grenze zur „Liebhaberei"? (Teil I), S. 563.
[293] Vgl. Seeger (2004): EStG, § 13 Rn. 6 ff.

2. Ein Totalgewinn ist offenkundig durch die Tätigkeit nicht beabsichtigt und/oder nicht erzielbar. Diese Betriebe seien von Beginn an als typischer Liebhabereibetrieb erkennbar, da erhebliche Überinvestitionen, unwirtschaftliches Verhalten oder der Einsatz eines teueren Verwalters eine Rückkehr in die Gewinnzone unmöglich machen. Bei Vorliegen derartig immenser struktureller Mängel, werden - entgegen dem Regelfall - die Verrechnung der Verluste bereits während der Gründungsphase versagt.
3. Eine eindeutige Totalgewinnprognose ist nicht möglich, da in der Gründungsphase eines Betriebes, trotz entstandener Verluste, der Totalgewinn nicht eindeutig negativ prognostiziert werden kann. Gründe hierfür können sein, dass der Betrieb wie ein Erwerbsbetrieb wirtschaftet oder die weitere Entwicklung des Betriebes, beispielsweise aufgrund von durchgeführten Umstrukturierungsmaßnahmen, derzeit nicht absehbar ist. Stellt der Steuerpflichtigen den Betrieb während der Anlaufphase ein, ob aus der Erkenntnis, dass kein Totalgewinn mehr zu erzielen ist oder weil er ihn einer gewinnbringenden Nutzung zuführen will, so werden die zuvor erzielten Verluste steuerlich anerkannt. Dieses ist auch der Fall, selbst wenn aus dem Betrieb tatsächlich kein Totalgewinn erzielt worden ist.

Die steuerlich anerkannte gewöhnliche Anlaufverlustphase kann verlängert werden, wenn außergewöhnliche Ereignisse vorliegen, die der Steuerpflichtige nicht vorhersehen konnte oder nicht beeinflussen konnte. Kosten, die beispielsweise durch schwere Erkrankungen oder Konjunkturschwankungen verursacht wurden, sind in derartigen Fällen bei der Beurteilung, ob die Einkünfteerzielungsabsicht vorliegt, u. U. nicht zu berücksichtigen.[294]

3.4 Totalerfolgsprognose

Die Totalerfolgsprognose in Form einer Ergebnisprognose dient der Beurteilung, ob eine Einkünfteerzielungsabsicht als „innere Tatsache" gegeben ist. Für

---

[294] Vgl. ebd. Seeger (2004), § 13 Rn. 6ff.

die Prüfung der Einkünfteerzielungsabsicht müssen objektive Anhaltspunkte vorliegen. Aufgrund dieses Umstandes fällt die Prüfung der Einkünfteerzielungsabsicht in einen schwierigen Grenzbereich zwischen subjektiven (inneren) und objektiven (äußeren) Merkmalen.[295] „Äußerliches Merkmal" und Gegenstand der Prognose ist der zu erwartende Totalerfolg. Die Totalerfolgsprognose ist als Oberbegriff für die Totalgewinnprognose für die Gewinneinkunftsarten (§ 2 Abs. 1 Nrn. 1-3 EStG) und die Totalüberschussprognose bezüglich der Überschusseinkunftsarten (§ 2 Abs. 1 Nrn. 4-7 EStG) zu verstehen und kann als wichtiges Instrument für die Objektivierung der Einkünfteerzielungsabsicht herangezogen werden.

Das Ziel der Totalerfolgsprognose ist die Feststellung, ob der Steuerpflichtige mit einer unter die sieben Einkunftsarten fallenden Tätigkeit (i. S. d. § 2 Abs. 1 Nrn. 1-7 EStG) einen Gewinn bzw. Überschuss erwirtschaften kann oder - bei bereits erfolgter Beendigung - erwirtschaftet hat. Die Finanzgerichtsbarkeit versucht deshalb die künftige Entwicklung der Einkünfte auf der Grundlage vorhandener Erkenntnisse (bisherige Betriebs- und Wirtschaftsführung, sowie die künftige Wirtschaftplanung) zu antizipieren. Eine langfristige in die Zukunft gerichtete Beurteilung ist hierfür unabdingbar.[296]

Die Totalerfolgsprognose basiert grundlegend auf einer Vielzahl von Kriterien, die zudem in wechselseitiger Beziehung zueinander stehen. Aus diesem Grund stellt sich in der Praxis die Durchführung der Erfolgsprognose häufig als schwierig heraus, auch wenn die maßgeblichen Kriterien „erfahrungsgemäß" eine bestimmte Entwicklung induzieren.

In der weiteren Bearbeitung sollen die Struktur des Betriebes, die Betriebsführung sowie die Ergebnisse als zentrale Kriterien der Ergebnisprognose erörtert werden:[297]

(1) Struktur des Betriebes

---

[295] Vgl. Braun (2000): Objektivierung der Gewinnerzielungsabsicht bei der Liebhaberei, S. 284.
[296] Vgl. Weber-Grellet (1992a): Wo beginnt die Grenze zur „Liebhaberei"? (Teil I), S.563f.
[297] Vgl. ebd. Weber-Grellet (1992a), S.563.

Zum Strukturbereich zählen die Wesensart, die Größe und die Grundlagen des Betriebes. Unter den Grundlagen sind die vorhandenen Produktionsmittel, Patente, Konzessionen, Know-how, das zur Verfügung stehende Kapital (Liquidität), die Standorte u. Ä. zu subsumieren.

Wichtige Erkenntnisse liefern die Bilanzen[298] der Unternehmen. Vereinfacht ausgedrückt, wird auf der Aktivseite der Bilanz das Anlagevermögen (AV) und das Umlaufvermögen (UV) und auf der Passivseite der Bilanz das Eigenkapital (EK) und das kurzfristige sowie langfristige Fremdkapital (FK) ausgewiesen.[299]

Ein geeignetes Prognoseinstrument sind u. a. Planbilanzen. Die Aussagefähigkeit derartiger Gesamtprognosemodelle ist von der Qualität der den betrieblichen Teilplänen zu Grunde liegenden Informationen abhängig. Die Anforderungen dürfen allerdings aus zeitlichen und wirtschaftlichen Gründen nicht überzogen sein. Die Prognosequalität einer Bestandsrechnung, die im Wesentlichen auf einer Fortschreibung der Erfolgs- und Bestandskonten basiert, ist jedoch höher einzuschätzen und daher einer einfachen Erfolgsrechnung vorzuziehen.[300]

Bei der Totalerfolgsprognose treten jedoch im Rahmen der prospektiven Ermittlung einige Schwierigkeiten auf. Zum einen hat sich der BFH bisher noch nicht mit dem Prognoseproblem von kritischen Bilanzpositionen des Aufgabe- Endvermögens (z. B. Firmenwert, Patente, ...) und der Wertfindung der gemeinen Werte auseinandergesetzt. Daher sind nach Ansicht Brauns die Bedingungen für die Wertansätze in den Planbilanzen bzw. der Prognosewerte in weiten Bereichen noch ungeklärt. Zudem bereitet die Überprüfbarkeit und somit die Feststellung der Richtigkeit der ex anten Prognoseergeb-

---

[298] Ob ein Vermögensgegenstand unter dem AV oder unter dem UV auszuweisen ist, entscheidet allein die Zweckbestimmung am jeweiligen Bilanzstichtag. Ein Vermögensgegen-stand kann bei einer Gesellschaft zum AV und bei einer Anderen zum UV gerechnet werden.
[299] Vgl. Bähr/Fischer-Winkelmann (2001): Buchführung und Jahresabschluss, S. 231ff.
[300] Vgl. Braun (2000): Objektivierung der Gewinnerzielungsabsicht bei der Liebhaberei, S. 284.

nisse Schwierigkeiten (= Zukunftsproblem). Somit ist ein rechnerischer Nachweis nur hinsichtlich der Glaubwürdigkeit und Plausibilität überprüfbar. Der Steuerpflichtige ist somit durch eine mehr oder weniger willkürliche Bilanzierung geschützt, weshalb eine Überprüfung der logischen Schlüssigkeit der zu Grunde liegenden Ausgangsinformationen unabdingbar sein dürfte.[301]

(2) Betriebsführung

Kriterien, die zu dem Bereich der Betriebsführung zählen, sind beispielsweise die Art der Betriebsführung, Planung und Umsetzung von Projekten u. Ä., Investitionstätigkeit, Finanzierung der Unternehmung, Verschuldungsgrad des Unternehmens, Ertragskraft, Entwicklungschancen, Marktverhältnisse, Marktchancen, vorgenommenen Marktanalysen oder auch wie auf andauernde Verluste reagiert wurde. Umstrukturierungen, Abwehrmaßnahmen oder sogar die Einstellung des Betriebes können ein Indiz für das Vorliegen der Einkünfteerzielungsabsicht sein.[302]

Gemäß der Finanzierungstheorie hat der Finanzbereich der Unternehmung zwei zentrale Problemstellungen bzw. Aufgaben zu bewältigen. Zum einen gilt es den Kapitalbedarf für die Investitionen, die für die Produktion benötigt werden, zu decken und zum anderen muss das finanzielle Gleichgewicht der Unternehmung gewahrt bleiben. Illiquidität gegenüber Gläubigern oder als Produktionsfaktormangel, der den Produktionsprozess und somit die Erfüllung des Sachziels gefährdet, muss somit unbedingt vermieden werden. Die wichtigste Finanzierungsquelle ist der Umsatz, d. h. die Finanzierung erfolgt maßgeblich aus Abschreibungen, Rückstellungen, Gewinn und Vermögensumschichtungen.[303] Ein mit andauernden Verlusten wirtschaftender Unternehmer konnte oder wollte u. U. das finanzielle Gleichgewicht des Unternehmens nicht sicherstellen und gefährdet infolgedessen das Sachziel seiner Unternehmung. Hieran kann kein an wirtschaftlichem Erfolg interessierter Unternehmer ein Interesse haben. Dementsprechend erscheint es nicht unge-

---

[301] Vgl. ebd. Braun (2000), S. 284f.
[302] Vgl. BFH-Urteil v. 21.07.2004 X R 33/03, BStBl. II 2004, S. 1063ff.
[303] Schmidt/Terberger (1997): Grundzüge der Investitions- und Finanzierungstheorie, S. 13ff.

rechtfertigt, dass die FA bei andauernden Verlusten, deren Ursachen ermitteln und bei Vorliegen von persönlichen Gründen oder Neigungen, die einer einkommensteuerrechtlich relevanten Betätigung entgegenstehen, die Verlustverrechnung und den Verlustabzug versagen.

(3) Ergebnisse

Die Ergebnisbetrachtung sollte sich nicht auf die bloße Feststellung von Verlusten beschränken. Es gilt andauernde Verluste von Anlaufverlusten zu differenzieren. Aber auch die Verlustursachen sollten stets aufgeklärt werden.

Bei der Totalüberschussprognose sind Sonderabschreibungen, nicht steuerbare Veräußerungsgewinne sowie Ertragsminderungen, die sich durch steuerrechtliche Subventions- und Lenkungsnormen oder öffentlich-rechtliche Mietpreisreglementierungen ergeben, außer Acht zu lassen. Einzubeziehen sind hingegen Investitionszulagen.[304]

3.5 Einflussfaktoren der Totalerfolgsprognose

Von hoher Relevanz für die Totalerfolgsprognose und somit für die Ermittlung des zu erwartenden Totalerfolgs („äußerliches Merkmal" und Gegenstand der Prognose) ist die Festlegung der für den Einzelfall maßgeblichen Totalerfolgsperiode (Prognosezeitraum) und der zu Grunde zu legenden Beurteilungseinheit, da der Totalerfolg nur auf der Grundlage einer zuvor zu bestimmenden Totalerfolgsperiode und Beurteilungseinheit ermittelt werden kann.[305]

Diese beiden Einflussfaktoren werden in diesem Abschnitt der Arbeit erörtert. Der BFH hat allerdings bis zum heutigen Tage auf eine detaillierte Definition der Begriffe Totalerfolg und Totalerfolgsperiode verzichtet.[306] Ebenso ungeklärt ist, ob die Beurteilung der steuerrechtlichen Relevanz oder Irrelevanz (Liebha-

---

[304] Vgl. Seeger (2004): EStG, § 2 Rn. 30.
[305] Vgl. Korn/Fuhrmann (2004a): Entwicklungen und Zweifelsfragen zur „Liebhaberei" im Einkommensteuerrecht -Teil 1-, S. 394ff.
[306] Vgl. Valentin (2001): Personenübergreifende Betrachtungsweise bei der Totalerfolgsperiode zur Feststellung der Einkunftserzielungsabsicht, S. 506f.

berei) einer zunächst unter die sieben Einkunftsarten fallenden Tätigkeit stets auf eine Einheit wie einen Betrieb oder zumindest einen Teilbetrieb oder auch auf unselbständige Bereiche zu beziehen ist.[307] Mit dem Urteil des XI. Senats vom 06.03.2003 zu einem sowohl selbständigen als auch nicht selbständigen Künstler stellt sich zudem die Frage, ob auch eine einkunftsartübergreifende Liebhabereiprüfung vorgenommen werden sollte.[308] Diese und ähnliche Fragestellungen stehen in Abschnitt 3.5 im Zentrum der Betrachtung.

3.5.1 Beurteilungseinheit

Das Streben eines Steuerpflichtigen muss darauf gerichtet sein, durch seine „Betätigung" im Sinne des § 15 Abs. 2 Satz 1 EStG „Gewinn" zu erzielen. Ein wesentliches Problem in diesem Zusammenhang kann sein, dass z. T. Liebhabereitätigkeiten als Betriebszweig konzipiert sein können. Derartige steuerrechtlich irrelevante Aufwendungen fließen mit in den Betrieb ein und reduzieren die Einkommensteuerbelastung des Steuerpflichtigen insgesamt, soweit die maßgebende Beurteilungseinheit der ganze Betrieb ist. Die erwirtschafteten Gewinne bzw. Überschüsse können infolgedessen mit den Verlusten der Untereinheiten saldiert werden und der Steuerpflichtige kann möglicherweise Aufwendungen steuerrechtlich geltend machen, die andere Steuerpflichtige aus versteuertem Einkommen finanzieren müssen.[309]

Diese Problematik bedingt, dass „verschiedene Aktivitäten des Stpfl [Steuerpflichtigen] je nach bes [besonderen] Umständen einheitlich (sog. Beurteilungseinheit) oder getrennt (sog. Segmentierung) zu prüfen"[310] sind. Die sog. Beurteilungseinheit kann gemäß der Rechtsprechung des BFH sowohl den gesamten Betrieb, als auch nur selbständige Tätigkeitsbereiche umfassen. Selbständige Tätigkeitsbereiche müssen gesondert beurteilt werden, wenn sie nicht lediglich bloße Hilfs- oder Nebentätigkeit zu einer mit Einkünfteerzielungsabsicht betrie-

---

[307] Vgl. Seeger (2004): EStG, § 2 Rn. 26.
[308] Vgl. Korn/Fuhrmann (2004a): Entwicklungen und Zweifelsfragen zur „Liebhaberei" im Einkommensteuerrecht -Teil 1-, S. 395f.
[309] Vgl. Rapp (2003): Liebhaberei und Einkünfteerzielungsabsicht, S. 73ff.
[310] Weber-Grellet (2004): EStG, § 15 Rn. 28.

benen Haupttätigkeit sind. Die Abgrenzung erfolgt nach dem „Förderungs- und Sachzusammenhang".[311] Dementsprechend setzt eine Segmentierung voraus, dass sich die einzelnen Betätigungen des Steuerpflichtigen voneinander abgrenzen lassen. Gleichartige Betätigungen sind als einheitlicher Betrieb zu beurteilen und lassen sich nicht abgrenzen.[312] Bei Kapitalgesellschaften kommt allerdings eine Segmentierung grundsätzlich nicht in Betracht, da bei diesen die betriebliche Sphäre fehlt.[313]

Obwohl in der Rechtsprechung die einheitliche Beurteilung überwiegt, kann z. T. eine Abgrenzung in personeller als auch in sachlicher Perspektive notwendig sein. Aus personeller Hinsicht ist i. d. R. allein die voraussichtliche Dauer der Nutzung bzw. die voraussichtliche Dauer der Tätigkeit durch den nutzenden Steuerpflichtigen maßgeblich. Die statistische Lebenserwartung des Nutzenden ist irrelevant. Nach Weber-Grellet kann wegen des subjektiven Liebhabereibegriffs auch nicht die Person des Rechtsnachfolgers mit in die Betrachtung einbezogen werden.[314] Besonderheiten würden lediglich bei den Einkünften aus Land- und Forstwirtschaft herrschen, da bei diesen - wegen ihrer besonderen Natur - nicht allein auf eine Person abgestellt werden könne.[315]

Die Rechtsprechung stellt in sachlicher Hinsicht auf die einzelne Einkunftsquelle ab. Unerheblich ist, gemäß dem Urteil des IV. Senats des BFH vom 11.07.1991, ob ein selbständiger Betrieb, ein Teilbetrieb oder ein Betriebsteil vorliegt. Eine getrennte Prüfung wäre grundsätzlich erforderlich. Einzelne Funktionsbereiche können hingegen nicht separat beurteilt werden, da keine differenzierten Betriebszweige vorliegen.[316] Die Rechtsprechung hat allerdings bisher nicht abschließend geklärt, „ob die Wertung als steuerrechtl [steuerrechtlich]

---

[311] Braun (2000): Objektivierung der Gewinnerzielungsabsicht bei der Liebhaberei, S. 283.
[312] Vgl. BFH-Urteil v. 19.11.2003 I R 33/02, DB 2004, S. 416.
[313] Vgl. Korn/Fuhrmann (2004a): Entwicklungen und Zweifelsfragen zur „Liebhaberei" im Einkommensteuerrecht -Teil 1-, S. 395f.
[314] Vgl. Weber-Grellet (1992a): Wo beginnt die Grenze zur „Liebhaberei"? (Teil I), S. 564 ff.
[315] Vgl. auch Abschnitt 4.3 (Liebhaberei bei sog. Generationenbetrieb).
[316] Vgl. BFH-Urteil v. 11.07.1991 IV R 33/90, DStR 1991, S. 1588; BFH-Urteil v. 13.12.1990 IV R 1/89, BStBl. II 1991, 452.

irrelevante Liebhaberei stets auf Einheiten wie einen Betrieb oder zumindest einen Teilbetrieb oder auch auf unselbständige Bereiche zu beziehen ist"[317].

Pferdemenges differenziert in Bezug auf die maßgebliche Beurteilungseinheit „zwischen Tätigkeiten gleichen Inhalts", die als funktional einheitliche Tätigkeiten aufzufassen seien, und funktional unterschiedlichen Tätigkeiten. Die Zusammenfassung zweier Tätigkeiten zu einer Beurteilungseinheit setzt nach Pferdemenges voraus, dass zwischen den einzelnen Tätigkeiten des Steuerpflichtigen eine sachliche Verflechtung besteht. Diese sei jedoch in aller Regel gegeben, weshalb er ebenso wie Berz[318] das Gesamtbild der Verhältnisse für maßgeblich erachtet.[319]

Das Merkmal einer funktional einheitlichen Tätigkeit und die damit verbundene wirtschaftliche Zusammengehörigkeit kann jedoch nur als eine Entscheidungshilfe bewertet werden. Organisatorische Verknüpfungen, wie beispielsweise die gemeinsame Beschaffung von Produktionsmitteln oder die gegenseitige Unterstützung durch Personal bei Engpässen in der Produktion, sind u. a. ein Indiz für eine einheitliche Beurteilungseinheit. Pferdemenges weist jedoch explizit darauf hin, dass „organisatorische Verflechtungen allein grundsätzlich nicht ausreichen werden, um eine (einzige) Beurteilungseinheit zu begründen; wirtschaftliche Verflechtungen sind daher unumgänglich"[320].

Die richtige Festlegung der maßgeblichen Beurteilungseinheit hinsichtlich einer sinnvollen Segmentierungsgröße ist daher von entscheidender Bedeutung für das Ergebnis der Totalerfolgsprognose. Jedoch dürfte eine zu grobe Segmentierung die Abgrenzung von einer steuerrechtlich relevanten Tätigkeit zur Liebhaberei erschweren oder sogar verhindern, und eine zu detaillierte Segmentierung würde ggf. zur Folge haben, dass unterstützende oder dem Betrieb förderliche Untereinheiten als Liebhaberei beurteilt werden müssten und somit u. U. ungerechtfertigt einkommensteuerrechtlich irrelevant wären.

---

[317] Seeger (2004): EStG, § 2 Rn. 26.
[318] Vgl. Berz (1997): Liebhaberei und Segmentierung einer einheitlichen gewerblichen Tätigkeit von Personengesellschaften, S. 358.
[319] Vgl. Pferdemenges (1990): Einkünfteerzielungsabsicht, S. 147ff.
[320] Pferdemenges (1990): Einkünfteerzielungsabsicht, S. 151.

Mit dem Urteil des XI. Senats vom 06.03.2003 stellt sich die Frage, ob in bestimmten Fällen eine einkunftsartübergreifende Erweiterung der Beurteilungseinheit vorgenommen werden kann oder muss.[321] Der BFH hatte in diesem Urteil entschieden, dass ein Künstler, der gleichzeitig selbständiger und nicht selbständiger Künstler war, seine Einkünfte aus selbständiger und nicht selbständiger Tätigkeit für die Liebhabereiprüfung zusammenrechnen könne. Im Streitfall hatte der Künstler aus seiner selbständigen nur Verluste erwirtschaftet, zusammengerechnet waren die Einkünfte hingegen positiv. Der BFH sah das zusammengerechnete Ergebnis aus der Erwerbstätigkeit des Steuerpflichtigen als maßgeblich an und verneinte in diesem Fall das Vorliegen einer Liebhaberei. Der XI. Senat begründete sein Urteil, indem er darauf verwies, dass die steuerrechtliche Zuordnung der Einnahmen zur selbständigen oder nicht selbständigen Tätigkeit im Streitfall von Zufälligkeiten abgehangen hätten.

Ob dieses Urteil eine Präzedenzwirkung entfalten kann, bleibt abzuwarten. Die herrschende Meinung im Schrifttum ist jedoch der Auffassung, dass sich die Einkünfteerzielung nur auf eine Einkunftsart erstrecken könne. Entsprechend diesem Grundverständnis könne es keine übergeordnete, mehrere Einkunftsarten umfassende Einkünfteerzielungsabsicht geben.[322]

3.5.1.1 BFH-Urteil vom 25.06.1996 VIII R 28/94 zu einer Hubschraubervermietung einer KG

Einen gewichtigen Beitrag zur weiterführenden Klärung in Bezug auf die Zulässigkeit und die Voraussetzung der Segmentierung stellt das Urteil des VIII. Senats vom 25. Juni 1996 dar. Die durch den VIII. Senat des BFH erarbeiteten grundsätzlichen Aussagen sind, obwohl der BFH selbst nicht zu einem abschließenden Urteil kam, für spätere Urteile von hoher Relevanz.

Im Streitfall war die Klägerin eine KG, deren Unternehmensgegenstand im Streitjahr 1982 die Vermietung von Grundstücken und Baumaschinen an Hoch-

---

[321] Vgl. Korn/Fuhrmann (2004a): Entwicklungen und Zweifelsfragen zur „Liebhaberei" im Einkommensteuerrecht -Teil 1-, S. 395f.
[322] Vgl. Stein (2004): Verlustausgleich oder Liebhaberei bei der Vermietung von Grundstücken, S. 25.

und Tiefbaufirmen, die Verwaltung eigenen und fremden Grundbesitzes, der An- und Verkauf von Grundstücken und Baumaschinen auf eigene Rechnung sowie der An- und Verkauf von Baustoffen und Baumaschinen war. Im April 1987 erweiterte die KG ihren Unternehmensgegenstand auf die Vermietung von Hubschraubern. Über die Jahre 1980 bis 1989 erwarb die Klägerin sukzessiv drei fremdfinanzierte Hubschrauber der Firma A, an die sie die Hubschrauber wieder vermietete. Der An- und Verkauf eines Hubschraubers erfolgte i. d. R. ohne größere zeitliche Verzögerung. Die von der Klägerin erwirtschafteten Verluste beliefen sich für die Jahre 1980 bis 1987 auf über 1,2 Mio. DM. Im Jahr 1989 gab die KG den Tätigkeitsbereich endgültig auf. Die Klägerin hatte im Klageverfahren vorgetragen, dass sie beabsichtigt hatte den Unternehmenszweck zu erweitern, um sich aus der Abhängigkeit von einem einzigen Pächter und den damit verbundenen Risiken in der konjunkturabhängigen Bauwirtschaft zu lösen.

Das FA beurteilte die Vermietung von Hubschraubern als einkommensteuerrechtlich unbeachtliche Tätigkeit der Gesellschafter und berücksichtigte aufgrund von vornherein fehlender Gewinnerzielungsabsicht die entfallenen Aufwendungen nicht. Das FA war der Auffassung, dass die mangelnden marktgerechten Vermietungsbedingungen ein Beweisanzeichen für das Vorliegen einer Liebhaberei gewesen seien.

Der VIII. Senat des BFH verweist in seinem Leitsatz explizit darauf, dass bei einer Personengesellschaft grundsätzlich von einem einheitlichen Gewerbebetrieb auszugehen ist. „An sich gemischte Tätigkeiten sind dementsprechend zunächst als gewerblich zu behandeln. Erst nach dieser vorrangigen ‚Färbung' ist für die jeweils verschiedenen, selbständigen Tätigkeitsbereiche das Vorliegen einer Gewinnerzielungsabsicht zu prüfen."[323] Ertrag und Aufwand, die auf einer privat veranlassten Tätigkeit beruhen, scheiden hingegen aus den gewerblichen Einkünften der Personengesellschaft aus.[324]

---

[323] BFH-Urteil v. 25.06.1996 VIII R 28/94, BStBl. II 1997, S. 202.
[324] Vgl. BFH-Urteil v. 25.06.1996 VIII R 28/94, BStBl. II 1997, S. 203.

Ein einheitlich zu beurteilender Gewerbebetrieb werde allerdings nur von einer Personengesellschaft betrieben, „soweit und solange sie in der Absicht tätig ist, einen Totalgewinn zu erzielen"[325]. Der VIII. Senat erachtet - mit Verweis auf vorangegangene Urteile, die die Segmentierung vorausgesetzt hatten - die Segmentierung sowohl für zulässig, als auch geboten. Dementsprechend seien Tätigkeiten einer Personengesellschaft, die ohne Gewinnerzielungsabsicht verfolgt würden und mithin nicht betrieblich veranlasst seien, auch nicht steuerrechtlich relevant für die Gewinnermittlung. Die betriebliche Veranlassung sei gesondert zu untersuchen, wenn es sich um selbständige Tätigkeitsbereiche handele, die nicht nur eine bloße Hilfs- oder Nebentätigkeit zu einer dem Gewerbebetrieb dienenden Haupttätigkeit seien.[326] Im Streitfall war die Vermietung von Hubschraubern deutlich von der übrigen gewerblichen Tätigkeit abgrenzbar. Als Indizien, die zu dieser Beurteilung beigetragen haben, führt der BFH die unterschiedlichen Abnehmer der Leistungen, unterschiedliche Absatzmärkte und ihre unterschiedlichen, durch die von den besonderen Wirtschafts- und Konjunkturlagen auf den verschiedenen Märkten beeinflussten, Wertentwicklungen sowie Einsatzmöglichkeiten an.

Eine wirtschaftliche Selbständigkeit von einzelnen Tätigkeitsbereichen ist anhand des Gesamtbildes zu beurteilen.[327] „Abzugrenzen ist nach dem Förderungs- und Sachzusammenhang, in dem die jeweiligen Einzeltätigkeiten zu der betrieblichen Haupttätigkeit oder der privaten veranlaßten [sic] Tätigkeit stehen."[328]

Die Segmentierung beschränke sich jedoch nicht auf die zuvor beschriebenen Sachverhalte, sondern setzte eine der Freizeit oder der Erholung dienende Betätigung voraus. Derartige außerbetriebliche Gründe konnte der VIII. Senat nicht abschließend feststellen und wies das FG an - unter Beachtung der aufgezeigten rechtlichen Maßstäbe - die erforderlichen Feststellungen nachzuholen.

---

[325] BFH-Urteil v. 25.06.1996 VIII R 28/94, BStBl. II 1997, S. 204.
[326] Vgl. BFH-Urteil v. 25.06.1996 VIII R 28/94, BStBl. II 1997, S. 204.
[327] Vgl. Berz (1997): Liebhaberei und Segmentierung einer einheitlichen gewerblichen Tätigkeit von Personengesellschaften, S. 358.
[328] BFH-Urteil v. 25.06.1996 VIII R 28/94, BStBl. II 1997, S. 205.

3.5.1.2 Fazit

Auf Grundlage der zuvor gewonnenen Erkenntnisse muss zusammenfassend festgestellt werden, dass die „Färbung" der Gesamttätigkeit einer Personengesellschaft vor der Gewinnerzielung zu prüfen ist. Grundsätzlich sind auch bei Personengesellschaften wirtschaftlich als selbständig zu qualifizierende Tätigkeiten unter dem Gesichtspunkt der Liebhaberei zu überprüfen und zu beurteilen. Die Abfärbetheorie gemäß § 15 Abs. 3 EStG steht dem nicht entgegen, sondern bezieht sich vielmehr auf eine mit Einkünfteerzielungsabsicht unternommene Tätigkeit.[329]

Die Voraussetzung für eine Segmentierung ist gegeben, wenn die selbständige Tätigkeit nicht bloße Hilfs- oder Nebentätigkeit der gewerblichen Haupttätigkeit ist. Dementsprechend brauchen unproduktive Funktionsbereiche wie beispielsweise die Abteilung Forschung und Entwicklung nicht separat beurteilt werden, da kein selbständiger Betriebszweig vorliegt.[330] Die Abgrenzung erfolgt mittels des Förderungs- und Sachzusammenhangs der einzelnen Tätigkeiten. Nach Ansicht des Verfassers verbleibt in derartigen Fällen erneut nur eine Beurteilung der Gesamtumstände des jeweiligen individuellen Einzelfalls, bei der auf die subjektive Absicht des Steuerpflichtigen nur anhand objektiver Beweisanzeichen geschlossen werden kann.

Nachdem festgestellt worden ist, dass die verschiedenen Aktivitäten des Steuerpflichtigen getrennt zu beurteilen sind, ist eine positive Totalerfolgsprognose ein gewichtiges Indiz für das Vorliegen einer Einkünfteerzielungsabsicht. Muss bei der isoliert betrachteten Tätigkeit von einem negativen Gesamtergebnis ausgegangen werden, so muss der Steuerpflichtige die andauernden Verluste aus im Bereich der Lebensführung liegenden Gründen und Neigungen hingenommen haben. Es schließt sich somit nach der Prüfung, ob einheitlich oder getrennt zu prüfen ist, die systematische Vorgehensweise nach dem sog. „zweigliedrigen Tatbestand" an.

---

[329] Vgl. Berz (1997): Liebhaberei und Segmentierung einer einheitlichen gewerblichen Tätigkeit von Personengesellschaften, S. 358.
[330] Vgl. Rapp (2003): Liebhaberei und Einkünfteerzielungsabsicht, S. 78f.

Die zuvor erörterten Grundsätze gelten nicht nur für eine gewerbliche Tätigkeit einer Personengesellschaft, sondern auch für Einzelgewerbetreibende. Dies wurde in dem Urteil des X. Senats des BFH vom 24.02.1999[331] klargestellt.
Im Fall des selbständigen und nicht selbständigen Künstlers scheint der XI. Senat des BFH die Zurechnung der Einnahmen und Ausgaben für die Beurteilung, ob eine Liebhaberei vorliegt, zu vernachlässigen. Nach Erachten des Verfassers ist dieses Urteil zumindest kritisch zu hinterfragen, da nach § 2 Abs. 1 Satz 1 EStG Einkünfte dem zuzurechnen sind, der sie erzielt bzw. sie am Markt erwirtschaftet. Am Markt erwirtschaftet der Künstler als Arbeitnehmer hingegen nur seinen Arbeitslohn. Die Gemälde u. Ä. wird vermutlich der Arbeitgeber am Markt veräußern und die Gewinne und Verluste aus seiner selbständigen oder gewerblichen Tätigkeit steuerlich geltend machen. Gleiches gilt für den Arbeitnehmer, sofern er selbständig tätig ist. Da er jedoch durch seine selbständige Tätigkeit nur Verluste erzielt hatte, wäre nach Erachten des Verfassers eine Beschränkung der Liebhabereiprüfung auf die selbständige Tätigkeit angemessen gewesen. Die Aufwendungen, die dem Künstler durch seine nicht selbständige Tätigkeit entstanden sind, hätten dann als Werbungskosten durch den Steuerpflichtigen geltend gemacht werden können.
Letztendlich bleibt anzumerken, dass im Regelfall der BFH in sachlicher Hinsicht auf die einzelne Einkunftsquelle abgestellt hat und wenn ein Geschäftsführer beispielsweise sein Unternehmen aus privatem Familienvermögen subventioniert hat, gerade dies ein Indiz für das Vorliegen von einkommensteuerrechtlich unbeachtlicher Liebhaberei gewesen ist. Es bleibt zu prüfen, ob dies nicht auch für den Fall des Künstlers hätte gelten müssen.

3.5.2 Totalerfolgsperiode

Die im Schrifttum und Rechtsprechung durchaus kontrovers diskutierte Frage der personellen und zeitlichen Bestimmung der Totalerfolgsperiode sowie die, mit dieser Fragestellung verbundene, Problematik der subjekt- oder objektbezo-

---

[331] Vgl. BFH-Urteil v. 24.02.1999 X R 106/95. In: world-wide-web [gefunden am 14.04.2005]: http://jurisweb.de.

genen Betrachtungsweise werden im Abschnitt 3.5.2 im Zentrum der Bearbeitung stehen.

Mit der Totalgewinnperiode erfolgt im Rahmen der Totalerfolgsprognose eine Berücksichtigung des zu Grunde zu legenden Beurteilungszeitraumes, für den der Totalerfolg prognostiziert werden soll.[332] Valentin erachtet den Begriff „Totalerfolg" als zweckmäßig, „da sich die Frage der subjekt- oder objektbezogenen Betrachtungsweise bei der personellen und zeitlichen Bestimmung der Totalerfolgperiode gleichermaßen bei Gewinn- wie auch bei Überschusseinkunftsarten"[333] stelle.

Der Totalgewinn ist gemäß dem Beschluss des Großen Senats vom 25.06.1984 „als Gesamtergebnis des Betriebes von der Gründung bis zur Veräußerung oder Aufgabe oder Liquidation (§ 16 Abs. 2, 3 i. V. m. § 4 Abs. 1, § 5 EStG)"[334] zu verstehen. Das Gesamtergebnis der voraussichtlichen Tätigkeits- oder Nutzungsdauer soll somit maßgeblich sein. Dies spricht zunächst für eine objektbezogene Betrachtungsweise. Zugleich verwies allerdings der Große Senat darauf, dass bei einer Tätigkeit die Gewinnabsicht später einsetzen oder wegfallen könne und somit eine einkommensteuerrechtlich relevante Tätigkeit später beginnen oder auch wegfallen könne, als es dem tatsächlichen Betriebsbeginn entsprechen würde.[335]

Pferdemenges erachtet eine ausschließlich am Objekt der Einkünfteerzielung orientierte Bestimmung der Totalerfolgsperiode als zu vordergründig. Eine „derartige Sichtweise verkennt nämlich, daß [sic] der Endzeitpunkt des Betriebs (= Endzeitpunkt des Totalperiode) im Regelfall durch den Steuerpflichtigen, also durch das Subjekt, festgelegt wird"[336]. Diesbezüglich urteilte der BFH in seinem Urteil vom 28.11.1985, dass eine Gewinnerzielungsabsicht als Merkmal des gewerblichen Unternehmens in dem subjektiven Bestreben des Steuer-

---

[332] Vgl. Valentin (2001): Personenübergreifende Betrachtungsweise bei der Totalerfolgsperiode zur Feststellung der Einkunftserzielungsabsicht, S. 506f.
[333] Ebd. Valentin (2001), S. 506.
[334] BFH-Beschluss v. 25.06.1984 GrS 4/82, BStBl. II 1984, S. 766.
[335] Vgl. BFH-Beschluss v. 25.06.1984 GrS 4/82, BStBl. II 1984, S. 767.
[336] Pferdemenges (1990): Einkünfteerzielungsabsicht, S. 161.

pflichtigen besteht, eine Betriebsvermögensmehrung über die Dauer seiner persönlichen Betriebsinhaberschaft zu erreichen.[337] Dies hat zur Folge, dass sich erhebliche Unterschiede in der Ermittlung des Totalerfolgs ergeben können.[338] Die bisherige Rechtsprechung des BFH erachtet somit vorrangig die personenbezogene bzw. subjektbezogene Absicht des Steuerpflichtigen bei der Bestimmung des Beurteilungszeitraums als maßgebend. Eine eindeutige Klärung der Frage des Subjekt- oder Objektbezugs und die damit verbundene Bestimmung der Totalerfolgsperiode liefert jedoch weder das Schrifttum noch die Rechtsprechung. Es ist daher lediglich eine mittelbare Schlussfolgerung auf die vermeintliche Bezugsgröße möglich.[339] Gemäß der Rechtsprechung des BFH soll bei der anzusetzenden Totalerfolgsperiode von einem „überschaubaren Zeitraum"[340] bzw. einer „absehbaren Zeit"[341] ausgegangen werden.

Die neuere FG-Rechtsprechung erachtet kürzere Zeiträume von 20 bis 25[342] Jahre bzw. 30 Jahren für überschaubar. Bei den Einkünften aus Land- und Forstwirtschaft hat die Rechtsprechung im Fall einer Generationenfolge allerdings sogar einen unendlichen Beurteilungszeitraum oder bei forstwirtschaftlichen Betrieben, aufgrund der besonderen Umstände, einen Beurteilungszeitraum von mehr als 100 Jahren nicht ausgeschlossen.[343]

Symptomatisch für die andauernde Unsicherheit der Finanzgerichtsbarkeit sind die folgenden Grundsätze im Urteil des X. Senats des BFH vom 07.08.1991:[344]

- Erst nach mehreren Jahren kann beurteilt werden, ob anfängliche Verluste gegen eine Gewinnerzielungsabsicht sprechen.
- Weder Beurteilungszeitpunkt noch -zeitraum lassen sich allgemein fixieren.

---

[337] Vgl. Rapp (2003): Liebhaberei und Einkünfteerzielungsabsicht, S. 94.
[338] Vgl. Raupach/Schenking (2002): Einkommensteuer- und Körperschaftsteuer Kommentar, § 2 Rn. 386.
[339] Vgl. Pferdemenges (1990): Einkünfteerzielungsabsicht, S. 160.
[340] BFH-Urteil v. 13.08.1996 IX R 48/94, BStBl. II 1997, S. 42.
[341] BFH-Urteil v. 05.05.1988 III R 139/85, BFH/NV 1988, S. 774.
[342] BFH-Urteil v. 22.07.2003 IX R 59/02, BStBl. II 2003, S. 806.
[343] Vgl. Rapp (2003): Liebhaberei und Einkünfteerzielungsabsicht, S. 92.
[344] Vgl. BFH-Urteil v. 07.08.1991, BFH/NV 1992, S. 108ff. Nach Rapp (2003): Liebhaberei und Einkünfteerzielungsabsicht, S. 94.

- Aus der Reaktion des Steuerpflichtigen auf längere Verlustperioden, können entscheidungserhebliche Schlüsse gezogen werden, die die Beweislage beeinflussen.

Im Bereich der Einkünfte aus Vermietung und Verpachtung wurde mit dem Urteil des IX. Senats des BFH vom 06.11.2001 für Klarheit gesorgt. Die FG hatten auch hier in der Vergangenheit einen Beurteilungszeitraum von 50, 70 oder gar 100 Jahren zu Grunde gelegt. Der BFH entschied, dass typisierend ein Prognosezeitraum von 30 Jahren zu Grunde zu legen sei. Er beginne regelmäßig mit dem Erwerb oder der Herstellung des Vermietungsobjekts.[345]

Nach Stein führt der IX. Senat zur Begründung des „Dreißigjahreszeitraumes" folgende Aspekte an:[346]

- Maßgeblich für die Dauer des Prognosezeitraums sei nicht die voraussichtliche Nutzungsdauer eines Gebäudes, sondern vielmehr die Art und Weise der Nutzung durch die Steuerpflichtigen sowie ggf. die der Rechtsnachfolger.
- Die tatsächliche (100 Jahre) oder die nach den AfA-Vorschriften (50 Jahre) typisierte Nutzung sei nicht maßgebend. Eine Prognose über einen solchen Zeitraum beinhalte zu viele spekulative Komponenten.
- Die Annahme von einem Prognosezeitraum von 30 Jahren entspreche auch dem Umstand, dass Immobilienkäufe im Regelfall mit Hilfe eines Kredits finanziert würden. Innerhalb einer Laufzeit von 25 bis 30 Jahren würden, bei einer Finanzierung zu Standardkonditionen, Kredite auch im Regelfall getilgt.
- 25 bis 30 Jahre würden zudem dem Zeitraum entsprechen, in dem Steuerpflichtige im Regelfall ihre Investitionen in auch selbst genutzte Ferienimmobilien planten.

Diesen Vorgaben folgte auch das BMF mit dem BMF-Schreiben vom 08.10.2004, das ebenfalls für die Ermittlung des Totalüberschusses bei den Einkünften aus Vermietung und Verpachtung einen Prognosezeitraum von 30 Jah-

---
[345] Vgl. Stein (2004): Verlustausgleich oder Liebhaberei bei de Vermietung von Grundstücken, S. 86ff.
[346] Vgl. ebd. Stein (2004), S. 88.

ren vorsieht.[347] Grundsätzlich bleibt hingegen festzustellen, dass für die verbleibenden Einkunftsarten noch keine abschließende höchstrichterliche Klärung in Bezug auf die personenübergreifende bzw. objektbezogene Betrachtungsweise erfolgt ist.

Valentin verweist jedoch auf eine Tendenz, die dafür spreche, dass in Fällen der Gesamtrechtsnachfolge und der unentgeltlichen Einzelrechtsnachfolge eine personenübergreifende Betrachtungsweise sowohl bei den Gewinneinkunftsarten als auch bei den Überschusseinkunftsarten zugelassen werden könnte.[348]

Das Urteil des X. Senats des BFH vom 31.07.2002 spricht jedoch gegen eine derartige Tendenz in Fällen einer entgeltlichen Rechtsnachfolge. In einem Vertrag zur Regelung von Scheidungsfolgen hatte sich der Steuerpflichtige verpflichtet, seinen bislang Verluste erwirtschaftenden Betrieb weiterzuführen, bis die betrieblichen Kredite getilgt worden wären, um so den Betrieb schuldenfrei auf den Ehegatten übertragen zu können. Der BFH erachtete die Übertragung des Betriebs zwischen den Ehegatten aufgrund eines Vermögensauseinandersetzungsvertrages im Zusammenhang mit der Beendigung ihrer Zugewinngemeinschaft als ein entgeltliches Geschäft, bei dem, wenn der Steuerpflichtige bis zur Übertragung keinen Totalgewinn erzielen kann, keine Gewinnerzielungsabsicht vorliege.[349]

3.6 „Persönliche Gründe oder Neigungen"

Im Abschnitt 3.6 werden grundsätzliche Aussagen zur einkommensteuerrechtlichen Relevanz von Tätigkeiten, die unter einer der sieben Einkunftsarten zu subsumieren sind, herausgearbeitet. In diesem Zusammenhang wird der Anscheinsbeweis sowie die unterschiedliche Auslegung der Vorgabe des Großen Senats, dass ein Betrieb nach seiner Wesenart und Art der Betriebsführung auf Dauer

---

[347] Vgl. BMF-Schreiben v. 08.10.2004, BStBl. I 2004, S. 936.
[348] Vgl. Valentin (2001): Personenübergreifende Betrachtungsweise bei Bestimmung der Totalerfolgsperiode zur Feststellung der Einkunftserzielungsabsicht, S. 511.
[349] Vgl. BFH-Urteil v. 31.07.2002 X R 48/99, FR 2003, S. 354ff.

gesehen dazu geeignet und bestimmt sein soll, mit Gewinn zu arbeiten,[350] anhand von ergangenen Urteilen des VIII. und XI. Senats des BFH exemplarisch erörtert. Abschließend wird die Anwendung der Liebhabereigrundsätze im Bereich der nebenberuflichen Einkünfte erörtert.

Ein negativ prognostizierter Totalerfolg führt für sich allein gesehen noch nicht dazu, dass die Tätigkeit eines Steuerpflichtigen als Liebhaberei beurteilt werden muss. Es muss zudem die Feststellung möglich sein, „dass der Steuerpflichtige die verlustbringende Tätigkeit nur aus im Bereich seiner Lebensführung liegenden persönlichen Gründen oder Neigungen ausübt"[351]. Diese subjektive Komponente der Liebhabereirechtsprechung hat seine gesetzliche Grundlage in § 12 EStG und bekam nach der Rückkehr zum subjektiven Liebhabereibegriff sukzessiv eine immer stärkere Bedeutung. Dass die Aufhebung finanzgerichtlicher Urteile durch den BFH, in denen das Vorliegen der Gewinnerzielungsabsicht durch die FG verneint worden war, bis heute in der fehlenden ausdrücklichen Feststellung von persönlichen Motiven begründet worden ist, bekräftigt diese Beurteilung.[352]

Der sog. Lebensführungsbereich erstreckt sich von der Erholung und Freizeitgestaltung, persönlicher Passion im Rahmen gehobener Lebensführung bis hin zur Steuerersparnis und der Absicht, steuerfreie Veräußerungsgewinne zu erzielen.[353] Der Liebhaber, im steuerlichen Sinne, ist im Ergebnis Konsument, dementsprechend sind Liebhabereiverluste als Konsumeinkünfte aufzufassen. Beispiele für Liebhaberei sind Reitsport, das Halten einer Segelyacht, eines Motorseglers oder eines Motorbootes, insbesondere bei Besitz der erforderlichen Fahrerlaubnis. Aber auch der Besitz einer Zweitwohnung in reizvoller Flusslandschaft, ein gehobener Wohnsitz auf dem Land oder die Erhaltung des Betriebes für einen Nachfolger müssen ggf. als Liebhaberei beurteilt werden.

---

[350] Vgl. BFH-Beschluss v. 25.06.1984 GrS 4/82, BStBl. II 1984, S. 767.
[351] BFH-Beschluss v. 25.06.1984 GrS 4/82, BStBl. II 1984, S. 767.
[352] Vgl. BFH-Urteil v. 21.06.2004, BStBl. II 2004, S. 1065.
[353] Vgl. Weber-Grellet (1992a): Wo beginnt die Grenze zur „Liebhaberei"? (Teil 1), S. 565.

Maßgeblich sind der Gesamtplan, die Gesamtdauer und das Gesamtergebnis der Liebhaberei- oder Erwerbstätigkeit. Liebhaberei liegt nicht vor, wenn die andauernden Verluste lediglich die unbeabsichtigte Folge wirtschaftlicher Fehlentscheidungen oder Missmanagements gewesen sind.[354]

Es scheiden somit die Tätigkeiten aus dem einkommensteuerrechtlich relevanten Bereich aus, die nicht auf Einkünfteerzielung angelegt sind und bei denen andere Handlungsmotive - gleich welcher Art - im Vordergrund stehen.

Weber-Grellet führt folgende Kriterien an, die zur Beurteilung der einkommensteuerrechtlichen Relevanz einer Tätigkeit heranzuziehen sind:[355]

- Tätigkeiten im Bereich der privaten Lebensführung (Freizeit, Urlaub, Hobby, Luxus, Muße),
- Zuschnitt des jeweiligen Objekts auf die eigene oder familiäre Nutzung,
- Nebenberufliche, nicht existenznotwendige Tätigkeiten, anderweitige Tätigkeiten,
- Reaktion des Steuerpflichtigen auf die andauernden Verluste[356] (bewusste und unveränderte Fortsetzung des Engagements vs. Umstrukturierungen oder Einstellung der Tätigkeit)
- Modellhaftes Verhalten
- Planung der Tätigkeit, beispielsweise eine Investitionsplanung nach betriebswirtschaftlichen Grundsätzen oder ein entsprechendes Verhalten,
- Möglichkeit des Verlustausgleichs durch Verrechung mit anderen Einkünften,
- Streben nach Steuerersparnis (In den Fällen von Verlustzuweisungsgesellschaften zutreffend, jedoch in „Normalfällen" als alleiniges persönliches Motiv ausgeschlossen.[357]),

---

[354] Vgl. Tipke/Lang (2002): Steuerrecht, § 9 Rz. 128.
[355] Vgl. Weber-Grellet (1992a): Wo beginnt die Grenze zur „Liebhaberei"? (Teil 1), S. 565.
[356] Vgl. Abschnitt 5.1.2.
[357] Vgl. Kulosa (2005): Anmerkung zu BFH-Urteil v. 21.07.2004, S. 27. In: HFR (2005), S. 26f; Vgl. auch Abschnitt 5.1.1.

- oder die Möglichkeit des Anfalls nicht steuerbarer Veräußerungsgewinne (z. B. bei den Einkünften aus Vermietung und Verpachtung).

Diese Kriterien sind allerdings nicht grundsätzlich mit dem Vorliegen von Liebhaberei gleichzusetzen. Maßgeblich ist letztendlich die richtige und umfassende Darlegung der Gesamtumstände des speziellen Einzelfalls sowie deren Berücksichtigung und Beurteilung im finanzgerichtlichen Verfahren. Einzelne Umstände können jedoch einen Anscheinsbeweis für oder gegen die Gewinnerzielungsabsicht liefern.[358] Nach der Lebenserfahrung können bestimmte Tätigkeiten oder Sachverhalte typischerweise nicht geeignet sein, der Befriedigung persönlicher Neigungen zu dienen. In derartigen Fällen wird zunächst ohne weitere Nachweise das Vorliegen der Einkünfteerzielungsabsicht vermutet. Dieser Beweis des ersten Anscheins wirkt somit de facto wie eine Beweislastumkehr.[359]

3.6.1 Der Anscheinsbeweis gemäß der Rechtsprechung des BFH nach 1984

Der Anscheinsbeweis ist im Schrifttum und in der Rechtsprechung nicht unumstritten, da er sich durch den Umfang der Sachverhaltsermittlung sowie durch eine Verschiebung der Beweislast auf das materielle Ergebnis auswirken kann. Seine Besonderheit ist, dass er auf einem einzigen Erfahrungssatz beruht. Die Terminologie stammt aus dem Schadenersatzrecht, wo der Anscheinsbeweis in erster Linie der Aufklärung von Kausalität und Fahrlässigkeit dient.[360] Nach Auffassung des BGH und der h. M. im zivilprozessualen Schrifttum wird der Anscheinsbeweis im Bereich der individuellen Willensentschlüsse allerdings generell als unzulässig erachtet.

Nach der Ansicht von Weber-Grellet entzieht sich die Feststellung der Einkünfteerzielungsabsicht einem Anscheinsbeweis, weil sie aus einer Vielzahl von objektiven und subjektiven Kriterien abgeleitet werden muss. Aus diesem Grund

---

[358] Vgl. BFH-Beschluss v. 25.06.1984 GrS 4/82, BStBl. II 1984, S. 767.
[359] Vgl. Raupach/Schenking (2002): Einkommensteuer- und Körperschaftsteuer Kommentar, § 2 Rn. 362ff.
[360] Vgl. BGH-Urteil v. 22.12.1955 II ZR 119/54. Nach: Weber-Grellet (1992b): Wo beginnt die Grenze zur „Liebhaberei"? (Teil II), S. 603.

handele es sich vielmehr um einen „Indizien- oder Anzeichenbeweis, bei dem aus einer Kette von Hilfstatsachen (aus Indizien und Beweisanzeichen, die ihrerseits möglicherweise auf einem Anscheinsbeweis beruhen) auf die Hauptsache geschlossen wird"[361].

Hutter erachtet die Möglichkeit der Anscheinsbeweisführung dennoch, wenn auch nicht generell, als zweckmäßig für die Feststellung der Willenserschließung im Bereich der Liebhabereirechtsprechung, da Menschen zwar Willensentscheidungen individuell treffen, derartige Willensentscheidungen sich hingegen nicht zugleich grundsätzlich der Beurteilung nach den Grundsätzen des Anscheinsbeweises entziehen. Aus diesem Grund sei die Anwendung der Anscheinsbeweisführung wie folgt für die Einkünfteerzielungsabsicht zu umschreiben: „Der Anscheinsbeweis ist überall dort - aber auch nur dort - zulässig, wo einerseits ein gesicherter Erfahrungssatz für ein Handeln aus einem bestimmten Beweggrund vorliegt und andererseits die Annahme eines Handelns aus gegenteiligem Beweggrund einen atypischen Tatbestand bilden würde."[362]

3.6.1.1 BFH-Urteil vom 19.11.1985 VIII R 4/83 zu einem Getränkegroßhandel

Im BFH-Urteil vom 19.11.1985[363] entschied der VIII. Senat, dass bei einem Getränkegroßhandel der Beweis des ersten Anscheins für ein Tätigwerden mit Gewinnerzielungsabsicht sprechen würde. Derartige Tätigkeiten würden regelmäßig mit dem Ziel betrieben, Einkünfte zu erzielen, und würden nicht in typischer Weise aus Neigung oder Freizeitgestaltung betrieben.

Im Streitfall[364] klagten die zusammenveranlagten Eheleute, von denen der Ehemann von 1952 (Gründung) bis 1981 (Liquidation/Aufgabe) einen Getränkegroßhandel besaß. Seine Kunden waren Restaurants, Drogerien, Kantinen sowie

---

[361] Weber-Grellet (1992b): Wo beginnt die Grenze zur „Liebhaberei"? (Teil II), S. 603.
[362] Hutter (1998): Die persönlichen Motive und deren Feststellung in der Liebhaberei-Rechtsprechung des Bundesfinanzhofs, S. 348.
[363] Vgl. BFH-Urteil v. 19.11.1985 VIII R 4/83. In: world-wide-web [gefunden am 10.03.2005]: http://jurisweb.de.
[364] Vgl. BFH-Urteil v. 19.11.1985 VIII R 4/83. In: world-wide-web [gefunden am 10.03.2005]: http://jurisweb.de.

sämtliche Krankenhäuser des Bezirks H. Die Kläger hatten seit Gründung des Betriebes ausschließlich Verluste erwirtschaftet. Der Verlustzeitraum umfasste somit fast drei Jahrzehnte. Nach Abschluss einer Außenprüfung ließ das FA die in den Streitjahren 1971 bis 1973 erzielten Verluste des Klägers nicht mehr zum Ausgleich mit anderweitigen positiven Einkünften zu, da die Steuerpflichtigen in den Streitjahren mit dem Getränkegroßhandel keine Gewinnerzielungsabsicht mehr gehabt hätten.

Der VIII. Senat folgte in diesem Urteil zunächst den Vorgaben des Großen Senats von 1984 zur Gewinnerzielungsabsicht, wonach Verluste allein nicht zur Liebhaberei führen, sondern weitere Umstände hinzutreten müssen. Auf Grundlage der Umstände müsse es ernsthaft möglich sein, dass der Steuerpflichtige die andauernd verlustbringende Tätigkeit nur aus im Bereich seiner Lebensführung liegenden persönlichen Gründen und Neigungen ausgeübt habe. Andauernde Verluste würden zwar auf das Fehlen der Gewinnerzielungsabsicht hindeuten, seien für sich genommen aber weder für eine abschließende Beurteilung noch für die Entkräftung des Anscheinsbeweises ausreichend. „Die ernsthafte Möglichkeit, daß [sic] ein jahrelang ausschließlich mit Verlusten arbeitender Betrieb nicht in der Absicht der Gewinnerzielung geführt wird, ist jedenfalls dann gegeben, wenn feststeht, daß [sic] der Betrieb nach seiner Wesenart und der Art seiner Bewirtschaftung auf die Dauer gesehen nicht nachhaltig mit Gewinn arbeiten kann."[365] Im Streitfall hatte der Anscheinsbeweis vom FA als entkräftet gegolten, wenn das FA „die ernsthafte Möglichkeit darlegt, daß [sic] im konkreten Fall nicht das Streben nach einem Totalgewinn, sondern persönliche Motive des Steuerpflichtigen für die Fortführung des Unternehmens bestimmend waren"[366].

Der Kläger äußerte im mündlichen Verfahren, dass er den Betrieb zum einen seinem Sohn erhalten und zum anderen seine Arbeitnehmer nicht entlassen

---

[365] BFH-Urteil v. 19.11.1985 VIII R 4/83, Rn 27. In: world-wide-web [gefunden am 10.03.2005]: http://jurisweb.de.
[366] Vgl. BFH-Urteil v. 19.11.1985 VIII R 4/83, Rn 26. In: world-wide-web [gefunden am 10.03.2005]: http://jurisweb.de.

wollte. Der VIII. Senat beurteilte beide vom Kläger angeführten Gründe für die Weiterführung des Betriebes als von „privater Natur". Das FG hatte zuvor die Erhaltung von Arbeitsplätzen noch als „außerbetriebliche Erwägung" erachtet. Der VIII. Senat stellte fest, dass es nicht ausgeschlossen sei, dass auch die Erhaltung von Arbeitsplätzen der privaten Lebensführung zuzurechnen sein kann. Die Tatsache, dass die Ehefrau des Klägers erhebliche Einlagen geleistet habe und der Kläger viel Arbeit in den Betrieb investiert habe, spreche nicht gegen diese Schlussfolgerungen.[367]

Nach Berz stehen allerdings bei mittelständischen Betrieben häufig Motive wie Betriebserhaltung oder Arbeitsplatzsicherung im Vordergrund, soweit nicht der Bereich der privaten Lebensführung betroffen sei. Der BFH habe seines Erachtens zwar im oben erörterten Großhandelsurteil die politische Brisanz der steuerlichen Diskriminierung derartiger Motive durchaus erkannt, „sich aber lediglich mit nicht überzeugenden Allgemeinplätzen aus der Affäre zu ziehen versucht"[368].

Honisch bewertet dieses Urteil, in Bezug auf die weitere systematische Herangehensweise, für die betroffenen Rechtsanwender zwar als durchaus hilfreich. Er kritisiert aber, dass die tatsächlichen Verlustursachen vom Finanzamt bzw. von der Tatsacheninstanz nicht hinreichend ermittelt worden wären. An deren Erkenntnisse habe sich der BFH aber offenbar gebunden gefühlt. Im Ergebnis sei lediglich die Tatsache der langjährigen Verlusterzielung in Zusammenhang mit dem betriebswirtschaftlichen Unvermögen des Klägers für die Annahme von Liebhaberei ausreichend gewesen. Dies hätte zu Folge gehabt, dass der Getränkegroßhandel des Klägers als einkommensteuerrechtlich unbeachtliche Tätigkeit (= Liebhaberei) erachtet wurde. Nach Honisch fehlt die Ermittlung eines Bezugs der verlustbringenden Tätigkeit zur persönlichen Lebensführung. Das zuvor erörterte Urteil habe dazu geführt, dass die FA häufig schon bei objektiver Ver-

---

[367] Vgl. BFH-Urteil v. 19.11.1985 VIII R 4/83, Rn. 34ff. In: world-wide-web [gefunden am 10.03.2005]: http://jurisweb.de.
[368] Berz (1997): Liebhaberei und Segmentierung einer einheitlichen gewerblichen Tätigkeit von Personengesellschaften, S. 359.

lusthäufung ohne weitere sachliche Prüfung der Verlustursachen Liebhaberei annehmen würden, wobei die persönlichen Neigungen oder Motive dem Steuerpflichtigen zumeist unterstellt würden. Die unter „Statistikdruck" stehenden Betriebprüfungen der FA enthielten häufig nur Ausführungen zur angeblich einschlägigen Rechtsprechung.[369] Diese kritische Ansicht Honischs zur Verwaltungspraxis der FA scheint im Grundsatz nicht substanzlos zu sein, da im BMF-Schreiben vom 08.10.2004, dass speziell die „Einkunftserzielung bei den Einkünften aus Vermietung und Verpachtung" thematisiert, zwar auf Beweisanzeichen, die gegen das Vorliegen der Einkünfteerzielungsabsicht sprechen, sowie auf Ermittlung des Totalüberschusses eingegangen wird, persönliche Gründe oder Neigungen hingegen nicht in gegebenem Maße erörtert werden.[370]

3.6.1.2 BFH-Urteil vom 22.04.1998 XI R 10/97 zu einer Rechtsanwaltskanzlei[371]

Das Urteil des XI. Senats vom 22.04.1998 relativierte das zuvor erörterte Urteil vom 19.11.1985 zum Getränkegroßhandel durch eine wesentlich engere Auslegung der entscheidenden Leitsätze des Großen Senats vom 25.06.1984. Der XI. Senat des BFH kam zu der abschließenden Beurteilung, dass im Streitfall die Gewinnerzielungsabsicht eines selbständigen Rechtsanwalts vorgelegen habe. Der dem Urteil des XI. Senats zu Grunde liegende Sachverhalt stellte sich wie folgt dar:

Der Kläger war selbständiger Anwalt und hatte in den Streitjahren von 1978 bis 1981 einen Verlust von ca. 580 000 DM erwirtschaftet, den er mit positiven Einkünften aus seiner Beteiligung an der Firma A verrechnen wollte. Von 1971 bis 1992 betrug der Verlust sogar ca. 985 000 DM. Das FA versagte dem Steuerpflichten für die Streitjahre die Verrechnung der erwirtschafteten Verluste. Das FG stellte in Einklang mit dem XI. Senat zunächst fest, dass trotz der lang-

---

[369] Vgl. Honisch (2000): Zu den Inflationstendenzen beider Liebhaberei, S. 545.
[370] BMF-Schreiben v. 08.10.2004, BStBl. I 2004, S.933ff.
[371] Vgl. BFH-Urteil v. 22.04.1998 XI R 10/97. In: world-wide-web [gefunden am 10.03.2005]: http://jurisweb.de.

jährigen Verluste der Beweis des ersten Anscheins für eine Gewinnerzielungsabsicht des Klägers spreche. Da aber nicht festgestellt werden könne, dass die Art und Weise der Kanzleiführung dazu geeignet sei, in absehbarer Zeit ein positives Gesamtergebnis herbeizuführen, sei der Anscheinsbeweis erschüttert.[372] Nach „Überzeugung" des FG spreche gegen eine Gewinnerzielungsabsicht des Klägers, dass „er die betriebwirtschaftlich veranlassten Aufwendungen nicht in dem betriebswirtschaftlich gebotenen Rahmen gehalten habe"[373]. Zudem würden die nicht unerheblichen Einkünfte aus einer Beteiligung an der Firma A die Verluste aus der repräsentativen (=> persönliche Lebensführung) Kanzleiführung tragen. Dies spreche gegen eine nach betriebwirtschaftlichen Grundsätzen ausgerichtete Tätigkeit. Da der Kläger für sich eine positive Rechtsfolge ableiten wolle, gehe die Unerweislichkeit der betriebswirtschaftlichen Führung und somit der Gewinnerzielungsabsicht nach Ansicht des FG zu Lasten des Klägers.

Die Argumentation des Klägers ähnelt der Kritik Honischs[374] an der Verwaltungspraxis der FA: Das FG habe allein die Tatsache von Verlustperioden für die Annahme von persönlichen Neigungen und Interessen des Klägers an der Fortführung seiner Kanzlei und damit für die Verneinung der Gewinnerzielungsabsicht ausreichen lassen. „Es habe aber keine konkreten Tatsachen festgestellt, aus denen sich ein privates Motiv ergibt."[375] Zudem habe es den Sachverhalt nicht ausreichend aufgeklärt und auch keine Prognose für die Entwicklung der Kanzlei ab 1995 vorgenommen. In diesem Fall hätte der Kläger nachgewiesen, dass er durch die Einleitung einer kompletten Umstrukturierung mit der Aufarbeitung der bisherigen Verluste und der Erzielung eines Totalgewinns realistisch habe rechnen können.

---

[372] FG argumentierte somit in Anlehnung an das Urteil des XIII. Senats zum Getränkegroßhandel.
[373] BFH-Urteil v. 22.04.1998 XI R 10/97, Rn. 4. In: world-wide-web [gefunden am 10.03.2005]: http://jurisweb.de.
[374] Vgl. Abschnitt 3.5.1.1.
[375] BFH-Urteil v. 22.04.1998 XI R 10/97, Rn. 5. In: world-wide-web [gefunden am 10.03.2005]: http://jurisweb.de.

Der XI. Senat argumentierte ebenfalls auf Grundlage der Vorgaben des Großen Senats aus dem Jahr 1984. Er stellte fest, dass die ernsthafte Möglichkeit des Fehlens einer Gewinnerzielungsabsicht gegeben sei, wenn feststeht, dass der Betrieb nach seiner Wesenart und der Art seiner Bewirtschaftung auf Dauer gesehen nicht nachhaltig mit Gewinnen arbeiten kann.[376] Dies setze voraus, dass der Betrieb aus objektiven Gründen nicht zur Erzielung von Gewinnen geeignet sei. „Das subjektive Merkmal einer schlechten Betriebführung stellt die Geeignetheit eines Betriebs, Gewinne zu erzielen, nicht in Frage."[377]

Der XI. Senat verwies darauf, dass sein Urteil mit dem Urteil des VIII. Senats zum Getränkegroßhandel (Abschnitt 2.2.2.1) durchaus im Einklang sei, da auch in dessen Auslegung die objektive Unmöglichkeit der Erwirtschaftung von Gewinnen aus der Tatsache abgeleitet worden war, dass außergewöhnliche Verlustursachen nicht ersichtlich waren. Die im Streitfall durch das FG vorgenommene subjektive Wertung bescheinige dem Steuerpflichtigen allerdings nur eine schlechte Betriebsführung, die die Geeignetheit des Betriebes, Gewinne zu erzielen, allein nicht in Frage stelle.[378] Wenn aufgrund der erzielten Umsätze eines Unternehmens aus betriebswirtschaftlicher Sicht davon ausgegangen werden kann, dass „bei vernünftiger Ausgabenreduzierung keine Verluste, sondern Gewinne erzielt worden wären, stellt sich nicht die Frage, ob das Unternehmen mit Gewinnerzielungsabsicht betrieben wird, sondern allenfalls, ob einzelne Aufwendungen die Lebensführung des Steuerpflichtigen oder anderer Personen berühren und deshalb nach § 4 Abs. 5 Nr. 7 EStG ganz oder teilweise vom Betriebsausgabenabzug auszuschließen sind"[379]. Dass die jährlich angefallenen Verluste aus der Rechtanwaltskanzlei durch die hohen Einkünfte aus einer Be-

---

[376] Vgl. auch BFH-Beschluss v. 25.06.1984 GrS 4/82, BStBl. II 1984, S. 767.
[377] BFH-Urteil v. 22.04.1998 XI R 10/97, Rn. 14. In: world-wide-web [gefunden am 10.03.2005]: http://jurisweb.de.
[378] BFH-Urteil v. 22.04.1998 XI R 10/97, Rn. 14. In: world-wide-web [gefunden am 10.03.2005]: http://jurisweb.de.
[379] BFH-Urteil v. 22.04.1998 XI R 10/97, Orientierungssatz 4. In: world-wide-web [gefunden am 10.03.2005]: http://jurisweb.de.

teiligung an der Firma A getragen werden könnten, sei ebenfalls allein kein Grund, die Gewinnerzielungsabsicht zu verneinen. Das FG habe zudem keine persönlichen Gründe oder Motive festgestellt, die den Kläger trotz der andauernden Verluste zur Weiterführung seiner Kanzlei veranlasst haben könnten. Ein derartiges Motiv sei auch aufgrund des hauptberuflichen Tätigwerdens, der ständigen Beschäftigung von zwei Arbeitnehmern und der Ausübung der Tätigkeit mit vollem Einsatz nicht nahe liegend.[380]

3.6.1.3 Fazit

Obwohl die beiden Urteile sich grundlegend am Beschluss des Großen Senats vom 25.06.1984 orientierten, variieren sie dennoch in der Auslegung der vorgegebenen Grundsätze. Der XI. Senat legt in seinem Urteil vom 22.04.1998 die Vorgabe, ob ein „Betrieb nach seiner Wesenart und Art der Betriebsführung auf Dauer gesehen dazu geeignet und bestimmt ist, mit Gewinn zu arbeiten"[381], wesentlich enger aus als der VIII. Senat in dessen Urteil vom 19.11.1985. Dieser Schritt könnte in dem Auslegungsspielraum der Formulierung „geeignet" begründet sein, da nach Meinung des Verfassers es annähernd unmöglich sein dürfte, die Geeignetheit einer Betriebsführung im Detail festzulegen oder sogar eindeutig zu definieren. Der wirtschaftliche Erfolg, in Form von Gewinnen oder Überschüssen, hängt sicherlich von mehr Faktoren ab, als lediglich von einer Betriebsführung nach betriebswirtschaftlichen Grundsätzen, auch wenn eine ordnungsgemäße Buchführung, korrekte Kalkulationen, ergangene Marktprognosen, u. Ä. gewichtige Faktoren sind, die über Erfolg oder Misserfolg der Unternehmung letztendlich in hohem Maße entscheiden dürften. Die Präferenzen der Kunden sind hingegen eine der Variablen, die der Unternehmer nur bedingt durch Werbung beeinflussen kann. Außerdem kann i. d. R. angenommen werden, dass ein erfahrener Unternehmer schneller mögliche Mängel in der Betriebsführung erkennt und diese abstellt, als ein unerfahrener Unternehmer, dem

---

[380] Vgl. BFH-Urteil v. 22.04.1998 XI R 10/97, Rn. 14. In: world-wide-web [gefunden am 10.03.2005]: http://jurisweb.de.
[381] BFH-Beschluss v. 25.06.1984 GrS 4/82, BStBl. II 1984, S. 767.

vermutlich häufig nichts anderes übrig bleibt, als aus seinen begangenen Fehlern zu lernen.

Der Feststellung von persönlichen Gründen oder Motiven durch die Finanzverwaltung und durch die Finanzgerichtsbarkeit weist der XI. Senat einen höheren Stellenwert zu, als dies der VIII. Senat in dessen Urteil getan hatte. Im Urteil des VIII. Senats hatte noch der Kläger die Darlegungs- und Feststellungslast „aufgebürdet" bekommen. Der XI. Senat stellte hingegen in seinem Urteil fest, dass das FA keine persönlichen Gründe und Motive festgestellt habe, die den Kläger trotz überwiegender Verluste zur Weiterführung seiner Rechtsanwaltskanzlei veranlasst hätten.[382] Der Umstand, dass der Steuerpflichtige die Verluste mit anderweitigen Einkünften ausgleichen kann, ist nach Ansicht des XI. Senats allein kein schädliches Motiv. Gerade diese Argumentation war bis dahin häufig durch die FA als ein den Anscheinsbeweis entkräftendes Indiz und somit als Indiz für das Vorliegen einer Liebhaberei erachtet und angeführt worden. Dieser vermeintlichen Rechtsprechungsänderung folgte daraufhin der 8. Senat des Hessischen FG im Urteil vom 17.03.1999, der über die langjährigen Verluste eines typischen Bauhandwerkerbetriebs zu entscheiden hatte.[383]

Honisch verweist darauf, dass das o. b. Urteil des XI. Senats in einschlägigen Finanzrichterkreisen als kleine Sensation erachtet worden sei und seiner Ansicht nach viele Liebhabereifälle der Vergangenheit - bei konsequenter Anwendung dieser neuen Rechtsgrundsätze - es vermutlich nicht hätte geben dürfen.[384]

Rapp erachtet hingegen das Urteil des XI. Senats als bedenklich, da die Gewinnerzielungsabsicht spätestens in den Streitjahren zweifelhaft geworden sei. Der Anscheinsbeweis könne ihres Erachtens entkräftet werden, „wenn die ernsthafte Möglichkeit besteht, daß [sic] im konkreten Einzelfall nicht das Streben nach einem Totalgewinn bestimmend waren"[385]. In den Streitjahren habe festgestanden, dass die Kanzlei, so wie sie vom Steuerpflichtigen geführt worden sei, ob-

---

[382] Vgl. Honisch (2000): Zu den Inflationstendenzen bei der Liebhaberei, S. 545.
[383] Vgl. Honisch (2000): Zu den Inflationstendenzen bei der Liebhaberei, S. 545f.
[384] Vgl. Honisch (2000): Zu den Inflationstendenzen bei der Liebhaberei, S. 545.
[385] Rapp (2003): Liebhaberei und Einkünfteerzielungsabsicht, S. 59.

jektiv keine Gewinne erzielt habe. Es müsse nach dem Urteil eines ordentlichen Geschäftsmanns aufgrund einer vorsichtigen kaufmännischen Kalkulation die Erzielung eines Totalgewinns innerhalb eines überschaubaren Zeitraums möglich sein. Sei kein Totalgewinn zu erzielen, könne der Steuerpflichtige erläutern, warum er dennoch mit der Erzielung eines Totalgewinns gerechnet habe.[386] Rapp kritisiert, dass der BFH auf die Vorlage einer Totalgewinnprognose verzichtet habe und der Steuerpflichtige keine Maßnahmen ergriffen habe, die den nachhaltigen Verlusten entgegenwirken sollten. Zudem spreche der Umstand, dass der Steuerpflichtige aufgrund der hohen anderweitigen Einkünfte in die Lage versetzt worden ist, die Verluste zu tragen, eher für das Vorliegen einer Liebhaberei.

Dieser Ansicht muss zum Teil zugestimmt werden, da die Kritik, dass der Sachverhalt nicht ausreichend aufgeklärt worden sei, nicht völlig unangebracht sein dürfte. Die Ansicht Rapps, dass „angesichts der jahrelangen Verlustsituation und der Höhe des kumulierten Gesamtverlust von ca. einer Mio. DM der Beweis des ersten Anscheins entkräftet"[387] werden könne, ist nach Erachten des Verfassers auf Grundlage der Erkenntnisse des Abschnitts 2.3.1, dass dauernde Verluste des Steuerpflichtigen allein nicht ausreichend für eine Entkräftung sind, falsch.

Dem Urteil des XI. Senats muss, trotz der zuvor erwähnten Schwächen, ein hoher Stellenwert in Bezug auf die entwickelten Rechtsprechungsgrundsätze zugestanden werden. Die Kritik, dass das FG keine persönlichen Gründe oder Motive festgestellt habe, die den Kläger trotz der andauernden Verluste zur Weiterführung seiner Kanzlei veranlasst haben könnten, ist nach Ansicht des Verfassers im Sinne des Beschlusses des Großen Senats vom 25.06.1984, der explizit darauf verwiesen hatte, dass wenn „dauernde Verluste auf das Fehlen einer Gewinnabsicht hindeuten, kann dies nicht ausschlaggebend sein. Bei längeren Verlustperioden muß [sic] aus weiteren Beweisanzeichen die Feststellung möglich sein, daß [sic] der Steuerpflichtige die verlustbringende Tätigkeit nur aus im

---

[386] Vgl. ebd. Rapp (2003), S. 59.
[387] Ebd. Rapp (2003), S. 61.

Bereich seiner Lebensführung liegenden persönlichen Gründen oder Neigungen ausübt."[388]

Diese Vorgabe des Großen Senats ist auch für die Entkräftung des Anscheinsbeweises übertragbar. Diese Beurteilung wird belegt durch die Ausführungen des X. Senats des BFH im Urteil vom 24.02.1999 X R 106/95[389]: Erweitert der Steuerpflichtige seinen bestehenden Gewerbebetrieb um eine zusätzliche Tätigkeit, spreche wie bei einem neu gegründeten Gewerbebetrieb der Beweis des ersten Anscheins für eine Gewinnerzielungsabsicht. Verluste in der Anlaufphase würden diesen Anscheinsbeweis nicht entkräften, wenn der Steuerpflichtige auf die Verluste reagiert und den Betrieb umstrukturiert oder einstellt. Führe er jedoch die verlustbringende Tätigkeit unverändert fort, ist dies ein Beweiszeichen dafür, dass er die Tätigkeit aus persönlichen, im Bereich der Lebensführung liegenden Gründen ausübt.[390] „Grundsätzlich reichen Verluste allein nicht aus, um einen für Gewinnabsicht sprechenden Anscheinsbeweis zu entkräften. Es müssen vielmehr weitere Umstände hinzukommen, welche auf eine Ausübung der verlustbringenden Tätigkeit nur aus persönlichen, die Lebensführung betreffenden Gründen hinweisen."[391] Explizit werden vermietete Gegenstände, die der Freizeitgestaltung dienen, nebenberufliche Ausübung der Tätigkeit und der Umstand, dass der Steuerpflichtige aufgrund hoher anderer Einkünfte die Verluste finanziell tragen kann, als derartige Umstände angeführt.

Als Schwäche des o. g. Urteils muss die Beweiswürdigung des Gerichts erachtet werden. Speziell die fehlende Bereitschaft des Klägers, Umstrukturierungsmaßnahmen trotz andauernder Verluste vorzunehmen in Verbindung mit der Verrechenbarkeit mit anderweitigen hohen Einkünften, deutet auf ein Fehlen der Gewinnerzielungsabsicht hin. Die Argumentation des Klägers, dass er durch die Einleitung einer kompletten Umstrukturierung mit der Aufarbeitung der bisheri-

---

[388] BFH-Beschluss v. 25.06.1984, BStBl. II 1984, S. 767.
[389] Vgl. Abschnitt 3.5.2.
[390] Vgl. BFH-Urteil vom 24.02.1999 X R 106/95, Rn. 34ff. In: world-wide-web [gefunden am 14.04.2005]: http://jurisweb.de.
[391] BFH-Urteil vom 24.02.1999 X R 106/95, Rn. 35. In: world-wide-web [gefunden am 14.04.2005]: http://jurisweb.de.

gen Verluste und der Erzielung eines Totalgewinns realistisch habe rechnen können, ist nach Erachten des Verfassers eine Aussage, die durch das Gericht nicht ausreichend gewürdigt worden sein dürfte. Demnach scheint der Kläger der Überzeugung zu sein, dass die Kanzlei mit Gewinn zu arbeiten vermag. Der BFH hätte nach Ansicht des Verfassers zum einen vom Kläger die objektiven Umstände vortragen lassen müssen, aufgrund derer er erwartet hat, dass die Erwirtschaftung eines Totalerfolgs noch möglich zu sein scheint und zum anderen warum er sich nicht schon zuvor bemüht hat, Umstrukturierungsmaßnahmen einzuleiten. Durch die Beantwortung dieser Fragen hätte der XI. Senat möglicherweise feststellen können, ob ein Totalerfolg bei realistischer Beurteilung möglich gewesen wäre und ob persönliche Gründe oder Neigungen des Steuerpflichtigen vorgelegen haben könnten.

Nach Erachten des Verfassers hätte der BFH durchaus für die Streitjahre das Vorliegen einer Gewinnerzielungsabsicht verneinen können und zugleich dem Steuerpflichtigen, nachdem er den Nachweis erbracht hätte, dass die Kanzlei wieder mit Gewinnen zu arbeiten vermag, die Gewinnerzielungsabsicht wieder anerkennen können. In diesem Fall hätte womöglich eine zwischenzeitliche Liebhabereiphase des Steuerpflichtigen vorgelegen.[392]

3.6.2 Nebenberufliche Einkünfte

Liegen andauernde Verluste vor, die durch eine fachfremde nebenberufliche Tätigkeit eines Steuerpflichtigen erwirtschaftet wurden, überprüft die Rechtsprechung kritisch, ob diese Verluste ggf. lediglich aus persönlichen Gründen oder Neigungen des Steuerpflichtigen hingenommen wurden. Dies gilt insbesondere, wenn der Steuerpflichtige diese mit anderweitig hohen positiven Einkünften ausgleichen kann. Hierzu äußerte sich der BFH im Urteil zum sog. Generationenbetrieb wie folgt: „Der Umstand, dass ein Landwirt, dem keine laufenden Geldzuflüsse von außen für den Betrieb zur Verfügung stehen, diesen wegen andauernder Verluste nicht über einen längeren Zeitraum geführt hätte und hätte

---

[392] Vgl. Abschnitt 4.5

führen können, während dies einem Steuerpflichtigen möglich ist, der über andere Geldmittel verfügt, bringt regelmäßig eine vom wirtschaftlichen Erfolg unabhängige persönliche Passion einer gehobenen Lebenshaltung zum Ausdruck."[393] Dennoch kann auch bei einer nebenberuflichen Tätigkeit nicht allein aufgrund von andauernden Verlusten auf das Fehlen der Einkünfteerzielungsabsicht geschlossen werden. Es müssen daher im Regelfall weitere Beweisanzeichen die Schlussfolgerung zulassen, dass die Verluste aus einkommensteuerrechtlich irrelevanten persönlichen Gründen oder Neigungen hingenommen wurden.[394]

Der Umfang, in dem eine Tätigkeit betrieben wird, ist in derartigen Fällen für die Beurteilung der Einkünfteerzielungsabsicht von hoher Bedeutung. So erachtete das FG Baden-Württemberg die nebenberufliche Verlagstätigkeit einer Diplom-Volkswirtin als Liebhaberei. Diese hatte sowohl in den Streitjahren 1988 bis 1990 einen Verlust von ca. 63 000 DM, als auch in vorherigen 12 Jahren nur Verluste mit ihrer nebenberuflichen Tätigkeit erwirtschaftet. Der BFH war im Streitfall der Ansicht, dass die Verlagstätigkeit nicht nach betriebswirtschaftlichen Gesichtspunkten unternommen worden sei und stattdessen die im Bereich der Lebensführung liegenden persönlichen Gründe oder Neigungen maßgebend für die andauernden Verluste waren. Diese Feststellung werde gestützt durch die Erwägung, „daß [sic] sie die verlustbringende Tätigkeit nur mit den verhältnismäßig hohen Einkünften aus der Haupttätigkeit als angestellte Diplom-Volkswirtin finanzieren konnte. Anderenfalls hätte sie das Verlagsunternehmen längst aufgegeben oder dieses unter erheblich höherem Zeitaufwand sehr viel effizienter organisieren müssen"[395]. Gegen das Vorliegen einer Gewinnerzielungsabsicht habe nach Erachten des FG Baden-Württemberg des Weiteren gesprochen, dass der Ehegatte der Klägerin das Verlagsgeschäft unentgeltlich oder zumindest lediglich gegen ein unangemessen geringes Entgelt geführt hatte.

---

[393] BFH-Urteil v. 24.08.2000 IV R 46/99, DStR 2000, S. 1993; Vgl. auch Abschnitt 4.3.
[394] Vgl. Rapp (2003): Liebhaberei und Einkünfteerzielungsabsicht, S. 138.
[395] Urteil des FG Baden-Württemberg v. 25.03.1998 14 K 267/94, EFG 1998, S. 1059.

Zur Vertiefung dieses Abschnitts der Arbeit wird im Folgenden das BFH-Urteil vom 24.02.1999 X R 106/95 zu einer nebenberuflichen Vermietung eines Motorboots exemplarisch erläutert:

Im Urteil des X. Senats des BFH vom 24.02.1999 war der Kläger am elterlichen Betrieb beteiligt und erzielte hieraus in den Streitjahren 1989 bis 1991 positive Einkünfte in Höhe von ca. 470 000 DM. Er hatte zudem Einkünfte aus folgenden Nebentätigkeiten: Anlageberatung, Vermittlung von Reisen, Veranstaltungen und Übernachtungen, Vermietung von Kraftfahrzeugen, Vermietung eines Motorbootes einschließlich Trailer und Zugfahrzeug. Das hoch motorisierte, offene Motorboot mit kleiner Kajüte wurde im Dezember 1988 für ca. 38 000 DM vom Steuerpflichtigen erworben. Zudem erwarb er im Jahr 1989 für ca. 8 800 DM einen weiteren Außenmotor sowie ein Zugfahrzeug für 10 500 DM. Für die stundenweise Vermietung des Bootes verlangte der Kläger 70 bis 100 DM, für die tageweise Vermietung 100 bis 275 DM. Der Kläger war sowohl bei kurzfristigen als auch bei langfristigen Vermietungen als Fahrer mit auf dem Boot. In den Streitjahren 1989 bis 1991 erwirtschaftete der Steuerpflichtige mit der nebenberuflichen Vermietung des Motorbootes, einschließlich Trailer und Geländewagen, ca. 55 000 DM Verlust. Im Jahr 1992 veräußerte er das Zugfahrzeug und überführte das Boot in sein Privatvermögen.

Nach einer Außenprüfung gelangte das FA zu der Auffassung, dass es sich bei dem Teilbereich „Vermietung von Freizeitprodukten" (Vermietung des Motorbootes) um eine steuerlich unbeachtliche Tätigkeit im Privatbereich des Steuerpflichtigen handele und änderte die unter Vorbehalt der Nachprüfung stehenden Einkommensteuerbescheide für die Streitjahre. Der Betrieb habe, so wie er vom Steuerpflichtigen betrieben worden sei, von vornherein keinen Gewinn abwerfen können. Der BFH wies die Revision als unbegründet zurück, da das FG zu Recht die negativen Einkünfte als Verluste aus einer steuerlich unbeachtlichen Betätigung im Privatbereich beurteilt habe. Das Urteil des X. Senats des BFH vom 24.02.1999 ist in zweierlei Hinsicht beachtlich:

Zum einen stellte der X. Senat fest, dass die im BFH-Urteil vom 25.06.1996 VIII R 28/94[396] entwickelten Grundsätze zur gesonderten Beurteilung der Gewinnerzielungsabsicht bei verschiedenen, wirtschaftlich eigenständigen Tätigkeiten einer Personengesellschaft gleichermaßen für die Tätigkeiten eines Einzelgewerbetreibenden gelten.[397] „Die für die steuerliche Berücksichtigung von Verlusten erforderliche Gewinnabsicht ist bei verschiedenen, wirtschaftlich eigenständigen Betätigungen nicht einheitlich für die gesamte Tätigkeit, sondern gesondert für die jeweilige Tätigkeit zu prüfen."[398] Eine wirtschaftlich eigenständige Betätigung in diesem Sinne ist bei einer selbständigen Tätigkeit anzunehmen, wenn diese keine bloße Hilfs- oder Nebentätigkeit zur Haupttätigkeit ist. Eine Abgrenzung erfolgt nach dem „Förderungs- und Sachzusammenhang", in dem die jeweilige Einzeltätigkeit zu der betrieblichen Haupttätigkeit oder der steuerlich unbeachtlichen Tätigkeit steht. Im Streitfall sei die nebenberufliche Vermietung sowohl von Anlageberatung und der Vermittlungstätigkeit als auch von den übrigen Vermietungen abgrenzbar, da weder Haupt- und Nebentätigkeit in einem "Förderungs- und Sachzusammenhang" zueinander ständen noch sie sich gegenseitig bedingen würden. Zudem würden sich die selbständigen Tätigkeiten in Hinsicht der in Betracht kommenden Kunden und vor allem in den Gewinnaussichten unterscheiden. Allein dadurch, dass die Vermietung als „Vermietung von Freizeitprodukten" bezeichnet und unter einem gemeinsamen Firmennamen betrieben worden sei, ergebe sich kein einheitlich zu beurteilender Gewerbebetrieb.[399]

Zum anderen seien Verluste aus einer Vermietung mangels Gewinnerzielungsabsicht i. d. R. steuerlich nicht zu berücksichtigen, „wenn die vermieteten Gegenstände der Freizeitgestaltung dienen, die Vermietung nebenberuflich ausge-

---

[396] Vgl. Abschnitt 3.4.
[397] Vgl. BFH-Urteil vom 24.02.1999 X R 106/95, Rn. 33. In: world-wide-web [gefunden am 14.04.2005]: http://jurisweb.de.
[398] BFH-Urteil vom 24.02.1999 X R 106/95, Leitsatz 1. In: world-wide-web [gefunden am 14.04.2005]: http://jurisweb.de.
[399] Vgl. BFH-Urteil vom 24.02.1999 X R 106/95, Rn. 33 u. 38ff. In: world-wide-web [gefunden am 14.04.2005]: http://jurisweb.de.

übt wird, aufgrund der Art der Geschäftsführung von vornherein keine nachhaltigen Gewinne zu erwarten sind und der Steuerpflichtige aufgrund hoher anderer Einkünfte die Verluste finanziell tragen kann. Unter diesen Voraussetzungen können Verluste aus der Vermietung eines Motorboots selbst dann nicht mit anderen Einkünften ausgeglichen werden, wenn der Steuerpflichtige die Vermietung nach vier Jahren aufgibt."[400] Aufgrund der vorliegenden objektiven Umstände habe die Gewinnerzielungsabsicht im Streitfall gefehlt. Die vom Kläger vorgetragene Erwartung über die Vermietung des Motorbootes hielt das FG und der BFH von vornherein für nicht realisierbar, weil das hoch motorisierte Motorboot sich nur für kurze schnelle Fahrten im Küstenbereich geeignet habe und daher nur in Ausnahmefällen langfristig zu vermieten gewesen wäre. Der Umstand, dass der Kläger selbst einen Motorbootsführerschein besitzen würde, bei den Vermietungen häufig mit auf dem Boot war und er die Verluste nur aufgrund seiner anderweitigen Einkünfte aus seiner Haupttätigkeit habe tragen können, würde darauf verweisen, dass der Kläger die Vermietung aus persönlichen, der Lebensführung zuzuordnenden Gründen betrieben habe.[401]

---

[400] BFH-Urteil vom 24.02.1999 X R 106/95, Leitsatz 2. In: world-wide-web [gefunden am 14.04.2005]: http://jurisweb.de.
[401] Vgl. BFH-Urteil vom 24.02.1999 X R 106/95, Rn. 45ff. In: world-wide-web [gefunden am 14.04.2005]: http://jurisweb.de.

4 Grundsätzliche Fallgestaltungen bei Annahme von Liebhaberei

Im Abschnitt vier sollen vier bzw. fünf grundsätzliche Fallgestaltungen anhand von Beispielen aus der Rechtsprechung erörtert werden. Das Ziel ist zum einen die vom Einzelfall, als auch von einkunftsartspezifischen Besonderheiten abhängigen Sachverhalte aus der Rechtsprechungspraxis möglichst zweckmäßig zu systematisieren und zum anderen dem Leser das Verständnis für den anschließend folgenden speziellen Abschnitt fünf zu erleichtern. Die Abschnitte 4.1 bis 4.5 behandeln folgende Fallgestaltungen:
Einkünfteerzielungsabsicht von Beginn an, Fehlen der Einkünfteerzielungsabsicht von Beginn an, Wegfall der Einkünfteerzielungsabsicht zu einem späteren Zeitpunkt, Beginn der Einkünfteerzielungsabsicht zu einem späteren Zeitpunkt sowie die zwischenzeitliche Liebhabereiphase.

4.1 Einkünfteerzielungsabsicht von Beginn an

Steuerpflichtige erzielen i. d. R. Einkünfte mit einer Tätigkeit, bei der das Vorliegen der Einkünfteerzielungsabsicht unstrittig ist und/oder zumindest die steuerrechtliche Relevanz der erwirtschafteten Einkünfte durch den Gesetzgeber geregelt worden ist. Trotzdem kann sowohl der Steuerpflichtige aus Gründen der Steuerersparnis als auch das FA aufgrund der Absicht Einnahmen für den Staat zu erzielen, ein Interesse daran haben, ein Fehlen der Einkünfteerzielungsabsicht nachzuweisen. In Abschnitt 4.1.1 und 4.1.2 werden exemplarisch zwei Streitfälle erörtert, bei denen die Rechtsprechung das Vorliegen der Einkünfteerzielungsabsicht bejaht hat.

4.1.1 Betriebsgewinne als kaum zu widerlegendes Indiz für Gewinnerzielungsabsicht

Der IV. Senat des BFH stellte in seinem Urteil vom 16.03.2000 folgendes fest: „Werden über mehrere Jahre Geschäftsergebnisse erzielt, die insgesamt zu einem Gewinn führen, liegt darin ein Beweisanzeichen dafür, dass die Tätigkeit mit Gewinnerzielungsabsicht ausgeübt wurde. Dieses Beweisanzeichen kann umso schwerer entkräftet werden, je länger die Gewinnperiode tatsächlich andauert."[402] Das FG habe in diesem Fall nicht beachtet, dass die über mehrere Jahre erzielten Gewinne aus der Haltung des Trabers bereits nachhaltig dafür sprechen, dass von der Gründung der Gesellschaft an eine Gewinnerzielungsabsicht der GbR bestand. Die erzielte Wertsteigerung des Pferdes von 8000 DM auf ca. 123 000 DM, die durch den Mitunternehmer B erzielt worden ist, würde ebenfalls für eine Gewinnerzielungsabsicht der Kläger sprechen.

Der dem Urteil zu Grunde liegende Sachverhalt stellte sich wie folgt dar: Die Klägerin und Revisionsbeklagte war eine GbR, deren Unternehmensgegenstand in den Streitjahren 1987 bis 1992 die Haltung des Trabrennpferdes X war. In den Streitjahren erwirtschaftete die Klägerin einen Gewinn von ca. 805 000 DM. Gesellschafter der GbR waren A und B, wobei A von B den Traber X zu einem Anteil von 50 v. H. zum Preis von 61 683 DM im Mai 1987 erworben hatte. Seitdem nahm der Traber an zahlreichen Rennen für die GbR teil. Zum 31.12.1995 wurde die GbR aufgelöst.

A hatte zuvor gemeinsam mit ihrem Ehemann Traber gezüchtet, mit dieser Tätigkeit hatten die Eheleute jedoch lediglich Verluste erzielt. Diese Betätigung wurde jedoch rechtskräftig als Liebhaberei beurteilt, weshalb A die - aus dieser vorangegangen Tätigkeit entstandenen - Verluste einkommensteuerrechtlich nicht geltend machen konnte. B war hingegen schon vor Gründung der GbR Inhaber eines Trabrennstalls, aus dem er gewerbliche Einkünfte erzielt hatte.

Der IV. Senat des BFH argumentierte im Urteil vom 19.07.1990 auf ähnliche Art und Weise. Der Kläger war ebenfalls Inhaber eines Trabrennstalls gewesen und hatte durch Pferdeverkäufe, überwiegend jedoch durch Rennpreise, Gewinne erzielt, die er als Einkünfte aus Liebhabereitätigkeit erachtete. Der IV. Senat verwies darauf, dass auch eine risikobehaftete Tätigkeit von Gewinnerzielungsabsicht getragen werden könne. Betriebsgewinne seien grundsätzlich ein

---

[402] BFH-Urteil v. 16.03.2000 IV R 53/98, DStRE 2000, S. 737.

kaum zu widerlegendes Indiz für das Vorliegen einer Gewinnerzielungsabsicht.[403]

4.1.2 Subjektive Mängel in der Betriebsführung

Die Einkünfteerzielungsabsicht fehlt hingegen nicht grundsätzlich, wenn auf Grund subjektiver Mängel in der Geschäftsführung langjährig Verluste erwirtschaftet werden. Zu diesem Urteil gelangte das Hessische FG am 17.03.1999, in dem es über die Gewinnerzielungsabsicht eines typischen Bauhandwerkerbetriebs zu entscheiden hatte. Die Kläger waren Gesellschafter der Firma A, die zugleich Erben des ehemaligen Betriebsinhabers A gewesen sind, der im Jahr 1964 verstorben war. A hatte testamentarisch bestimmt, dass der Testamentvollstrecker T den Betrieb bis zur Vollendung des 25. Lebensjahres des ältesten Klägers fortführen soll. Der zunächst mit Gewinnen arbeitende Betrieb, erwirtschaftete bis zum Ableben des T im Jahr 1978 fast ausschließlich Verluste, so dass die Kläger aus ihrem sonstig ererbten Vermögen rund 2,2 Mio. DM in das Betriebsvermögen einbringen mussten. Die Kläger hatten in diesem Zeitraum weder Einblick noch Einfluss auf die Geschäftsführung der Firma A. Gemäß der Betriebsprüfung des FA waren die mangelnde Sachkenntnis und die schlechte Betriebsführung des T für die Verluste verantwortlich.

Nach dem Tod des T übernahmen die „berufsfremden" Kläger die Geschäftsführung des Unternehmens, die trotz anhaltender Verluste - die im Wesentlichen auf zu hohe Personalkosten zurückzuführen waren - eine Verbesserung der Geschäftlage bewirkten. Im Jahr 1983 stellten die Kläger aufgrund eines Verlustes von ca. 600 000 DM den Geschäftsbetrieb um (Personalabbau, Veräußerung von Lagerplatz, Gerätschaften u. Ä.) und erwirtschafteten im Geschäftsjahr 1984 einen Gewinn von 200 000 DM. Da aber in den Jahren 1985 bis 1987 wiederum nur Verluste erwirtschaftet wurden, stellten die Kläger den Betrieb anschließend ein. Das FA änderte den Feststellungsbescheid für das Jahr 1983 und hob die

---

[403] Vgl. Hutter (1998): Die persönlichen Motive und deren Feststellung in der Liebhaberei-Rechtsprechung des Bundesfinanzhofs, S. 345.

Feststellungsbescheide für 1984 bis 1987 unter Hinweis auf die angenommene Liebhaberei ersatzlos auf.[404]

Das FG kam - nachdem es wesentliche Aussagen des Grundsatzbeschlusses von 1984 erläutert hatte - zu dem Urteil, dass das Unterhalten eines typischen Bauhandwerkerbetriebes mit dem dafür notwendigen Betriebsvermögen und Personalbestand regelmäßig nicht dazu bestimmt und geeignet sei, der Befriedung persönlicher Neigungen oder der Erlangung wirtschaftlicher Vorteile außerhalb der Einkommenssphäre zu dienen. Der Beweis des ersten Anscheins spreche daher für eine Gewinnerzielungsabsicht.[405] Subjektive Mängel in der Geschäftsführung als Verlustursache, die zudem zu einem nicht unbeachtlichen Teil auf die Tätigkeit des Testamentvollstreckers T zurückzuführen waren, führten für sich allein betrachtet noch nicht zu der Annahme, dass der Betrieb nach seiner Wesensart und der Art der Bewirtschaftung auf Dauer gesehen nicht nachhaltig mit Gewinn arbeiten könne. Unter Verweis auf das BFH-Urteil vom 22.04.1998 werde deutlich, dass dieses Merkmal voraussetze, „dass der Betrieb aus objektiven Gründen nicht mit Gewinn arbeiten kann"[406]. Die ernsthafte Möglichkeit, dass ein jahrelang mit Verlusten arbeitender Betrieb ohne Gewinnerzielungsabsicht geführt werde, sei vielmehr nur dann gegeben, wenn die objektive Unmöglichkeit der Erwirtschaftung von Gewinnen feststehe. Da im Streitfall bei Beseitigung des subjektiven Unvermögens des T und nach Ablauf der, den Klägern zu zubilligenden, Einarbeitungsphase jedoch eine Gewinnerzielung der Firma A objektiv möglich gewesen sei, liege in diesem Fall keine Liebhaberei vor. Die erwirtschafteten Verluste des T seien zudem außer Acht zulassen, da die Kläger weder Einfluss auf die Geschäftsführung noch auf dessen betriebswirtschaftliches Unvermögen gehabt hätten.

---

[404] Vgl. Urteil des Hessischen FG v. 17.03.1999 8 K 6110/91, DStRE 2000, S. 66f.
[405] Vgl. Urteil des Hessischen FG v. 17.03.1999 8 K 6110/91, DStRE 2000, S. 67.
[406] Urteil des Hessischen FG v. 17.03.1999 8 K 6110/91, DStRE 2000, S. 68.

4.2 Fehlen der Einkünfteerzielungsabsicht von Beginn an

Nach Weber-Grellet liegt grundsätzlich Liebhaberei vor, wenn nach der Wesensart und dem Gesamtbild der nach kaufmännischen Gesichtspunkten beurteilten Betätigung feststeht, dass von vornherein Gewinne nicht erwartet werden konnten. In einem solchen Fall seien alle Jahresergebnisse - soweit die verfahrensrechtlichen Voraussetzungen gegeben sind - steuerrechtlich außer Betracht zu lassen.[407] Ein derartiger Fall lag im BFH-Urteil vom 24.02.1999 X R 106/95 vor, der bereits im Abschnitt 3.6.2. im Zusammenhang mit den nebenberuflichen Einkünften erörtert wurde.

In diesem Abschnitt der Arbeit wird daher im Folgenden ergänzend der Streitfall der Bewirtschaftung von Streuobstwiesen mit geringem Rohertrag erörtert.

Im Urteil des FG Baden-Württemberg vom 06.05.1993 bewirtschaftete der verheiratete Kläger zwei Streuobstwiesen für den Eigenverbrauch von zusammen 55 Ar[408]. Eine rund 40 Ar große Baumwiese wurde in den 70er Jahren als Bauland ausgewiesen, das in Form von 4 Bauplätzen zum Gesamtpreis von 930 000 DM (im Streitjahr 1980) veräußert wurde. Der Steuerpflichtige erachtete die Bewirtschaftung der beiden Streuobstwiesen (15 Ar) als einen landwirtschaftlichen Betrieb und behandelte den Veräußerungserlös als laufenden Gewinn. Ein vom FG bestellter landwirtschaftlicher Sachverständiger ermittelte in seinem Urteil, dass die beiden Streuobstwiesen im Durchschnitt der Jahre einen Rohertrag von ca. 440 DM bzw. einen Gewinn (ohne Lohnanspruch) von 330 DM erzielt haben könnten.

In Rechtsprechung und Literatur ist unstrittig, dass die Bewirtschaftung von Schrebergärten, privaten Haus- und Nutzgärten sowie Wochenendgrundstücken regelmäßig nicht zur Land- und Forstwirtschaft gehören, weil hier eine ernsthafte land- und forstwirtschaftliche Betätigung nicht gegeben sei.[409]

---

[407] Weber-Grellet (1992b): Wo beginnt die Grenze zur „Liebhaberei"? (Teil II), S 604.
[408] Das Ar wird als Bezeichnung für ein Flächenmaß von 100 Quadratmeter verwendet.
[409] Vgl. Urteil des FG Baden-Württemberg v. 06.05.1993 8 K 348/83, EFG 1994, S. 143.

Das FG kam zu dem Urteil, dass keine Einkünfte aus Land- und Forstwirtschaft vorliegen, wenn durch die regelmäßige Bewirtschaftung von Streuobstwiesen lediglich ein Rohertrag von ca. 440 DM pro Jahr erzielt wird. Der Begriff der ernsthaft betriebenen landwirtschaftlichen Nutzung setze voraus, dass die Nutzung dem Inhaber einen nachhaltig erzielbaren Rohertrag[410] erbringe. Gewinne aus zehn bis 20 Zentnern Obst reichten allein für die Annahme von eindeutigen Gewinnaussichten allein nicht aus.[411] Zudem liege im Streitfall keine Bewirtschaftung nach betriebswirtschaftlichen Grundsätzen vor, da der Kläger zum einen selbständiger Handwerker und seine Frau überwiegend Hausfrau gewesen sei und zum anderen die Zugehörigkeit zu landwirtschaftlichen Beruforganisationen, die Mitgliedschaft bei landwirtschaftlichen Bezugs- und Absatzgenossenschaften, die Zahlung von Beiträgen an die landwirtschaftliche Alterskasse, u. Ä. beim Steuerpflichtigen überwiegend nicht vorlagen. Aus o. g. Gründen entschied das FG, dass die Bewirtschaftung der beiden Grundstücke aus im Bereich der Lebensführung liegenden persönlichen Gründe oder Neigungen erfolgt sei und daher keine Gewinnerzielungsabsicht beim Kläger vorgelegen habe.

Dieses Urteil verdeutlicht, dass einkunftsartspezifische Besonderheiten und somit auch die vorrangig Bestimmung der Einkunftsart im Bereich Liebhabereirechtsprechung von hoher Bedeutung sein können. Zudem macht es deutlich, dass Gewinne nicht stets ein kaum zu widerlegendes Indiz für das Vorliegen der Gewinnerzielungsabsicht sind, sondern vielmehr Indizien und Beweisanzeichen in ihrer Gewichtung für die abschließende Beurteilung von Streitfall zu Streitfall differieren können.

---

[410] Nach Frotscher sollten in den Fällen, in denen der nachhaltige, tatsächlich erzielte Rohertrag unter 3000 DM liegt, dann keine Einkünfte aus Land- und Forstwirtschaft angenommen werden, wenn der Teil der Rohertrags, der auf den üblichen Eigenverbrauch der Besitzerfamilie entfällt, nachhaltig mehr als dessen Hälfte beträgt (Kommentar zum EStG, § 13 Anm. 52). Nach Ansicht von Hiller soll die Nutzung nicht weniger als einen Gewinn von 1000 DM jährlich erbringen

[411] Vgl. Urteil des FG Baden-Württemberg v. 06.05.1993 8 K 348/83, EFG 1994, S. 143.

4.3 Wegfall der Einkünfteerzielungsabsicht zu einem späteren Zeitpunkt

Die Absicht Gewinne zu erzielen, kann sich ändern. Hierauf hatte der Große Senat schon in seinem Grundsatzbeschluss im Jahr 1984 explizit verwiesen. Es sei zu bedenken, „daß [sic] bei einer Tätigkeit die Gewinnabsicht später einsetzen oder wegfallen kann mit den Folgen, daß [sic] eine einkommensteuerrechtlich relevante Tätigkeit entsprechend später beginnt oder wegfällt"[412].

Der konkrete Zeitpunkt des Übergangs zur Liebhaberei kann häufig nur schwer konstatiert werden. Liegen über mehrere Veranlagungszeiträume Verluste vor, so muss zunächst geprüft werden, ob es sich um typische Anlaufverluste oder um dauerhafte Verluste handelt.[413] Stellt sich nämlich heraus, dass die Tätigkeit in ihrer betriebenen Form auch über die Anlaufphase hinaus nicht dazu geeignet ist, einen Totalgewinn zu erzielen, so muss der Steuerpflichtige geeignete Maßnahmen ergreifen, die auf das Vorliegen der Einkünfteerzielungsabsicht schließen lassen. Führt der Steuerpflichtige die Tätigkeit jedoch trotz andauernder Verluste unverändert fort, so liegt hierin ein Indiz für Liebhaberei. Allerdings reichen andauernde Verluste allein nicht für die Qualifizierung als Liebhaberei aus. Weitere Beweisanzeichen müssen darauf hindeuten, dass die verlustbringende Tätigkeit aus Gründen, die im Bereich der privaten Lebensführung liegen, weitergeführt wurde.[414]

Geeignete Maßnahmen im Sinne des BFH sind innerbetriebliche Maßnahmen, wie Umstrukturierungen, Personalabbau, Erweiterung des Sortiments zur Neukundengewinnung, Werbung, etc., die realistisch auf einen zukünftigen Totalerfolg schließen lassen.[415] Hierfür können die Verhältnisse bereits abgelaufener Zeiträume wichtige Anhaltspunkte für die Ermittlung des Totalerfolgs und u. U. sogar auf einen Absichtswechsel des Steuerpflichtigen liefern.[416] Als ange-

---

[412] BFH-Beschluss v. 25.06.1984 GrS 4/82, BStBl. II 1984, S. 767.
[413] Vgl. BFH-Urteil v. 23.05.1985, BStBl. II 1985, S. 515.
[414] Vgl. BFH-Beschluss v. 25.06.1984 GrS 4/82, BStBl. II 1984, S. 767.
[415] Vgl. BFH-Urteil v. 21.07.2004, BStBl. II 2004, S. 1063ff.
[416] Vgl. BFH-Beschluss v. 25.06.1984 GrS 4/82, BStBl. II 1984, S. 767.

messene Reaktion auf die andauernden Verluste wird auch die Aufgabe oder Liquidation der verlustbringenden Tätigkeit angesehen, die somit auch nicht schädlich für das Vorliegen der Gewinnerzielungsabsicht in früheren Zeiträumen ist.

Der Steuerpflichtige kann die Betriebsaufgabe auch später umsetzen, wobei die stillen Reserven erst mit der Veräußerung oder Entnahme der Wirtschaftgüter verwirklicht werden. Der Zeitraum zwischen dem Übergang zur Liebhaberei und der späteren Realisierung kann mitunter mehrere Jahre dauern, daher ist eine zeitnahe Ermittlung des Wertes der stillen Reserven erforderlich.[417] Der Übergang eines Erwerbsbetriebs in einen Liebhabereibetrieb ist somit nicht gleichzusetzen mit einer Betriebsaufgabe, weshalb die stillen Reserven des AV nicht zwingend bei Übergang zur Liebhaberei den Gewinn erhöhend aufgedeckt werden müssen.[418]

Die Entscheidung des IV. Senats des BFH vom 24.08.2000 zum sog. „Generationenbetrieb" soll daher im Weiteren zur Vertiefung erörtert werden.

Der IV. Senat entschied im Urteil vom 24.08.2000, dass auch bei sog. Generationenbetrieben der Steuerpflichtige mit Gewinnerzielungsabsicht tätig werden muss. „Handelt der Rechtsnachfolger in einem Liebhabereibetrieb wieder mit Gewinnerzielungsabsicht, so sind die von ihm erzielten Verluste als Anfangsverluste eines neu eröffneten Betriebs anzuerkennen."[419]

Im Streitfall war die Klägerin die Alleinerbin (im Jahr 1995) des Besitzes einer vermögenden Frau X, die ein Weingut betrieben hatte, das seit Generationen in Besitz der Familie gewesen war. Frau X zu versteuerndes Einkommen in den Streitjahren 1985 bis 1991 betrug ohne die negativen Einkünfte aus Weinbau (ca. 2,35 Mio. DM) zwischen mehreren hunderttausend und mehreren Mio. DM. Die Einkünfte aus dem Weinbaubetrieb bestanden, mit Ausnahme von drei Wirtschaftsjahren, überwiegend aus Verlusten, die sich zwischen ca. 14 000 DM

---

[417] Vgl. Koenig (2004): Abgabenordnung, § 180 Rn. 75f.
[418] Vgl. Rapp (2003): Liebhaberei und Einkünfteerzielungsabsicht, S. 144.
[419] BFH-Urteil v. 24.08.2000 IV R 46/99, DStR 2000, S. 1991.

und 460 000 DM pro Wirtschaftsjahr beliefen. Saldiert mit den Gewinnen beliefen sich die Verluste der Wirtschaftsjahre 1967/68 bis 1994/95 über ca. 3,8 Mio. DM. Hinzu kam, dass in den Wirtschaftsjahren 1979/1980 bis 1994/95 die Kosten nicht nur regelmäßig die Erlöse aus Weinverkäufen, sondern auch die Erträge aus Land- und Forstwirtschaft insgesamt überstiegen. Nach einer Betriebsprüfung für die Jahre 1986 bis 1988 kam das FA unter Hinzuziehung eines Weinbausachverständigen zu dem Ergebnis, dass unter Berücksichtigung der steuerlichen Buchwerte zum 30.06.1985 ein Totalverlust von ca. 780 000 DM vorlag.

Der IV. Senat des BFH stimmte in seinem Urteil vom 24.08.2000 dem FG zu, das in den Streitjahren sog. Liebhaberei festgestellt hatte. Der IV. Senat verwies darauf, dass ein land- und forstwirtschaftlicher Betrieb eine selbständige nachhaltige Betätigung voraussetze, die mit der Absicht Gewinn zu erzielen, unternommen werde. Die Absicht der Gewinnerzielung zeige sich in dem Bestreben von der Gründung bis zur Veräußerung, auf das Ganze gesehen einen Gewinn zu erzielen. Insbesondere sei hierbei von Bedeutung, dass der Betrieb nach objektiver Betrachtung „seiner Art, der Gestaltung der Betriebsführung und den gegebenen Ertragsaussichten einen Totalgewinn in beschriebenen Umfang erwarten lässt"[420]. Sei unter objektiver Betrachtung kein positives Ergebnis zu erwarten, so könne der Steuerpflichtige gleichwohl nachweisen, dass er die objektiven Gegebenheiten verkannt und erwartet habe, die zunächst angefallenen Verluste im Laufe der weiteren Entwicklung des Betriebs durch Gewinne ausgleichen zu können sowie letztendlich ein positives Gesamtergebnis erzielen zu können. Ist ihm dies nicht möglich, so sei die verlustbringende Tätigkeit nur aus im Bereich seiner Lebensführung liegenden persönlichen Gründen oder Neigungen ausgeübt worden.

Dass Frau X umfangreiche Mittel unter Verzicht auf eine ertragreiche Anlage zur Unterhaltung des Weinguts eingesetzt habe, spreche für diese Beurteilung. „Der Umstand, dass ein Landwirt, dem keine laufenden Geldzuflüsse von außen

---

[420] BFH-Urteil v. 24.08.2000 IV R 46/99, DStR 2000, S. 1991.

für den Betrieb zur Verfügung stehen, diesen wegen andauernder Verluste nicht über einen längeren Zeitraum geführt hätte und hätte führen können, während dies einem Steuerpflichtigen möglich ist, der über andere Geldmittel verfügt, bringt regelmäßig eine vom wirtschaftlichen Erfolg unabhängige persönliche Passion einer gehobenen Lebenshaltung zum Ausdruck."[421] Zudem deute der wiederholte Hinweis der Klägerin auf den besonderen Charakter des Weinguts als Generationenbetrieb daraufhin, dass die verlustbringende Tätigkeit nur weitergeführt worden sei, um es der Familie zu erhalten. Diese Erwägung sei jedoch privater Natur.

Im Streitfall war der Betrieb unter Führung von X durchgehend von einer Verlustperiode geprägt gewesen, die auch unter Berücksichtigung der stillen Reserven zu einem Totalverlust von ca. 780 000 DM geführt hatte. Daher habe das FG zu Recht die nachhaltigen Verluste als sicheres Beweisanzeichen für eine mangelnde Gewinnerzielungsabsicht angenommen. Die durch die Klägerin angeführte Minderung der Buchwerte bei den Gebäuden, bei ansteigenden Teilwerten und der erhöhten Werte der Weinbestände hat der IV. Senat deshalb als „unsubstantiierten Vortrag" nicht weiter in seiner Beurteilung berücksichtigt.

Frau X hatte auf nachhaltige Verluste auch nicht in Form von zusätzlichen Maßnahmen reagiert, die u. U. zur Erzielung eines Totalgewinns zweckmäßig gewesen wären. Das FG habe daher nach Ansicht des BFH richtig geschlussfolgert, „dass Dauer und Umfang der erzielten Verluste das entscheidende Kriterium bei der Gesamtbeurteilung der Gewinnerzielungsabsicht"[422] zu sein hätten.

Die Klägerin hatte diesbezüglich eingewendet, dass bei einem Generationenbetrieb von einer längeren, mehrere Generationen einzubeziehenden Totalgewinnperiode ausgegangen werde müsse. Derartige Betriebe würden nicht veräußert oder aufgeben, sondern würden auf den nächsten Rechtsnachfolger übertragen. Erwirtschaftete Verluste der einen Generation würden durch Gewinne der Fol-

---

[421] BFH-Urteil v. 24.08.2000 IV R 46/99, DStR 2000, S. 1993.
[422] BFH-Urteil v. 24.08.2000 IV R 46/99, DStR 2000, S. 1992.

gegenerationen kompensiert, was letztendlich zu einem Totalgewinn führen würde.

Der IV. Senat war ebenfalls der Auffassung, dass die Totalgewinnperiode bei einem land- und forstwirtschaftlichen Betrieb mehr als nur eine Generation umfassen müsse. Dieser längere objektbezogene Beurteilungszeitraum (bzw. diese objektbezogene Sicht der Totalgewinnperiode), der sich nach der Art des Betriebes unterscheide (bei forstwirtschaftlichen Betrieben u. U. mehr als 100 Jahre), entbinde die betroffenen Steuerpflichtigen „nicht von einer Prüfung der Gewinnerzielungsabsicht, die notwendigerweise auf den einzelnen Steuerpflichtigen bezogen ist[423]". Eine längere Verlustperiode ermögliche es dementsprechend, die Verhältnisse vergangener Zeiträume zu berücksichtigen.[424] Die Reaktionen eines Steuerpflichtigen greifen allerdings u. U. erst bei seinem Rechtsnachfolger. Eine längere Totalgewinnperiode kann andererseits auch den Rechtsnachfolger mit einbeziehen, „wenn der dem Beurteiler vorliegende Beurteilungszeitraum auch diesen Zeitraum mitumfasst [sic]"[425]. Somit könnten beispielsweise die Reaktionen des Steuerpflichtigen auf Verlustperioden erst bei seinem Rechtsnachfolger zu einer nachhaltigen Reduzierung der Verluste führen. Dies wäre wiederum ein sicheres Beweisanzeichen für das Vorliegen einer Gewinnerzielungsabsicht. Im Streitfall sei dies allerdings nicht der Fall, weil erst durch die Klägerin Umstrukturierungsmaßnahmen vorgenommen worden seien, die erst nach dem Ableben von Frau X zu steigenden Erträgen geführt hätten.[426]

Der BFH kam zu dem Urteil, dass eine Liebhaberei in den Streitjahren vorgelegen habe. Er wies allerdings zugleich darauf hin, dass die Klägerin für die folgenden Veranlagungszeiträume den Nachweis erbringen könne, dass der Betrieb ab deren Übernahme im Jahr 1995 mit Gewinn geführt worden sei. Unter diesen Umständen könnten die von ihr erzielten Verluste u. U. als Anlaufverluste aner-

---

[423] BFH-Urteil v. 24.08.2000 IV R 46/99, DStR 2000, S. 1992.
[424] Vgl. BFH-Urteil v. 24.08.2000 IV R 46/99, DStR 2000, S. 1992.
[425] BFH-Urteil v. 24.08.2000 IV R 46/99, DStR 2000, S. 1991.
[426] Vgl. BFH-Urteil v. 24.08.2000 IV R 46/99, DStR 2000, S. 1991.

kannt werden. Ein solcher Nachweis hätte allerdings für die Streitjahre keine Relevanz gehabt.[427]

4.4 Beginn der Einkünfteerzielungsabsicht zu einem späteren Zeitpunkt

Weber-Grellet versteht den Wechsel von der Liebhabereitätigkeit zur gewerblichen Tätigkeit als Eröffnung eines Gewerbebetriebs, bei dem, nach Raupach/Schenking, die dem Betrieb dienenden Wirtschaftsgüter als Einlage in das Betriebsvermögen zu behandeln seien. Die während der Liebhaberei entstandenen stillen Reserven werden in einem derartigen Fall nicht besteuert.[428]

Dass auch der Wechsel von der Liebhaberei zur einkommensteuerrechtlich relevanten Tätigkeit durchaus möglich ist, verdeutlicht der bereits im Abschnitt 4.1.1 erörterte Streitfall, in dem die Gesellschafter A und B zu jeweils 50 v. H an einer GbR (Klägerin) beteiligt waren. In den Streitjahren 1987 bis 1992 war der Unternehmensgegenstand der Gewinn erwirtschaftenden GbR die Haltung des Trabrennpferdes X, das für die GbR an zahlreichen Rennen teilgenommen hatte. A hatte, bevor sie sich mit an der GbR beteiligt hatte, gemeinsam mit ihrem Ehemann Traber gezüchtet. Mit dieser vorangegangen Tätigkeit hatte die Klägerin jedoch lediglich Verluste erzielt. Diese Betätigung wurde jedoch bereits rechtskräftig als Liebhaberei beurteilt.

Diese vorherige, einkommensteuerrechtlich irrelevante Betätigung hatte allerdings für den Streitfall vom 16.03.2000[429] keine maßgebliche Bedeutung. Der IV. Senat des BFH beurteilte die Gewinn erwirtschaftende GbR als einkommensteuerrechtlich relevante Tätigkeit.

Im bereits erörterten Urteil zum sog. Generationenbetrieb wies der BFH die Klägerin ebenfalls darauf hin, dass sie wieder einen Übergang von der Liebhaberei zur einkommensteuerrechtlich relevanten Tätigkeit vollziehen könne,

---

[427] Vgl. BFH-Urteil v. 24.08.2000 IV R 46/99, DStR 2000, S. 1992f.
[428] Vgl. Weber-Grellet (2004): EStG, § 15 Rn. 37; Raupach/Schenking (2002): Einkommen- und Körperschaftsteuer Kommentar, § 2 Rn. 432ff.
[429] Vgl. BFH-Urteil v. 16.03.2000 IV R 53/98, DStRE 2000, S. 737.

wenn sie nachweisen könne, dass der Betrieb unter ihrer Führung mit Gewinnen zu arbeiten vermag. Allerdings endet die Liebhaberei nicht zwingend, wenn statt Verluste Gewinne erwirtschaftet werden.

In Fällen, bei denen ein Übergang von der Liebhaberei zur einkommensteuerrechtlich relevanten Tätigkeit zu prüfen ist, muss i. d. R. eine Totalerfolgsprognose erfolgen. Diese sollte sowohl die positiven, als auch die negativen Einkünfte aus der Vergangenheit berücksichtigen. Die Einkünfteerzielungsabsicht eines Steuerpflichtigen liegt hingegen nicht erst vor, wenn positive Einkünfte erzielt oder frühere Verluste ausgeglichen werden. Vielmehr liegt sie schon dann vor, wenn erzielte und künftig zu erwartende Gewinne/Einnahmen die vorherigen Verluste übersteigen können.[430] Der Steuerpflichtige muss in solchen Fällen seine künftige Einkünfteerzielungsabsicht anhand von objektiven Beweisanzeichen darlegen können. Daher ist es zweckdienlich, wenn der Steuerpflichtige nachweisen kann, dass er seine Gewinne mit Hilfe einer betriebswirtschaftlichen, marktorientierten Betriebsführung erwirtschaftet hat. Ist dies dem Steuerpflichtigen möglich, so können ggf. auch Verluste, die vor der Anlaufphase erwirtschaftet wurden, Berücksichtigung finden.[431] Wurden allerdings die früheren Verluste bereits rechtskräftig beurteilt, dann können sie nicht mehr nachträglich berücksichtigt werden.[432]

4.5 Zwischenzeitliche Liebhabereiphase

Diese nach Weber-Grellet mehr theoretische und selten praktisch relevante Fallgestaltung kann nicht durch eine bloße Kombination der zuvor dargestellten Grundsätze gelöst werden. Die Wirtschaftgüter wären in diesem Fall die ganze Zeit „eingefrorenes" Betriebsvermögen geblieben. Entnahmen und Einlagen lägen nicht vor und die zwischenzeitlichen Wertveränderungen wären zu eliminie-

---

[430] Vgl. Raupach/Schenking (2002): Einkommen- und Körperschaftsteuer Kommentar, § 2 Rn. 432ff.
[431] Vgl. BFH-Urteil v. 24.08.2000 IV R 46/99, S. 1992f.. In: DStR (2000), S. 1991ff.
[432] Vgl. Raupach/Schenking (2002): Einkommen- und Körperschaftsteuer Kommentar, § 2 Rn. 432ff.

ren. Der Buchwert wäre daher um die Differenz der stillen Reserven zu Beginn und zu Ende der Liebhabereiphase zu berichtigen.[433]

---

[433] Weber-Grellet (1992b): Wo beginnt die Grenze zur „Liebhaberei"? (Teil II), S. 605.

5 Spezielle Beweisanzeichen für Liebhaberei

Grundsätzlich muss festgestellt werden, dass von der Liebhaberei mehr oder weniger alle Einkunftsarten betroffen sein können. Häufig treten derartige Fälle allerdings im Bereich der Einkünfte aus Land- und Forstwirtschaft, Gewerbebetrieb, selbständiger Arbeit sowie Vermietung und Verpachtung auf. Die Einkünfte aus Gewerbebetrieb, selbständiger Arbeit, und Vermietung und Verpachtung sollen im Abschnitt fünf dazu dienen, die bisher erarbeiteten Erkenntnisse zur Liebhaberei und speziell die zum Anscheinsbeweis, anhand von aktuell ergangenen Urteilen zu vertiefen. Zu Beginn jedes Abschnitts erfolgt eine Erörterung der zentralen Tatbestandsmerkmale der jeweiligen Einkunftsart.

Für die Einkünfte aus nichtselbständiger Arbeit unterstellt Seeger, dass Liebhaberei „kaum vorstellbar" sei und aus diesem Grund das Vorliegen der Einkünfteerzielungsabsicht stets zu vermuten sei.[434] Eine Liebhaberei könnte jedoch auch im Bereich der Einkünfte aus nichtselbständiger Arbeit vorliegen, wenn beispielsweise ein Arbeitnehmer unter Inkaufnahme von Verlusten, aus reinem Interesse an der Arbeit tätig wird oder er den in Not geratenen Arbeitgeber bei der Bewältigung seiner betrieblichen Probleme behilflich sein möchte.

Anhand dieser Beispiele wird deutlich, dass Liebhaberei auch im Bereich der Einkünfte aus nichtselbständiger Arbeit zumindest nicht gänzlich auszuschließen sein dürfte. Liebhaberei kann daher grundsätzlich bei allen Einkunftsarten auftreten und ist in Folge dessen nicht nur auf die in den folgenden Abschnitten erörterten Einkunftsarten begrenzt.

5.1 Einkünfte aus Gewerbebetrieb (§ 15-17 EStG)

Nach § 15 Abs. 2 Satz 1 EStG ist ein Gewerbebetrieb eine „selbständige nachhaltige Betätigung, die mit der Absicht, Gewinn zu erzielen, unternommen wird und sich als Beteiligung am allgemeinen wirtschaftlichen Verkehr darstellt"[435].

---

[434] Seeger (2004): EStG, § 2 Rn. 30.
[435] § 15 Abs. 2 Satz 1 EStG.

Somit sind die Einkünfte aus Gewerbebetrieb durch vier positive Merkmale gekennzeichnet:[436]

1. Selbständigkeit

   Durch die Selbständigkeit unterscheidet sich der Gewerbebetrieb, gemäß § 15 EStG, von der Ausübung nichtselbständiger Arbeit gemäß dem § 19 EStG. Die selbständige Tätigkeit ist dadurch gekennzeichnet, dass der gewerbetreibende Steuerpflichtige auf eigene Rechnung und Gefahr tätig ist, wenn er das Erfolgsrisiko, insb. das Vergütungsrisiko (= Unternehmerrisiko), trägt. Zudem beruht grundsätzlich die Tätigkeit auf der Initiative und daher letztendlich auf dem Willen des Gewerbetreibenden (= Unternehmerinitiative).

2. Nachhaltige Betätigung

   Für die Annahme eines Gewerbebetriebs ist eine nachhaltige Betätigung erforderlich. Eine geschäftsmäßige Tätigkeit wird als nachhaltig erachtet, wenn sie auf eine bestimmte Dauer und regelmäßig auf Wiederholung angelegt ist. Da die Wiederholungsabsicht eine innere Tatsache ist, haben die tatsächlichen Umstände eine hohe Relevanz. Eine einmalige Tätigkeit ist hingegen im Allgemeinen nicht nachhaltig. Die nachhaltige Tätigkeit ist somit eine berufsmäßige oder länger andauernde, in den Wirtschaftskreislauf eingreifende, fortgesetzte oder zumindest mit Wiederholungsabsicht betriebene Tätigkeit.[437]

3. Beteiligung am allgemeinen wirtschaftlichen Verkehr[438]

4. Gewinnerzielungsabsicht[439]

Gemäß § 15 Abs. 2 Satz 1 EStG darf es sich zudem weder um eine Betätigung als Ausübung von Land- und Forstwirtschaft noch als Ausübung eines freien Berufs noch als eine andere selbständige Arbeit handeln. Die negativen Abgren-

---

[436] Vgl. Reiß (2001): EStG KompaktKommentar, § 15 Rn. 10ff.
[437] Vgl. Tipke/Lang (2002): Steuerrecht, § 9 Rz. 488.
[438] Vgl. Abschnitt 3.1.1.
[439] Vgl. Abschnitte 3.1.2 und 3.1.2.1.

zungskriterien müssen zudem um die nicht explizit in der Norm erwähnte private Vermögensverwaltung[440] (z. B. bei den Einkünften aus Vermietung und Verpachtung oder Kapitalvermögen) ergänzt werden.

Die Abgrenzung der Einkünfte aus Gewerbebetrieb (§15 EStG) zu den Einkünften aus Land- und Forstwirtschaft (§ 13 EStG), zu den Einkünften aus selbständiger Arbeit (§ 18 EStG) sowie zur privaten Vermögensverwaltung (§ 23 EStG) stellt sich oft als schwierig heraus. Beispielsweise kommt es bei der Abgrenzung von privaten Veräußerungsgeschäften und gewerblichem Grundstückshandel maßgeblich darauf an, ob der Steuerpflichtige vorrangig eine Fruchtziehung aus dem Grundstück angestrebt (=> § 23 EStG) oder ob er vorrangig eine Vermögensumschichtung, für die eine bedingte Veräußerungsabsicht bei Ankauf ein Indiz sein könnte, beabsichtigt.[441]

Der Begriff des Gewerbebetriebs wird gemäß Tipke/ Lang „zutreffend" als Typusbegriff interpretiert, da die Abgrenzung der Einkunftsarten hauptsächlich historisch vorfixierte Tätigkeitsbilder determinieren. Dies zwingt zu einer typologischen Interpretation des § 15 Abs. 2 EStG, weshalb die Rechtsfolge nicht allein durch formallogische Subsumtion unter die Begriffsmerkmale des § 15 Abs. 2 EStG abgeleitet werden kann. „Die typologisch operierende Rechtsprechung stellt auf das ‚Gesamtbild der Betätigung' und die ‚Verkehrsauffassung' ab."[442]

Die Arten gewerblicher Einkünfte lassen sich wie folgt abgrenzen:

1. Laufende Einkünfte

- Einkünfte aus gewerblichen Einzelunternehmern (§ 15 Abs. 1 Nr. 1 EStG)
- Gewinnanteile und Vergütungen der Gesellschafter einer OHG, KG oder anderen Gesellschaft bei Mitunternehmerschaft (§ 15 Abs. 1 Nr. 2 EStG)
- Gewinnanteile und bestimmte Vergütungen der persönlich haftenden Gesellschafter einer KGaA (§ 15 Abs. 1 Nr. 3 EStG)

---

[440] Ergibt sich allerdings nicht explizit aus dem Wortlaut des Gesetzes.
[441] Vgl. Weber-Grellet (2004): EStG, § 15 Rn. 46.
[442] Tipke/Lang (2002): Steuerrecht, § 9 Rz. 489.

2. Veräußerungsgewinne
- Gewinne aus der Veräußerung und Aufgabe eines ganzen Gewerbebetriebs oder Teilbetriebs (§ 16 Abs. 1 Nr. 1EStG)
- Gewinne aus der Veräußerung eines Mitunternehmeranteils (§ 16 Abs. 1 Nr. 3 EStG)
- Gewinne aus der Veräußerung des Anteils eines persönlich haftenden Gesellschafters einer KGaA (§16 Abs. 1 Nr. 3 EStG)
- Gewinne aus der Veräußerung von Anteilen an einer Kapitalgesellschaft bei einer wesentlichen Beteiligung im Privatvermögen (§ 17 EStG)

5.1.1 Anscheinsbeweis

Ein „Beweisanzeichen für das Vorliegen einer Gewinnerzielungsabsicht kann eine Betriebsführung sein, bei der der Betrieb nach seiner Wesensart und der Art seiner Bewirtschaftung auf die Dauer gesehen dazu geeignet und bestimmt ist, mit Gewinn zu arbeiten"[443]. Bei der Prüfung, ob der Betrieb eine objektive Gewinneignung besitzt, genügen nachhaltige Verluste allein jedoch nicht, um einen Anscheinsbeweis zu entkräften. Dementsprechend sind negative Einkünfte lediglich als ein Indiz für Liebhaberei zu bewerten. Die Rechtsprechung misst zudem dem Totalgewinn eine immer geringere Bedeutung bei.

Wenn Betriebe hingegen in typischer Weise keine objektive Gewinneignung zu haben scheinen, begründet der Anscheinsbeweis eine widerlegbare Vermutung, dass die andauernden Verluste lediglich aufgrund von persönlichen Gründen oder Neigungen hingenommen wurden.[444] Die Aufgabe oder Liquidation eines Betriebes durch den Steuerpflichtigen ist grundsätzlich ein Beweisanzeichen für das Streben nach einem Totalgewinn. Wird jedoch von Beginn an auf Grundlage eines unbrauchbaren wirtschaftlichen Konzepts gewirtschaftet oder werden offensichtlich nachhaltige Verluste in Kauf genommen, so spricht dies gegen das Vorliegen einer Gewinnerzielungsabsicht des Steuerpflichtigen.[445] In

---

[443] BFH-Beschluss v. 25.06.1984 GrS 4/82, BStBl. II 1984, S. 767.
[444] Vgl. BFH-Beschluss v. 30.12.2002 IV B 168/01, BFH/NV 2003, S. 896ff.
[445] Vgl. BFH-Urteil v. 15.05.2002 I R 92/00, BFH/NV 2002, S. 1538ff.

derartigen Fällen kann dem Steuerpflichtigen u. U. - entgegen dem Regelfall - sogar die Verrechnung der Anlaufverluste schon während der Gründungsphase versagt werden.

Bei neu gegründeten oder umstrukturierten Betrieben begründet der Anscheinsbeweis wiederum eine widerlegbare Vermutung gegen die Hinnahme von Verlusten aus einkommensteuerrechtlich unbeachtlichen Gründen, da in diesen Fällen Verluste als typisch erachtet werden. Ändert der Steuerpflichtige seine Betriebsabläufe oder Arbeitsweise durch Umstrukturierungen, so kann ggf. sogar eine erneute Anlaufphase beginnen.[446]

Das Finanzamt kann durch genaue Benennung und Darlegung von in der Lebensführung liegenden persönlichen Gründen des Steuerpflichtigen einen Anscheinsbeweis entkräften. Unter welchen Voraussetzungen eine solche ernsthafte Möglichkeit ausreichend dargelegt ist, konnte bisher durch die Rechtsprechung noch nicht endgültig geklärt werden. Ein pauschaler Verweis auf die Gesamtumstände des Einzelfalls, auf nachhaltige Verluste, auf die Ausgleichfähigkeit der Verluste mit anderweitigen hohen Einkünften oder der Nachweis, dass die getätigten Investitionen sich als unwirtschaftlich erwiesen haben, reicht allerdings nicht aus. Betriebe, die in einer bestimmten Form der Freizeitgestaltung[447] dienen können, ein Weiterbestehen eines Betriebs aus familiären[448] oder traditionellen[449] Gründen oder aus Gründen der Steuerersparnis[450] weisen hingegen auf das Vorliegen von privaten Gründen oder Neigungen hin und können ggf. den Anscheinsbeweis entkräften.[451] Für die Entkräftung des Anscheinsbeweises bei Betrieben, die sich in der Anlauf- oder Umstrukturierungsphase befinden, gelten hingegen i. d. R. besonders hohe Anforderungen.

---

[446] Vgl. Urteil des FG Niedersachsen v. 27.08.2003 K 707/99, DStRE 2004, S. 248.
[447] Vgl. BFH-Urteil vom 24.02.1999 X R 106/95, Rn. 33. In: world-wide-web [gefunden am 14.04.2005]: http://jurisweb.de.
[448] Vgl. BFH-Urteil v. 31.05.2001 IV R 81/99, BStBl. II 2002, S. 276 ff.
[449] BFH-Urteil v. 24.08.2000 IV R 46/99, DStR 2000, S. 1991.
[450] Vgl. Urteil des FG Köln v. 15.12.2003 15 K 586/99, Orientierungssätze 1f. In: world-wide-web [gefunden am 05.04.2005]: http://jurisweb.de.
[451] Vgl. Korn/Fuhrmann (2004a): Entwicklungen und Zweifelsfragen zur „Liebhaberei" im Einkommensteuerrecht - Teil I -, S. 397f.

Der zu Gunsten des Steuerpflichtigen begründete Anscheinsbeweis kann durch das FA entkräftet werden und der Steuerpflichtige kann den zu seinen Lasten begründeten Anscheinsbeweis ebenfalls entkräften. „Gelingt die Entkräftung des Anscheinsbeweises oder ist schon kein Anscheinsbeweis begründet worden, so ist die freie Überzeugung des Gerichts unter Berücksichtigung aller Umstände des Einzelfalls für die Frage der Einkünfteerzielungsabsicht maßgeblich."[452]

5.1.2 Relevanz von Umstrukturierungsmaßnahmen und das Motiv der Steuerersparnis

Im BFH-Urteil vom 21.06.2004 klagte ein Einzelunternehmer, dessen Unternehmen auf den Vertrieb von Wasserfahrzeugen mit Zubehör und Ersatzteilen sowie von Tauchsportartikel spezialisiert war. Den Unternehmensgegenstand des am 01.07.1986 erworbenen Unternehmens ergänzte der Kläger später um den Verkauf von Kleinmaschinen nebst Pflege und Wartung sowie um den Vertrieb und die Wartung von Batterien. In den Streitjahren 1990 bis 1995 erwirtschaftete der Steuerpflichtige einen Verlust von ca. 3,5 Mio. DM. Der Gesamtverlust der Jahre 1986 bis 1997 betrug sogar ca. 5,7 Mio. DM. Der Kläger erklärte die Verluste im Wesentlichen mit dem kriegsbedingten Wegfall seines Hauptabsatzgebietes, das seit dem Jahr 1989 Jugoslawien gewesen war, mit Direktbestellungen durch potentielle Kunden bei den Bootswerften und mit der restriktiven Bootszulassungspraxis für die Donau, die bayrischen Seen, den Boden- und Gardasee. Er habe auf diese Entwicklung mit Umstrukturierungsmaßnahmen reagiert und habe, als sich auch diese Maßnahmen als erfolglos herausstellten, sich um eine vollständige Veräußerung des Betriebes oder der Warenbestände bemüht. Neben den Einkünften als Einzelunternehmer erzielte er als Mitunternehmer einer KG Einkünfte aus Gewerbebetrieb und war ferner Inhaber einer wesentlichen Beteiligung an einer GmbH, die er mit einem Gewinn von ca. 2,3 Mio. DM im Jahr 1990 veräußert hatte.

---

[452] Korn/Fuhrmann (2004a): Entwicklungen und Zweifelsfragen zur „Liebhaberei" im Einkommensteuerrecht - Teil I -, S. 397.

Das FA war der Auffassung, dass es dem Kläger für die Streitjahre an der erforderlichen Gewinnerzielungsabsicht gefehlt habe und berücksichtigte die Verluste nicht mehr. Das Einspruchsverfahren sowie die Klage vor dem FG blieben erfolglos. Das FG war der Auffassung, dass der Betrieb des Klägers spätestens seit dem Jahr 1991 keinen Totalgewinn mehr habe erwirtschaften können.

Der X. Senat des BFH stellte fest, dass das FG zu Recht angenommen habe, dass der Betrieb des Klägers keinen Totalgewinn mehr erwirtschaften könne. Er hob die Entscheidung des FG dennoch auf und verwies die nicht spruchreife Sache an das FG zurück und entschied, dass die Durchführung geeigneter Umstrukturierungsmaßnahmen ein gewichtiges Indiz für das Vorliegen einer Gewinnerzielungsabsicht darstellt. Die Maßnahmen seien trotz langjähriger Verluste als geeignet anzusehen, „wenn nach dem damaligen Erkenntnishorizont aus der Sicht eines wirtschaftlich vernünftig denkenden Betriebsinhabers eine hinreichende Wahrscheinlichkeit dafür bestand, dass sie innerhalb eines überschaubaren Zeitraums zum Erreichen der Gewinnzone führen würden"[453]. Welcher Zeitraum als „überschaubar" anzusehen ist, hängt nach Ansicht des X. Senats vom Gegenstand und der Art des jeweiligen Betriebes ab.

Die Gewinnerzielungsabsicht liegt demnach nach Ansicht des X. Senats vor, wenn der Steuerpflichtige auf die langjährigen Verluste mit geeigneten Umstrukturierungsmaßnahmen reagiert. Die Reaktion des Steuerpflichtigen auf die Verluste kann somit die Bedeutung wichtiger äußerlicher Beweisanzeichen erlangen.[454] Als Grundlage für diese Beurteilung diente die Vorgabe des Großen Senats aus dessen Grundsatzbeschluss vom 25.06.1984, wonach eine Betriebsführung, bei der der Betrieb nach seiner Wesensart und der Art seiner Bewirtschaftung auf die Dauer gesehen dazu geeignet und bestimmt ist, mit Gewinnen zu arbeiten, ein starkes Beweisanzeichen für das Vorliegen einer Gewinnerzielungsabsicht darstellt. Die „Vornahme betriebswirtschaftlich sinnvoller Umstrukturierungen bzw. dem Bemühen um eine Betriebsbeendigung nach Erken-

---

[453] BFH-Urteil v. 21.07.2004 X R 33/03, BStBl. II 2004, S. 1063.
[454] Vgl. BFH-Urteil v. 21.07.2004 X R 33/03, BStBl. II 2004, S. 1065.

nen der fehlenden Eignung des Betriebes zur Erzielung eines Totalgewinns"[455], lasse auf das Vorhandensein einer Gewinnerzielungsabsicht schließen. Im Streitfall erachtet der X. Senat folgende, durch den Kläger vorgetragene, Umstrukturierungsmaßnahmen als nicht von vornherein ungeeignet, um eine Ertragswende zu erreichen: Erweiterung bzw. Umstellung des Sortiments, Eröffnung einer Filiale in verkehrsgünstigerer Lage, Intensivierung des Werbeaufwands, Schließung von Filialen, die Reduktion von angemieteten Lagergrundstücken, anderweitige Kostenreduzierungen sowie der ernsthafte Versuch einer Veräußerung des UV. Im Regelfall seien während des Verlustzeitraums ergangene betriebswirtschaftliche Kalkulationen oder Ergebnisprognosen ebenfalls ein gewichtiges Indiz für das Vorliegen einer Gewinnerzielungsabsicht.[456]

Im Umkehrschluss stellte der X. Senat im Urteil vom 17.11.2004, in dem es um die Fortführung eines mit langjährigen Verlusten wirtschaftenden Möbel-Einzelhandelsgeschäfts ging, folgendes fest: „Fehlende Reaktionen auf bereits eingetretene hohe Verluste und das unveränderte Beibehalten eines verlustbringenden Geschäftskonzepts sind ein gewichtiges Beweisanzeichen für eine fehlende Gewinnerzielungsabsicht. An die Feststellung persönlicher Motive, die den Steuerpflichtigen zur Weiterführung seines Unternehmens bewogen haben könnten, sind in diesen Fällen keine hohen Anforderungen zu stellen."[457] In diesem Streitfall verwies der BFH die noch nicht spruchreife Sache an das FG zurück und wies an, dass der Frage nachzugehen sei, ob andere familiäre Gründe die Kläger zur Fortführung ihres Unternehmens bewogen haben könnten (Tradition, günstige Krankenversicherung des im Betrieb der Klägerin bzw. der Ehefrau angestellten Klägers bzw. des Ehemanns, Abziehbarkeit der Arbeitgeberbeiträge für den Kläger als Betriebsausgaben).

Der X. Senat bekräftigte im Urteil vom 21.06.2004 zudem seine Rechtsprechung zur Behandlung von Schuldzinsen nach dem Übergang zur Liebhaberei, die al-

---

[455] BFH-Urteil v. 21.07.2004 X R 33/03, BStBl. II 2004, S. 1065.
[456] Vgl. BFH-Urteil v. 21.07.2004 X R 33/03, BStBl. II 2004, S. 1065.
[457] BFH-Urteil v. 17.11.2004, X R 62/01, DStR 2005, S. 551.

lerdings bisher von keinem anderen Senat des BFH übernommen wurde.[458] Eine hauptsächlich in einer Kostensenkung bestehende Umstrukturierung sei auch dann als geeignete Maßnahme anzusehen, wenn sie nur bei Außerachtlassung der Zinsen auf Verbindlichkeiten aus früheren Fehlmaßnahmen zu künftig positiven Ergebnissen führe. Schuldzinsen seien daher auch nach dem Übergang zur Liebhaberei zu berücksichtigen, „soweit sie auf denjenigen Teil der zu diesem Zeitpunkt vorhandenen und ablösbaren Verbindlichkeiten entfallen, der mit dem erzielbaren Erlös aus der Veräußerung des gesamten Aktivvermögens nicht"[459] getilgt werden könnte. Ein Überhang an Schuldzinsen soll dementsprechend auch bei der Prüfung, ob der gegenwärtig verlustbringende Betrieb künftig noch Gewinne erwirtschaften kann, nicht zu Lasten des Steuerpflichtigen in die Prognose einbezogen werden. Derartige Schuldzinsen sind daher aus der Verlustphase der Gewinnprognose herauszurechnen.[460]

Letztendlich erachtet der X. Senat eine aus Verlustausgleich resultierende Steuerersparnis für sich genommen im Regelfall nicht als einkommensteuerrechtlich unbeachtliches Motiv i. S. der Liebhabereirechtsprechung, da bisher in keinem Fall die Möglichkeit der Verrechnung „echter", den Steuerpflichtigen wirtschaftlich belastender Verluste mit anderweitigen positiven Einkünften für sich genommen als privates Motiv angesehen worden sei. In derartigen Fällen sei vielmehr klargestellt worden, dass allein dieser Umstand nicht für die Annahme von Liebhaberei ausreicht.[461] Der X. Senat begründet diesen Umstand darin, dass es ökonomisch unvernünftig wäre „einen Verlustbetrieb, in dem man tatsächlich laufend und unwiederbringlich Kapital nachschießen muss, nur deshalb zu unterhalten, um eine steuerliche Verlustverrechnung vornehmen zu können"[462]. Diese Ansicht stößt auch im Schrifttum auf Zustimmung. Von Proff

---

[458] Kulosa (2005): Anmerkung zum BFH-Urteil v. 21.07.2004 X R 33/03, S. 27. In: HFR (2005), S. 26f.
[459] BFH-Urteil v. 21.07.2004 X R 33/03, BStBl. II 2004, S. 1066.
[460] Vgl. Kulosa (2005): Anmerkung zum BFH-Urteil v. 21.07.2004 X R 33/03, S. 27. In: HFR (2005), S. 26f.
[461] Vgl. BFH-Urteil v. 21.07.2004 X R 33/03, BStBl. II 2004, S. 1066f.
[462] BFH-Urteil v. 21.07.2004 X R 33/03, BStBl. II 2004, S. 1066f.

verweist zustimmend darauf, dass die Verrechnung von Verlusten mit anderweitigen positiven Einkünften in einem synthetischen Einkommensteuersystem, wie es dem geltenden EStG zu Grunde liegt, inhärent sei.[463]

Nach der Rechtsprechung des BFH gelten die Voraussetzungen der Liebhaberei nur dann als erfüllt, „wenn ein solcher Betrieb objektiv nicht die Existenzgrundlage des Steuerpflichtigen darstellt, sondern diesem andere Geldmittel zur Verfügung stehen, die wirtschaftlich seine wirkliche Existenzgrundlage bilden und die es ihm darüber hinaus ermöglich, den verlustbringenden Betrieb - aus welchen Gründen auch immer - trotz der ständigen Verluste beizubehalten"[464].

Der X. Senat hat die tragenden Aussagen der bisherigen Rechtsprechung wie folgt systematisiert:[465]

- Die Steuerersparnis kann nur dann tragend als persönliches Motiv für die Hinnahme von Verlusten herangezogen werden, wenn der Steuerpflichtige nach Buchverlusten strebt, die zu einem späteren Zeitpunkt zu ebenfalls buchmäßigen, aber steuerbegünstigten oder -freien Veräußerungsgewinnen führen, oder
- die Tätigkeit die Möglichkeit eröffnet, Kosten der privaten Lebensführung in den einkommensteuerrechtlich relevanten Bereich zu verlagern.

Der X. Senat verweist auf die bisherige Rechtsprechung, in der die Steuerersparnis nur dann tragend als persönliches Motiv für die Hinnahme von Verlusten herangezogen worden sei, wenn es sich um Verlustzuweisungsgesellschaften handelte, deren Geschäftskonzept darauf beruhte, zunächst buchmäßige Verluste - etwa durch die Inanspruchnahme von Sonderabschreibung - auszuweisen und zu einem späteren Zeitpunkt steuerfreie oder -begünstigte Veräußerungsgewinne

---

[463] Vgl. Proff v. (2005): Kommentar zum BFH-Urteil v. 21.07.2004 X R 33/03, S. 320. In: FR (2005), S. 319f.
[464] BFH-Urteil v. 21.07.2004 X R 33/03, BStBl. II 2004, S. 1067; vgl. auch Abschnitt 5.1.2.
[465] Vgl. Kulosa (2005): Anmerkung zum BFH-Urteil v. 21.07.2004 X R 33/03, S. 27. In: HFR (2005), S. 26.f.

zu erzielen.[466] Dieser Sonderfall wird im Abschnitt 5.1.2.1 anhand des Urteils des FG Köln zu einer Tanker-Reederei erörtert.

Für Tätigkeiten, die die Möglichkeit eröffnen, Kosten der privaten Lebensführung in den einkommensteuerrechtlich relevanten Bereich der Erwerbsphäre zu verlagern, führt der X. Senat folgende Beispiele an: Anteilige Fixkosten ohnehin vorhandener Gegenstände wie PKW, Wohnung, Kommunikationsmittel oder Computer.

5.1.3 Sonderfall: Verlustzuweisungsgesellschaften

Der § 2b EStG beschränkt den Ausgleich von negativen Einkünften aus „Steuersparmodellen" und soll den nach der Einführung des § 15a EStG weiterhin existierenden Verlustzuweisungsgesellschaften begegnen. Der § 2b EStG ist jedoch gegenüber der Prüfung, ob eine Einkünfteerzielungsabsicht des Steuerpflichtigen vorliegt bzw. der „Liebhabereiprüfung" nachrangig. Die entwickelten Rechtsprechungsgrundsätze zur Liebhaberei sind dementsprechend auch nach Einführung des § 2b EStG anwendbar. Er ergänzt lediglich die Liebhabereirechtsprechung, indem nun die steuerliche Verlustnutzung auch dann ausgeschlossen ist, wenn ein Totalerfolg zwar erstrebt wird, die „Erzielung eines steuerlichen Vorteils aber im Vordergrund steht"[467].

Es wurde bereits erörtert, dass Verlustzuweisungsgesellschaften gemäß der Rechtsprechung des BFH als ein Sonderfall zu erachten sind. Bei einer Beteiligung an einer sog. Verlustzuweisungsgesellschaft wird zunächst von einer Vermutung gegen die Einkünfteerzielungsabsicht ausgegangen, da eine Verlustzuweisungsgesellschaft interessierte Kapitalanleger mit dem Versprechen von Einkommensminderungen durch Verlustzuweisung anwirbt. Der Anscheinsbeweis spricht demzufolge bei Gründung einer Verlustzuweisungsgesellschaft zu-

---

[466] Vgl. Urteil des FG Köln v. 15.12.2003 15 K 586/99. In: world-wide-web [gefunden am 05.04.2005]: http://jurisweb.de.
[467] Stein (2004): Verlustausgleich oder Liebhaberei bei der Vermietung von Grundstücken, S. 35.

nächst gegen die Einkünfteerzielungsabsicht und für die Möglichkeit lediglich eine spätere Einkunftserzielung in Kauf zu nehmen.[468]

Typische Merkmale einer Verlustzuweisungsgesellschaft sind gemäß der Rechtsprechung:[469]

- Beschaffen des erforderlichen Kapitals über eine Vielzahl von Anlegern.
- Das Kapital besteht nur zum Teil aus Eigenmitteln.
- Zuweisung von hohen Verlusten, über die eine Gesellschaftseinlage in kürzester Zeit - überwiegend durch Steuerersparnis - finanziert werden kann.
- Es erfolgt schon in den ersten Jahren eine jährliche, vom Betriebsergebnis unabhängige Ausschüttung der Kommanditeinlage an die Gesellschafter, die trotz erwarteter Verluste, hoher Fremdfinanzierungskosten und der Notwendigkeit, für die Ausschüttung weitere Darlehen in Anspruch nehmen zu müssen, ausgeschüttet wird.
- Absicherung derartiger Ausschüttungen durch kostenträchtige „Bankgarantien".
- Die Verlustzuweisungsgesellschaft nimmt hohe Subventionen in Anspruch, die i. d. R. eine Haltefrist für die Gesellschafter zur Folge haben.
- Der einzelne Gesellschafter hat keinen Einfluss auf den Eintritt neuer Gesellschafter und den Austritt von Gesellschaftern.
- Jeder Gesellschafter erteilt der Gesellschaft nach einheitlichem Muster eine Vollmacht, dem Beitritt neuer Gesellschafter zuzustimmen und alle notwendigen Anmeldungen zum Handelsregister vorzunehmen.
- Ein ausscheidender Gesellschafter hat die Möglichkeit den Auszahlungsanspruch so lange zinslos zu stunden, bis an seine Stelle ein neuer Gesellschafter tritt und seine Einlage einbezahlt hat.

---

[468] Vgl. BFH-Beschluss v. 05.07.2002 IV B 42/02, BFH/NV 2002, S. 1447ff.
[469] Vgl. Urteil des FG Köln v. 15.12.2003 15 K 586/99. In: world-wide-web [gefunden am 05.04.2005]: http://jurisweb.de; Stein (2004): Verlustausgleich oder Liebhaberei bei der Vermietung von Grundstücken, S. 40.

- Oder ihm wird eine vorzeitige Verkaufsoption eingeräumt, die er kurz nach Ablauf der erforderlichen Haltefrist und noch vor Erreichen des planmäßigen Totalgewinns ausüben kann.
- Es kann zudem eine Steuerung der Inanspruchnahme dieser vorzeitigen Verkaufsoption durch Wiederverkaufspreise erfolgen, die z. T. mittels weiterer Bankgarantien abgesichert wurden.

Sprechen die Indizien nach der Würdigung der Gesamtumstände für eine Verlustzuweisungsgesellschaft, so ist über eine tatsächliche Vermutung bewiesen, dass die Gesellschaft in erster Linie das Ziel verfolgt, Kapitaleinlagen zu erhalten, die über die Steuerersparnis der Gesellschafter finanziert werden sollen.[470] Daher wird bei Verlustzuweisungsgesellschaften i. d. R. eine Einkünfteerzielungsabsicht erst angenommen, wenn sich die zuvor lediglich in Kauf genommene Möglichkeit der Erzielung eines Totalerfolgs derart konkretisiert hat, dass nach dem Urteil eines ordentlichen Kaufmanns mit großer Wahrscheinlichkeit ein Totalerfolg mit der Betätigung erzielbar erscheint.[471] Diese Rechtsprechungsgrundsätze gelten ebenso für Verlustzuweisungsgesellschaften, die dem Bereich der Einkünfte aus Vermietung und Verpachtung zuzuordnen sind.

Die Beweislast trägt in derartigen Fällen der Steuerpflichtige, sofern er die Feststellung oder Verrechnung von Verlusten begehrt.[472] Die Vermutung der fehlenden Einkünfteerzielungsabsicht sowie das Beweisergebnis sind erschüttert, „wenn einzelne Indizien ‚herausgebrochen' werden, die das Gesamtbild von einer Verlustzuweisungsgesellschaft typischerweise mitgestalten"[473].

Die Ansicht Steins, dass die Vermutung ebenso erschüttert sei, wenn - trotz des äußeren Erscheinungsbildes einer Verlustzuweisungsgesellschaft - ein Totalgewinn wahrscheinlich ist, sei es bei Gründung oder ab einem späteren Zeitpunkt,

---

[470] Vgl. Stein (2004): Verlustausgleich oder Liebhaberei bei der Vermietung von Grundstücken, S. 40.
[471] Vgl. BFH-Urteil v. 12.12.1995 VIII R 59/92, BStBl. II 1996, S. 219ff.
[472] Vgl. BFH-Urteil v. 12.12.1995 VII R 59/92, BStBl. II 1996, S.219ff.
[473] Stein (2004): Verlustausgleich oder Liebhaberei bei der Vermietung von Grundstücken, S. 41.

kann angesichts des Urteils vom 15.12.2003 nicht mehr vertreten werden. In diesem Urteil werden die besonderen Beurteilungskriterien, die im Rahmen der Liebhabereirechtsprechung unter Berücksichtigung des § 2b EStG für Verlustzuweisungsgesellschaften gelten, deutlich. Im Streitfall wurde einer Tanker-Reederei - trotz eines als wahrscheinlich unterstellten Totalgewinns - die Einkünfteerzielungsabsicht abgesprochen. Das FG Köln hatte entschieden, dass eine Verlustzuweisungsgesellschaft keine steuerlich relevanten Einkünfte erzielt, wenn zweifelhaft ist, ob nicht das Streben nach einem Totalgewinn der Gesellschaft vom Streben nach einer Kapitaleinlage aus Einkommensteuerersparnissen verdrängt werden soll bzw. sollte.[474]

Auch der Gesetzgeber befasst sich derzeit mit der Beschränkung der Verrechnung von „Anfangsverlusten" aus Steuersparfonds. Fischer berichtete in der Tageszeitung „DIE WELT", dass das Bundeskabinett einen Gesetzesentwurf in den Bundestag einbringen will, der die steuermindernde Verrechnung von „Anfangsverlusten" aus Steuersparfonds mit anderen Erträgen des Anlegers nochmals beschränken soll. Konkret soll ein § 15b EStG in das EStG eingeführt werden, der die steuerlichen „Anfangsverluste" bei sog. Steuerstundungsmodellen auf zehn Prozent der Beteiligung begrenzen soll.[475]

5.2 Einkünfte aus selbständiger Arbeit (§ 18 EStG)

§ 18 Abs. 1 Nrn. 1-4 EStG unterscheidet vier Gruppen von Einkünften aus selbständiger Arbeit. Davon hat die Gruppe der freiberuflichen Tätigkeit eine zentrale Bedeutung, da diese grundsätzlich alle Merkmale der gewerblichen Tätigkeit (Selbständigkeit, nachhaltige Betätigung, Gewinnerzielungsabsicht, Beteiligung am allgemeinen wirtschaftlichen Verkehr[476]) erfüllt. Die freiberufliche Tätigkeit wird jedoch ausdrücklich in § 15 Abs. 2 EStG aus den Einkünften aus

---

[474] Vgl. Urteil des FG Köln v. 15.12.2003 15 K 586/99, Orientierungssätze 1f. In: worldwide-web [gefunden am 05.04.2005]: http://jurisweb.de.
[475] Fischer (06.05.2005): Ära der Steuersparfonds beendet, S. 17. In: DIE WELT (06.05.2005), S. 17.
[476] Vgl. Abschnitt 5.1.

Gewerbebetrieb ausgeklammert.[477] Einkünfte aus freier Berufstätigkeit erzielen gemäß § 18 Abs. 1 Nr. 1 EStG:

- wissenschaftlich, künstlerisch, schriftstellerisch, unterrichtend oder erzieherisch tätige Personen.
- Neben der Abgrenzung nach Tätigkeitsinhalten erfolgt eine Abgrenzung nach Berufsgruppen und Berufsinhalten. Es werden folgende Katalogberufe genannt: Ärzte, Zahnärzte, Tierärzte, Rechtsanwälte, Notare, Patentanwälte, Vermessungsingenieure, Ingenieure, Architekten, Handelchemiker, Wirtschaftsprüfer, Steuerberater, beratende Volks- und Betriebswirte, vereidigte Buchprüfer, Steuerbevollmächtigte, Heilpraktiker, Dentisten, Krankengymnasten, Journalisten, Bildberichterstatter, Dolmetscher, Übersetzer, Lotsen.
- Die Formulierung den Katalogberufen „ähnlichen Berufe" verweist auf die explizit benannten Katalogberufe. Die Bestimmung dieses Tatbestandsmerkmals erfordert eine Analogie mit den genannten Berufen. Vorhandene Parallelen allein sind allerdings nicht ausreichend für die Qualifikation als „ähnliche Berufe". Erforderlich sind bestimmte Ähnlichkeiten wie beispielsweise eine vergleichbare Ausbildung, ggf. eine entsprechende Erlaubnis oder Zulassung oder eine vergleichbare Berufsausübung.[478]

Grundvoraussetzung für eine freiberufliche Tätigkeit ist die leitende und eigenverantwortliche Tätigkeit aufgrund eigener Fachkenntnisse. Dies schließt nicht aus, dass der Freiberufler fachliche Arbeitskräfte mit Vorbildung zur Unterstützung einsetzt. Bei einem Missverhältnis von leitenden Freiberuflern und Angestellten wird hingegen ein Gewerbebetrieb vermutet.

Eine leitende Tätigkeit liegt vor, wenn der Berufsträger die Grundzüge für die Organisation des Tätigkeitsbereichs und für die Durchführung der Tätigkeiten

---

[477] Vgl. Lambrecht (2001): EStG KompaktKommentar, § 18 Rn. 60ff.
[478] Vgl. ebd. Lambrecht (2001), § 18 Rn. 124 ff.

festlegt, die Durchführung der Tätigkeiten unter Beachtung der aufgestellten Grundsätze überwacht und grundsätzliche Fragen selbst entscheidet.[479]

Als eigenverantwortlich gilt eine Tätigkeit i. S. d. § 18 Abs. 1 Nr. 1 EStG, wenn der Freiberufler seine Arbeitskraft in einer Art und Weise einsetzt, die es ihm tatsächlich ermöglicht, uneingeschränkt die fachliche Verantwortung auch für die von seinen Mitarbeitern erbrachten Leistungen zu übernehmen. Die persönliche Teilnahme des Berufsträgers an der praktischen Arbeit muss daher in ausreichendem Umfang gewährleistet sein.[480]

Die Fachkenntnisse des Freiberuflers müssen sich auf den gesamten Bereich der Berufstätigkeit erstrecken, die in seinem Betrieb ausgeübt wird. Bei Personengesellschaften reicht es aus, wenn der einzelne Gesellschafter auf dem ihm auftragsbezogen oder generell zugewiesenem Gebiet leitend und eigenverantwortlich aufgrund eigener Fachkenntnisse tätig ist.[481]

Der Beschluss des BVerfG aus dem Jahr 1978 hat folgende Abgrenzungsmerkmale hervorgehoben: „... der persönliche Einsatz bei der Berufausübung, der Charakter des jeweiligen Berufs, wie er sich in der allgemeinrechtlichen und berufsrechtlichen Ausgestaltung und in der Verkehrsanschauung darstellt, die Stellung und Bedeutung des Berufs im Sozialgefüge, die Qualität und Länge der erforderlichen Berufsausbildung".[482]

Die Zuordnung zu § 18 EStG bedingt eine Gewinnermittlung nach § 4 Abs. 3 oder § 4 Abs. 1 EStG, jedoch unterliegen Einkünfte aus selbständiger Arbeit nicht der Gewerbesteuerpflicht. Die Gewerbesteuerbefreiung dürfte auch mitverantwortlich für das Abgrenzungsproblem der freiberuflichen zur gewerblichen Tätigkeit sein, das immer wieder Gegenstand finanzgerichtlicher Verfahren ist. Die Abgrenzung kann sich in Grenzfällen als schwierig herausstellen und wird dennoch immer häufiger erforderlich, weil Steuerpflichtige mehr und mehr versuchen, sich durch die „Erfindung" neuer „freier" Berufe der Gewerbesteuer

---

[479] Vgl. Wacker (2004): EStG, § 18 Rn. 24.
[480] Vgl. ebd. Wacker (2004), §18 Rn. 25.
[481] Vgl. ebd. Wacker (2004), §18 Rn. 26.
[482] BVerfG-Beschluss 1978, BStBl. II 1978, S. 125 u. 130. Zitiert nach: Tipke/Lang (2002): Steuerrecht, § 9 Rz. 494.

zu entziehen. „Dementsprechend geht es bei der Abgrenzung der freiberuflichen Tätigkeit i. S. d. § 18 Abs. 1 Nr. 1 EStG zur gewerblichen Tätigkeit um die Zuordnung zu einem bestimmten Tätigkeitsinhalt oder zu einem bestimmten Katalogberuf oder zu einem dem Katalogberuf ähnlichen Beruf."[483]

5.2.1 Anscheinsbeweis

Wie im vorangegangen Abschnitt erörtert wurde, erfüllen die Einkünfte aus selbständiger Arbeit i. d. R. auch alle Merkmale der Einkünfte aus Gewerbebetrieb. Aus diesem Grund gilt der überwiegende Teil der Aussagen des Abschnitts 5.1.1 zum Anscheinsbeweis auch für die Einkünfte aus selbständiger Arbeit, daher sollen in diesem Abschnitt nur die bereits erfolgten Ausführungen bezüglich der Tätigkeiten von Freiberuflern ergänzt werden. In Abschnitt 3.6 wurde bereits ersichtlich, dass die Rechtsprechung insbesondere für Rechtsanwälte den Beweis des ersten Anscheins für eine mit Einkünfteerzielungsabsicht betriebene Tätigkeit als begründet erachtet. Gleiches hat er für andere freiberufliche Tätigkeiten, wie Steuerberater[484], Architekten[485] und Ärzte[486], festgestellt. Der XI. Senat stellte jedoch in seinem Beschluss vom 28.11.2002 klar, dass aus seinem BFH-Urteil vom 22.04.1998 XI R 10/97, in dem die Gewinnerzielungsabsicht eines Rechtsanwalts seines Erachtens vorgelegen hatte, nicht der Schluss gezogen werden dürfe, dass eine Rechtsanwaltspraxis stets eine auf objektive Gewinnerzielung ausgerichtete Tätigkeit sei. Der XI. Senat stellte in seinem Beschluss vom 28.11.2002 folgendes fest: „Erzielt ein Rechtsanwalt, der nach seiner Pensionierung zur Anwaltschaft zugelassen wurde, über viele Jahre deutliche Verluste, so kann die Gewinnerzielung fehlen und die anwaltliche Tätigkeit der privaten Lebensführung zuzurechnen sein."[487]

Ebenso fehlte die Gewinnerzielungsabsicht bei einem Steuerberater, der seine Kanzlei nur deshalb weiter betrieben hatte, weil sein Sohn die Kanzlei nach Er-

---

[483] Tipke/Lang (2002): Steuerrecht, § 9 Rz. 495.
[484] Vgl. BFH-Urteil v. 31.05.2001 IV R 81/99, DStRE 2001, S. 1089.
[485] Vgl. BFH-Urteil v. 12.09.2002 IV R 60/01, FR 2003, S. 136.
[486] Vgl. BFH-Urteil v. 26.02.2004 IV R 43/02, DB 2004, S. 912f.
[487] BFH-Beschluss v. 28.11.2002 XI B 12-14/00, NJW 2003, S. 2479.

füllung der berufsrechtlichen Voraussetzungen fortführen sollte. Der IV. Senat des BFH verwies in seinem Urteil vom 31.05.2001 jedoch darauf, dass aus einer objektiv negativen Gewinnprognose nur dann auf das Fehlen der Gewinnerzielungsabsicht geschlossen werden könne, „wenn die verlustbringende Tätigkeit [in] typischer Weise dazu bestimmt und geeignet ist, der Befriedigung persönlicher Neigungen oder der Erlangung wirtschaftlicher Vorteile außerhalb der Einkunftssphäre zu dienen"[488]. Bei anderen Tätigkeiten, wie beispielsweise bei der Tätigkeit als Steuerberater, müssten zusätzliche Anhaltspunkte dafür vorliegen, dass die Verluste aus persönlichen Gründen oder Neigungen hingenommen würden.

Der IV. Senat urteilte in ähnlicher Art und Weise bezüglich der Gewinnerzielungsabsicht eines Architekten, bei dem er den Anscheinsbeweis als entkräftet erachtet und die Gewinnerzielungsabsicht verneint hatte, weil dieser nach alters- und gesundheitsbedingter Beendigung der Berufstätigkeit ein Arbeitszimmer unterhalten und Fachliteratur weiterbezogen hatte, um in seinem Fachgebiet auf dem Laufenden zu bleiben. Diese Verluste seien aufgrund persönlicher Gründe und Neigungen durch den Steuerpflichtigen hingenommen worden.[489]

Einige Besonderheiten gelten bei Künstlern, da bei dieser freiberuflichen Tätigkeit das Zusammentreffen von Beruf und Neigung kein Beweisanzeichen gegen die Einkünfteerzielungsabsicht sein kann. Hier sind im Rahmen der Gesamtwürdigung der Umstände des Einzelfalls insbesondere Indizien wie etwa die Art der künstlerischen Berufsausbildung und des Ausbildungsabschlusses, ob die künstlerische Tätigkeit die alleinige Existenzgrundlage des Steuerpflichtigen bildet, ob eine berufstypische professionelle Vermarktung erfolgt oder besondere betriebliche Einrichtungen wie beispielsweise ein Atelier existieren, von Relevanz. Eine Prognoserechnung ist bei diesen Berufsgruppen nach

---

[488] BFH-Urteil v. 31.05.2001 IV R 81/99, DStRE 2001, S. 1089.
[489] Vgl. BFH-Urteil v. 12.09.2002 IV R 60/01, S. 135. In: FR (2003), S. 135ff.

Korn/Fuhrmann nur anzustellen, wenn der durch die Art der Tätigkeit begründete Anscheinsbeweis durch das FA erschüttert ist.[490]
Weitgehend offen ist die Frage, in welchem Maße durch eine nebenberuflich ausgeübte Tätigkeit ein Anscheinsbeweis begründet wird. Gemäß dem Urteil des VI. Senats des BFH vom 22.07.1993 besteht der Sache nach kein wesentlicher Unterschied zu einer hauptberuflich ausgeübten Tätigkeit, die ebenfalls mit unterschiedlich hohem Zeitaufwand erbracht werden kann. Der durch eine nebenberufliche Tätigkeit begründete Anscheinsbeweis ist hingegen leichter zu entkräften.[491]

5.2.2 Erforderlichkeit der Einkünfteerzielungsabsicht auch in der Schlussphase einer freiberuflichen Tätigkeit

Im Urteil des IV. Senats vom 26.02.2004 waren die Kläger ein zusammenveranlagtes Ehepaar. Der Kläger war von 1964 bis 1998 als niedergelassener Arzt tätig, die Klägerin arbeitete von Anfang an in der Praxis des Ehemanns mit. Die Praxis befand sich in dem jeweils hälftigen Miteigentum der Kläger, von dem die Praxis 40% der Gesamtfläche in Anspruch genommen hatte. Seit dem 01.12.1966 war zudem die Tochter der Kläger in der Praxis als Arzthelferin tätig. Gemäß dem Praxisschild des Arztes war die Praxis in den Streitjahren 1997 bis 1999 täglich von 9 bis 11 Uhr geöffnet und hatte zwischen 31 und 50 Patienten pro Quartal. Bereits 1982 erlitt der Ehemann einen Schlaganfall und war seitdem gesundheitlich so beeinträchtigt, dass seine Tochter ihn zu auswärtigen Terminen fahren musste. In den Streitjahren erwirtschaftete die Praxis einen Verlust von ca. 115 000 DM, den der Kläger mit anderweitigen Einkünften aus Gewerbebetrieb, Kapitalvermögen, Vermietung und Verpachtung und Einkünften aus Leibrenten in seiner Einkommensteuererklärung verrechnet hatte. Auffällig war, dass die Einnahmen über die Jahre 1991 bis 1999 stetig weniger wurden, die Ausgaben hingegen nur in geringen Maße zurückgingen, was vor

---

[490] Vgl. Korn/Fuhrmann (2004a): Entwicklungen und Zweifelsfragen zur „Liebhaberei" im Einkommensteuerrecht - Teil I -, S. 399.
[491] Vgl. BFH-Urteil v. 22.07.1993 VI R 122/99, BStBl. II 1994, S. 510ff.

allem auf die unveränderten Personalkosten von 43 000 DM zurückzuführen war. Der Kläger stellte letztendlich den Praxisbetrieb zum 31.12.1998 ein, die Tochter der Kläger führte noch bis zum 31.03.1999 Abwicklungsarbeiten durch. Der IV. Senat stellte im Streitfall das Vorliegen einer Liebhaberei fest. Bezüglich der Erforderlichkeit einer Gewinnerzielungsabsicht für die Einkünfte aus selbständiger Arbeit würden keine Besonderheiten gelten. In objektiver Hinsicht sei eine Prognose darüber anzustellen, ob der Betrieb nach seiner Wesensart und der Art der Bewirtschaftung auf Dauer geeignet ist, Gewinn zu erwirtschaften. „Längere Verlustperioden in der Vergangenheit können dafür einen Anhaltspunkt bieten. Allerdings kann aus der objektiv negativen Gewinnprognose nicht ohne weiteres gefolgert werden, dass der Steuerpflichtige auch subjektiv keinen Totalgewinn erzielen wollte."[492] Dieser Schluss sei nur gerechtfertigt, wenn die verlustbringende Tätigkeit typischerweise dazu bestimmt und geeignet ist, der Befriedigung persönlicher Neigungen oder der Erlangung wirtschaftlicher Vorteile außerhalb der Einkunftssphäre zu dienen. Tätigkeiten, wie die Katalogberufe des § 18 Abs. 1 Nr. 1 Satz 2 EStG erfordern ein Vorliegen von zusätzlichen Anhaltspunkten, die darauf hindeuten, dass die Verluste aus persönlichen Gründen hingenommen werden bzw. wurden.[493] Diese lagen im Streitfall vor.

Der IV. Senat stellte für die Streitjahre eine negative Gewinnprognose fest. Er verwies allerdings nicht darauf, wie es i. d. R. bei anderen Urteilen üblich gewesen ist, dass die Feststellung der Gewinnerzielungsabsicht eine Prognose über den während der gesamten Tätigkeit erzielten Totalgewinn voraussetzt. Stattdessen war er der Ansicht, dass in diesem Streitfall für die Gewinnprognose darauf abzustellen sei, wie der Betrieb im Streitzeitraum geführt worden sei. Er gab dem FG recht, dass angesichts der geringen Zahl der Patienten, des hohen Alters des Steuerpflichtigen, aufgrund der eingeschränkten Möglichkeiten des Klägers nach dessen Schlaganfall sich weiter zu betätigen sowie unter Berücksichtigung der anfallenden Kosten, ein Gewinn nicht erzielt werden konnte. Das

---

[492] BFH-Urteil v. 26.02.2004 IV R 43/02, DB 2004, S. 912.
[493] Vgl. BFH-Urteil v. 26.02.2004 IV R 43/02, DB 2004, S. 912.

FG habe zutreffend dargelegt, dass der Beurteilungszeitraum für die Totalgewinnprognose „nur bei neu eröffneten Betrieben mit Anlaufverlusten die gesamte Lebensdauer des Unternehmens von der Gründung bis zur voraussehbaren Aufgabe oder Veräußerung umfassen kann, während er sich bei Gewinn erzielenden Betrieben, die erst nach Jahren in die Verlustzone geraten, ausschließlich auf die verbleibenden Jahre beschränken muss"[494]. Die in der Vergangenheit erzielten Gewinne sind nach Ansicht des IV. Senats am Ende einer Berufstätigkeit ohne Bedeutung. Der anzustrebende Totalgewinn umfasse daher nur die verbleibenden Jahre.

Der Kläger habe zudem nicht auf die nachhaltigen Verluste reagiert, woraus das FG zu Recht geschlussfolgert habe, dass Dauer und Umfang der erzielten Verluste das entscheidende Kriterium bei der Gesamtbeurteilung der Gewinnerzielungsabsicht seien. Es sei auch zutreffend davon ausgegangen, dass die Hinnahme der Verluste aus persönlichen Gründen erfolgt sei. Indizien hierfür seien der steuermindernde Abzug der Gehaltszahlungen an Familienangehörige trotz der stark eingeschränkten Praxistätigkeit, die Beschäftigung der Tochter als Haushaltshilfe nach der Praxiseinstellung, was darauf verweisen würde, dass die Tochter in den Streitjahren nicht nur mit betrieblichen Aufgaben befasst gewesen sei und das fehlende Bemühen den Verlustursachen mit geeigneten Maßnahmen zu entgegnen.

Zudem habe das FG zu Recht auch den Umstand, dass den Klägern anderweitige hohe Einkünfte zu Verfügung standen, als ein Indiz für die Weiterführung der Praxis aus persönlichen Gründen und Neigungen erachtet. „Zwar hat der XI. Senat des BFH in seinem Urteil vom 22. 4. 1998 XI R 10/97 ausgeführt, der Umstand allein, dass der (dortige) Kläger wegen anderweitiger hoher Einkünfte in der Lage war, die aus der ‚repräsentativen Kanzleiführung' jährlich anfallenden Verluste zu tragen, begründe kein solches persönliches Motiv. Die Aussage steht aber deutlich im Zusammenhang mit der (dort) zuvor getroffenen Bemerkung, dass das FG keine weiteren persönlichen Gründe oder Motive festgestellt habe,

---

[494] BFH-Urteil v. 26.02.2004 IV R 43/02, DB 2004, S. 912.

‚die den Kläger trotz überwiegender Verluste zur Weiterführung seiner Anwaltskanzlei bewogen haben könnten'."[495] Solche weiteren persönlichen Motive habe das FG allerdings festgestellt, so dass diesbezüglich auch keine weitere Entscheidung nötig sei.

5.2.2.1 Fazit

Nach Erachten des Verfassers hat der IV. Senat in seinem Urteil vom 26.02.2004 IV R 43/02 die Tätigkeit des Arztes im Ergebnis zutreffend als Liebhaberei beurteilt. Die Entscheidung, dass der maßgebliche Beurteilungszeitraum für die Gewinnprognose, bei Gewinn erzielenden Betrieben - die erst nach Jahren in die Verlustzone geraten - ausschließlich auf die verbleibenden Jahre abzustellen sei, ist hingegen kritisch zu hinterfragen. Eine grundsätzliche Ermittlung der Totalerfolgsprognose auf diese Weise ließe bei stark konjunkturabhängigen Betrieben, die u. U. auf Grund der konjunkturellen Situation langjährig Verluste nach einer langjährigen Gewinnphase erwirtschaften, stets auf eine objektiv negative Gewinnprognose schließen. Daher dürfte eine derartige Ermittlung nur bei Fällen auslaufender Berufstätigkeit eines Steuerpflichtigen eine Präzedenzwirkung entfalten. Dessen scheint sich der IV. Senat jedoch bewusst zu sein, da er den 2. Leitsatz explizit mit folgendem Satz abschließt: „Am Ende einer Berufstätigkeit umfasst der anzustrebende Totalgewinn daher nur die verbleibenden Jahre."[496]

5.3 Einkünfte aus Vermietung und Verpachtung (§ 21 EStG)

Die Einkünfte aus Vermietung und Verpachtung sind ebenso wie die Einkünfte aus Kapitalvermögen gegenüber den Einkünften aus Gewerbebetrieb und denen aus selbständiger Arbeit subsidiär (§§ 21 Abs. 3, 20 Abs. 3 EStG). § 21 ist nur anwendbar, wenn es sich bei dem zu versteuernden Sach- und Realvermögen um Privatvermögen handelt. Mieteinnahmen, die ein Freiberufler oder ein Gewerbetreibender aus der Vermietung von betrieblichen Grundstücken erzielt, sind

---

[495] BFH-Urteil v. 26.02.2004 IV R 43/02, DB 2004, S. 913.
[496] BFH-Urteil v. 26.02.2004 IV R 43/02, DB 2004, S. 911.

den Einkünften aus selbständiger Arbeit bzw. den Einkünften aus Gewerbebetrieb zuzurechnen. Die vorzunehmende Abgrenzung stellt sich jedoch häufig als schwierig heraus. Gemäß § 21 Abs. 1 Nrn. 1-4 EStG sind folgende Sachverhalte als Einkünfte aus Vermietung und Verpachtung steuerbar:[497]

- Die Vermietung und Verpachtung von unbeweglichem Vermögen, insb. von Grundstücken und grundstücksgleichen Rechten (§ 21 Abs. 1 Nr. 1 EStG).
- Die Vermietung und Verpachtung von Sachinbegriffen wie beispielsweise eine Bibliothek oder eine Praxiseinrichtung eines Freiberuflers (§ 21 Abs. 1 Nr. 2 EStG).
- Die zeitliche Überlassung von Rechten, insb. Urheberrechten (§ 21 Abs. 1 Nr. 3 EStG)
- Die Veräußerung von Miet- und Pachtzinsforderungen, deren Erfassung bedingt, dass der steuerrechtliche Vermietungs- und Verpachtungsbegriff weiter gefasst ist, als der zivilrechtliche gemäß den §§ 535, 581 BGB (§ 21 Abs. 1 Nr. 4 EStG). Dies führt dazu, dass es bei der steuerlichen Zuordnung von Einnahmen zu den Einkünften aus Vermietung und Verpachtung nicht auf die bürgerlich-rechtliche Form und Bezeichnung der von den Beteiligten geschlossenen Verträge ankommt, sondern auf ihren wirtschaftlichen Gehalt.[498]

Einkünfte aus Vermietung[499] und Verpachtung[500] i. S. d. § 21 EStG sind demjenigen zuzurechnen, der den Tatbestand der Einkünfteerzielungsabsicht erfüllt. Das ist zunächst derjenige, in dessen Namen die Gegenstände vermietet oder verpachtet, die Rechte überlassen oder die Forderungen veräußert worden sind.[501] Den objektiven Tatbestand des § 21 EStG verwirklicht der Steuerpflichtige, der „die rechtliche oder tatsächliche Macht hat, eines der in § 21 I genann-

---

[497] Vgl. Birk (2003): Steuerrecht, § 6 Rn. 702 ff.
[498] Vgl. Drenseck (2004): EStG, § 21 Rn. 1.
[499] Lediglich Nutzung des Grundstücks, etc..
[500] Ausnutzung des Grundstücks o. Ä.. Dies kann zum einem ein gewerblicher Selbstabbau sein oder zum anderen eine Ausnutzung durch einen Pächter und Zahlung durch einen Pächter. Im letzten Fall liegen keine gewerblichen Einkünfte, sondern Einkünfte aus Vermietung und Verpachtung vor.
[501] Vgl. Drenseck (2004): EStG, § 21 Rn. 2ff.

ten WG [Wirtschaftsgüter] anderen entgeltlich auf Zeit zur Nutzung zu überlassen"[502]. Es ist unerheblich, ob das Nutzungsverhältnis dinglicher oder obligatorischer Natur ist. Dementsprechend fällt auch die entgeltliche Einräumung eines Nießbrauchs oder dinglichen Wohnrechts unter den Vermietungs- und Verpachtungsbegriff. Die Zuordnung zu den Einkünften aus Vermietung und Verpachtung ist nur möglich, wenn der Vermieter die Absicht[503] hat, auf die Dauer der Tätigkeit oder Vermögensnutzung einen Totalüberschuss der Einnahmen über die Werbungskosten zu erzielen.[504]

Eine Vermietungstätigkeit ist gemäß der Rechtsprechung des BFH auf Dauer angelegt, „wenn nach den bei Vermietung ersichtlichen Umständen keine Befristung gegeben ist"[505]. Hierunter sind auch nacheinander zeitlich befristete Mietverträge zu verstehen, die der Steuerpflichtige auf unbestimmte Zeit beabsichtigt abzuschließen.[506] Der IX. Senat des BFH stellte dementsprechend in seinem Urteil vom 14.12.2004 folgendes fest: „Allein der Abschluss eines Mietvertrages auf eine bestimmte Zeit rechtfertigt noch nicht den Schluss, auch die Vermietungstätigkeit sei nicht auf Dauer ausgerichtet."[507]

Der § 21 Abs. 2 EStG hat das, in der Diskrepanz zwischen Vertragsmiete und marktüblicher Miete liegende, nicht marktgerechte Verhalten des Steuerpflichtigen zum Gegenstand. „Beträgt das Entgelt für die Überlassung einer Wohnung zu Wohnzwecken weniger als 56 vom Hundert der ortsüblichen Marktmiete, so ist die Nutzungsüberlassung in einen entgeltlichen und einen unentgeltlichen Teil aufzuteilen."[508] Es bestehen allerdings verfassungsrechtliche Bedenken, dass der § 21 Abs. 2 EStG gegen den systemtragenden Grundsatz verstoßen könnte, dass Betriebsausgaben oder Werbungskosten insoweit nicht abziehbar sind, als sie mit Einnahmeverzichten in Zusammenhang stehen. Als Reaktion

---

[502] Mellinghoff (2001): EStG KompaktKommentar, § 21 Rn. 5ff.
[503] Vgl. zur Vermietungsabsicht Abschnitt 3.1.2.2.
[504] Vgl. BFH-Beschluss v. 25.06.1984 GrS 4/82, BStBl. II 1984, S. 766, BFH-Urteil v. 21.10.1980 VIII R 81/79, BStBl. II 1981, S. 452.
[505] BFH-Urteil v. 09.07.2002 IX R 33/01, NV, DStRE 2002, S.1353.
[506] Vgl. Drenseck (2004): EStG, § 21 Rn. 10.
[507] BFH-Urteil v. 14.12.2004 IX R 1/04, DStR 2005, S. 236.
[508] § 21 Abs. 2 EStG.

auf diese Bedenken im Schrifttum und um vermutlich eine Vorlage an das BVerfG zu vermeiden, hat der BFH die steuerrechtliche Behandlung von teilentgeltlichen Wohnungsüberlassungen neu konzipiert und die Anwendbarkeit für die Gewinneinkunftsarten offen gelassen.[509]

Beträgt die Miete demnach …[510]

- mindestens 75 % der ortsüblichen Miete[511], so ist bei einer langfristigen Vermietung von dem Vorliegen der Einkünfteerzielungsabsicht auszugehen. Die Werbungskosten sind in derartigen Fällen in vollem Umfang absetzbar.
- weniger als 56 % (vor 2004 50 %) der ortsüblichen Miete, so sind die Werbungskosten gemäß dem Gesetzestext nur in Höhe des prozentualen Anteils absetzbar.
- Mindestens 56 % und weniger als 75 % der ortsüblichen Miete, so ist die verbilligte Überlassung der Wohnung ein Beweisanzeichen, das gegen die Einkünfteerzielungsabsicht des Steuerpflichtigen sprechen kann. Es soll deshalb eine Totalüberschussprognose erfolgen, die den Zeitraum der voraussichtlichen Vermögensnutzung umfassen soll. Ist die Ergebnisprognose negativ, so ist die Wohnungsüberlassung in einen entgeltlichen und einen unentgeltlichen Teil aufzuteilen. Die Werbungskosten sind in derartigen Fällen nur in Höhe des entgeltlichen Anteils abzugsfähig, ohne dass die teilentgeltliche Vermietung noch zusätzlich einem Fremdvergleich zu unterziehen ist.

5.3.1 Anscheinsbeweis

Für Wohnungen oder Immobilien, die üblicherweise auf Dauer vermietet werden, wird nach ständiger Rechtsprechung des BFH die typisierende Annahme als zulässig erachtet, dass die langfristige Vermietung und Verpachtung in der Regel letztlich zu positiven Einkünften führt.[512] Bei einer auf Dauer angelegten

---

[509] Vgl. Drenseck (2004): EStG, § 21 Rn. 63.
[510] Vgl. BFH-Urteil v. 05.11.2002 IX R 48/01, FR 2003, S. 239.
[511] Gemäß der Rechtsprechung ist die ortsübliche Miete die Kaltmiete zuzüglich umlagefähiger Kosten, in der sich der Gebrauchswert der jeweiligen Wohnung widerspiegelt.
[512] Vgl. BFH-Urteil v. 06.10.2004 IX R 30/03, DStZ 2005, S. 201.

Vermietung gilt daher grundsätzlich der „Grundsatz der Vermutung der Einkünfteerzielungsabsicht". Dieser bedingt, dass ohne weitere Prüfung vom Vorliegen der Einkünfteerzielungsabsicht bei einer auf Dauer angelegter Vermietung ausgegangen werden soll.[513] Bereits im Urteil des VIII. Senats vom 21.10.1980 ist die Rechtsprechung grundsätzlich bei den Einkünften aus Vermietung und Verpachtung vom Vorliegen einer Einkünfteerzielungsabsicht ausgegangen. Der VIII. Senat war der Ansicht, dass es schwer vorstellbar sei, dass „jemand Gebäude oder Räume in Gebäuden ohne Einkunftserzielungsabsicht lediglich aus persönlicher Neigung an Fremde vermietet"[514].

In der BFH-Grundsatzentscheidung vom 30.09.1997 folgert der IX. Senat aus dem Normzweck des § 21 Abs. 1 Nr. 1 EStG, dass im Fall einer langfristigen Vermietung regelmäßig ein Anscheinsbeweis für die Einkünfteerzielungsabsicht des Steuerpflichtigen vorliegt, der auch bei einer langfristiger Vermietung an nahe Angehörige grundsätzlich begründet sei. Etwas anderes gelte nur, wenn ausnahmsweise besondere Umstände gegen das Vorliegen der Einkünfteerzielungsabsicht sprechen würden.[515]

Sofern der Steuerpflichtige den Vermietungsentschluss endgültig gefasst hat, gelten die Grundsätze „für die Dauer seiner Vermietungstätigkeit auch dann, wenn er das bebaute Grundstück später auf Grund eines neu gefassten Entschlusses veräußert"[516], oder wenn der Steuerpflichtige langfristig an nahe Angehörige vermietet[517]. Dementsprechend findet im Bereich der Einkünfte aus Vermietung und Verpachtung für den Fall einer langfristig angelegten Vermietung eine Darlegungs- und Beweislastumkehr zu Lasten des FA und zu Gunsten des Steuerpflichtigen statt. Die Beweislast trägt in derartigen Fällen also das FA oder die Finanzgerichtsbarkeit. Die Grundsätze der Beweislastregelung werden jedoch nicht außer Kraft gesetzt. Die sog. „unechte Beweislastumkehr" ist lediglich eine Möglichkeit der Überzeugungsbildung der Gerichte, Indizien kön-

---

[513] Vgl. BFH-Urteil v. 06.10.2004 IX R 30/03, DStR 2005, S. 236.
[514] BFH-Urteil v. 21.10.1980 VIII R 81/79, BStBl. II 1981, S. 452.
[515] Vgl. BFH-Urteil v. 30.09.1997 IX R 80/94, BStBl. II 1998, S. 771ff.
[516] BFH-Urteil v. 09.07.2002 IX R 33/01 NV, DStRE 2002, S.1353.
[517] Vgl. BFH-Urteil v. 30.09.1997 IX R 80/94, BStBl. II 1998, S. 771ff.

nen den Anscheinsbeweis auch in derartigen Streitfällen entkräften, so dass die allgemeinen Beweislastregeln eingreifen und der Steuerpflichtige wieder die Argumentationslast trägt.[518]

Ein Anscheinsbeweis für ein Vorliegen der Einkünfteerzielungsabsicht hat der BFH bisher in sechs Fallgruppen als nicht begründet oder entkräftet erachtet. Dies war der Fall wenn...[519]

1. auf Grundlage der vertraglichen Gestaltung ein positives Ergebnis nicht zu erreichen ist und die Tätigkeit allein darauf angelegt ist Steuervorteile zu vermitteln, um durch das Geltendmachen von Verlusten andere an sich zu versteuernde Einkünfte nicht versteuern zu müssen (insb. bei Verlustzuweisungsgesellschaften).[520]

2. noch nicht endgültig feststeht, ob der Steuerpflichtige das Grundstück, o. Ä. kurzfristig verkaufen oder langfristig vermieten möchte. Dies soll auch für den Fall gelten, wenn eine Verkaufsverhandlung erfolglos abgebrochen werden musste (insb. bei Mietkaufmodellen oder Bauherrenmodellen mit Rückkaufangebot oder Verkaufsgarantie).[521]

3. ein befristeter Mietvertrag in Verbindung mit einer dokumentierten Verkaufs- oder Selbstnutzungsabsicht vorliegt (erstmals gültig für nach dem 31.12.2003 abgeschlossene Mietverträge).[522]

4. eine Nutzungsüberlassung an nahe Angehörige erfolgt, die weniger als 75 % der ortsüblichen Marktmiete bezahlen müssen.[523]

5. eine in zeitlich nahem Zusammenhang stehende Veräußerung des Grundstücks nach Anschaffung erfolgt, die nicht auf einer geänderten Absicht des Steuerpflichtigen beruht, sondern von Beginn an beabsichtigt war. Dieses

---

[518] Vgl. Urteil des FG München v.29.07.2002 13 K 3773/01. In: world-wide-web [gefunden am 05.04.2005]: http://jurisweb.de.
[519] Vgl. Schell (2005): Anmerkung zum BFH-Urteil v. 06.08.2004 IX R 30/03, S. 202. In: DStZ (2005), S. 202f; Korn/Fuhrmann (2004b): Entwicklungen und Zweifelsfragen zur „Liebhaberei" im Einkommensteuerrecht -Teil II-, S. 433.
[520] Vgl. BFH-Beschluss v. 25.06.1984 GrS 4/82, BStBl. II 1984, S. 767.
[521] Vgl. Urteil des FG Berlin v. 12.12.2000 7 K 7333/98, DStRE 2003, S. 1086.
[522] Vgl. BFH-Urteil v. 09.07.2002 IX R 57/00, BStBl. II 2003, S. 695.
[523] Vgl. BFH-Urteil v. 05.11.2002 IX R 48/01, BStBl. II 2003, S. 646.

wird widerlegbar vermutet, wenn der Steuerpflichtige ein Grundstück innerhalb eines engen zeitlichen Zusammenhangs von i. d. R. fünf Jahren seit der Anschaffung oder Herstellung wieder veräußert.[524]

6. das Objekt und die Überlassung marktunüblich sind. In diesen Fällen soll auch bei langfristiger Vermietung kein Anscheinsbeweis begründet sein. Es sei vielmehr eine weitergehende Prüfung in Form einer Totalüberschussprognose erforderlich.[525]

Aus der Rechtsprechung ergeben sich somit im Wesentlichen zwei grundlegende Beweisanzeichen, bei deren Vorliegen der BFH vom „Grundsatz der Vermutung der Einkünfteerzielungsabsicht" abweicht und somit eine weitergehende Prüfung, mittels einer Totalerfolgsprognose, bei einer auf Dauer angelegten Vermietung erforderlich werden kann:[526]

1. Die besondere Art der Nutzung der Immobilie kann für sich allein ein Beweisanzeichen für eine private, nicht mit der Erzielung von Einkünften zusammenhängende Veranlassung sein.

Im Regelfall gilt dies nur, wenn Werbungskosten durch einen Steuerpflichtigen geltend gemacht werden, die für eine teils an wechselnde Feriengäste vermietete und teils selbst genutzte Ferienwohnung angefallen sind. Dieser Ausnahmefall gilt gemäß der Rechtsprechung des BFH im Regelfall nicht für ausschließlich fremdvermietete Ferienwohnungen. Ein Beleg für die nicht generelle Gültigkeit dieser Aussage ist die Feststellung des IX. Senats des BFH im Urteil vom 26.10.2004: „Bei einer ausschließlich an wechselnde Feriengäste vermietete und in der übrigen Zeit hierfür bereitgehaltenen Ferienwohnung ist die Einkünfteerzielungsabsicht der Steuerpflichtigen ausnahmsweise anhand einer Prognose zu überprüfen, wenn das Vermieten die ortsübliche Vermietungszeit von Ferienwohnungen - ohne dass Vermietungshin-

---

[524] Vgl. BFH-Urteil v. 09.07.2002 IX R 47/99, BStBl. II 2003, S. 580.
[525] Vgl. BFH-Urteil v. 06.10.2004 IX R 30/03, DStR 2005, S. 234; Vgl. auch Abschnitt 5.3.1.1.
[526] Vgl. BFH-Urteil v. 06.10.2004 IX R 30/03, DStR 2005, S. 236.

dernisse gegeben sind - erheblich unterschreitet"[527]. Im Rahmen des zuvor zitierten Urteils erachtet der BFH die Zahl der Vermietungstage, die er bisher für unerheblich erachtet hatte, nunmehr bei einem Unterschreiten von mindestens 25 v. H. als einen Ausnahmefall, bei dem die Einkünfteerzielungsabsicht zu prüfen ist.

Nach Ansicht von Korn/Fuhrmann begründet die Art der Nutzung hingegen „grundsätzlich für sich allein kein Beweisanzeichen für eine private, nicht mit der Einkünfteerzielung zusammenhängende Veranlassung der Vermietung"[528].

2. Besondere Umstände oder Beweisanzeichen sprechen gegen ein Vorliegen der Einkünfteerzielungsabsicht.

Dies gilt beispielsweise, wenn der Steuerpflichtige sich noch nicht endgültig zu einer langfristigen Vermietung entschlossen hat oder eine vermietete Wohnung sich in einem aufwendig gestalteten oder ausgestatteten Wohngebäude befindet und die tatsächliche Miete offensichtlich nicht die dem Wohnwert des Objekts angemessene, am Markt erzielbare Miete berücksichtigt.

Die Erzielung von andauernden Werbungskostenüberschüssen durch langfristige Vermietung, begründet hingegen grundsätzlich für sich allein kein Beweisanzeichen gegen das Vorliegen einer Einkünfteerzielungsabsicht.

Das BMF bezieht sich im Schreiben vom 08.10.2004 ebenfalls explizit auf die ständige Rechtsprechung des BFH zur auf Dauer angelegten Vermietungstätigkeit und auf die zuvor angeführte Grundsatzentscheidung aus dem Jahr 1997. Es sei bei einer auf Dauer angelegten Vermietungstätigkeit grundsätzlich ohne weitere Prüfung vom Vorliegen der Einkünfteerzielungsabsicht auszugehen. „Dies gilt nur dann nicht, wenn besondere Umstände oder Beweisanzeichen ge-

---

[527] BFH-Urteil v. 26.10.2004 IX R 57/02, DStR 2005, S. 324.
[528] Korn/Fuhrmann (2004b): Entwicklungen und Zweifelsfragen zur „Liebhaberei" im Einkommensteuerrecht -Teil II-, S. 433.

gen das Vorliegen einer Einkunftserzielungsabsicht sprechen oder besondere Arten der Nutzung für sich allein Beweisanzeichen für private, nicht mit der Erzielung von Einkünften zusammenhängende Veranlassung sind."[529]

5.3.1.1 Totalüberschussprognose bei der Vermietung von Ferienimmobilien

Im vorangegangenen Abschnitt wurde bereits erörtert, dass bei einer auf Dauer angelegten Vermietungstätigkeit i. d. R. ohne weitere Prüfung vom Vorliegen der Einkünfteerzielungsabsicht auszugehen ist. Eine Totalüberschussprognose soll nur in Ausnahmefällen erforderlich sein. Grundsätzlich stellt die Rechtsprechung gemäß der Vorgabe des Großen Senats auch bei den Einkünften aus Vermietung und Verpachtung auf ein positives Gesamtergebnis der Vermögensnutzung ab.[530] „Die Frage, ob die Vermietungstätigkeit einen Totalüberschuss erwarten lässt, hängt von einer unter Heranziehung aller objektiven Umstände zutreffenden Prognose über die voraussichtliche Dauer der Vermögensnutzung"[531] ab. Die Totalerfolgsperiode ist für die Einkünfte aus Vermietung und Verpachtung typisierend mit 30 Jahren zu Grunde zu legen.[532] Nach Erachten Steins hat der BFH mit dem Urteil vom 06.11.2001 IX R 97/00, das die Ermittlung der Überschusserzielungsabsicht bei Ferienwohnungen dem Grunde und der Höhe nach zum Gegenstand hatte, zumindest für die Vermietungseinkünfte eine klare Linie vorgegeben.[533]

Bei der Vermietung von Ferienimmobilien differenziert der BFH zwischen ausschließlicher fremdvermieteten und teilweise selbst mitbenutzten fremdvermieteten Ferienimmobilien. Bei ausschließlich an wechselnde Feriengäste vermieteten Ferienimmobilien ist zwar grundsätzlich von der Einkünfteerzielungsabsicht auszugehen, eine Prognose ist hingegen nicht generell ausgeschlossen und

---

[529] BMF-Schreiben v. 08.10.2004, BStBl. I 2004, S. 933.
[530] Vgl. BFH-Beschluss v. 25.06.1984 GrS 4/82, BStBl. II 1984, S. 766.
[531] Stein (2004): Verlustausgleich oder Liebhaberei bei der Vermietung von Grundstücken, S. 51.
[532] Vgl. BFH-Urteil v. 06.11.2001 IX R 97/00, Leitsatz 2. In: world-wide-web [gefunden am 05.05.2005]: http://jurisweb.de; BFH-Urteil v. 06.10.2004 IX R 30/03, DStZ 2005, S. 202.
[533] Vgl. BFH-Urteil v. 06.10.2004 IX R 30/03, DStZ 2005, S. 202; Stein (2004): Verlustausgleich oder Liebhaberei bei der Vermietung von Grundstücken, S. 51.

sogar in Extremfällen zulässig und geboten.[534] Dem Steuerpflichtigen obliegt jedoch für die Tatfrage, ob eine ausschließliche Vermietung vorliegt die Beweislast, da zunächst die tatsächliche Vermutung für eine zumindest teilweise Verwendung für Zwecke der privaten Lebensführung objektiv begründet ist.[535] Es ist hingegen unerheblich, ob der Steuerpflichtige die Ferienwohnung in Eigenregie vermietet oder mit der Vermietung einen Dritten beauftragt hat. Die Möglichkeit ohne Prüfung von einer Überschusserzielungsabsicht auszugehen entfällt hingegen, wenn eine Ferienwohnung, die zunächst ausschließlich an wechselnde Feriengäste vermietet und in der übrigen Zeit hierfür frei gehalten worden ist, in späteren Veranlagungszeiträumen auch tatsächlich selbst genutzt oder eine Selbstnutzung vorbehalten wird.[536]

Als Beweisanzeichen für eine u. a. private, nicht mit der Einkünfteerzielung des Steuerpflichtigen zusammenhängende Veranlassung der Aufwendungen wird eine teils an Feriengäste vermietete und teils selbst genutzte Ferienimmobilie erachtet. Die Rechtsprechung differenziert bei Fällen der Selbstnutzung nicht zwischen Selbstnutzung im eigentlichen Sinne und einem Selbstnutzungsvorbehalt des Steuerpflichtigen. Die Überschusserzielungsabsicht eines Steuerpflichtigen ist gemäß dem Urteil des IX. Senats des BFH vom 06.11.2001 in derartigen Fällen zu bejahen, „wenn sich anhand der für einen Prognosezeitraum von 30 Jahren geschätzten Einnahmen und Ausgaben ein Totalüberschuss ergibt. Hat der Steuerpflichtige bereits beim Erwerb einer Ferienwohnung deren später vorgenommenen Verkauf ernsthaft in Betracht gezogen, ist der Prognose der kürzere Zeitraum der tatsächlichen Vermögensnutzung zugrunde zu legen."[537] Die im Prognosezeitraum voraussichtlich zu erwartenden Einnahmen und Ausgaben

---

[534] Vgl. Urteil des FG Münster v. 11.06.2003 1K 6534/99 E, F. In: world-wide-web [gefunden am 05.05.2005]: http://jurisweb.de; BFH-Urteil v. 26.10. 2004 IX R 57/02, DStR 2005, S. 325f.
[535] Vgl. Stein (2004): Verlustausgleich oder Liebhaberei bei der Vermietung von Grundstücken, S. 245f.
[536] Vgl. BFH-Urteil v. 06.11.2001 IX R 97/00, Leitsatz 1 u. Orientierungssatz 2. In: world-wide-web [gefunden am 05.05.2005]: http://jurisweb.de.
[537] BFH-Urteil v. 06.11.2001 IX R 97/00, Leitsatz 2. In: world-wide-web [gefunden am 05.05.2005]: http://jurisweb.de.

sind zu schätzen. Den Unsicherheitsfaktoren, die bei einer Prognose naturgemäß auftreten, soll gemäß der Rechtsprechung des BFH durch einen Sicherheitszuschlag bei der Gesamtsumme der geschätzten Einnahmen und einen Sicherheitszuschlag bei der Gesamtsumme der geschätzten Ausgaben von jeweils 10 v. H. Rechnung getragen werden. Zukünftige Faktoren sind bei der Beurteilung nur zu berücksichtigen, wenn sie bei objektiver Betrachtung vorhersehbar waren. Inflationsbedingte Erhöhungen der Einnahmen und Werbungskosten sind bei der Prognoserechnung hingegen nicht zu berücksichtigen.[538]

Die u. U. auf die Leerstandszeiten entfallenden Aufwendungen sind entsprechend dem zeitlichen Verhältnis der tatsächlichen Selbstnutzung zur tatsächlichen Vermietung aufzuteilen. Kann der Umfang der Selbstnutzung nicht festgestellt werden, so sind die auf die Leerstandszeiten entfallen Aufwendungen zu je 50 v. H. der Selbstnutzung und der Vermietung zuzuordnen.[539]

Fällt eine zu erstellende Totalerfolgsprognose negativ aus, so kann dennoch aufgrund der Gesamtumstände des Einzelfalls eine einkommensteuerrechtlich beachtliche Tätigkeit gegeben sein.[540] „Legt der Eigentümer einer teils selbst genutzten und teils an wechselnde Feriengäste vermieteten Ferienwohnung dar, dass er auf die in der Vergangenheit entstandenen Werbungskostenüberschüsse reagiert und die Art und Weise der Vermietung geändert habe, ist der Schätzung im Rahmen der Prognoserechnung der Durchschnitt der Einnahmen und Ausgaben der zukünftigen (z. B. fünf) Veranlagungszeiträume zugrunde zu legen, in denen sich die im (jeweiligen) Streitjahr objektiv erkennbar angelegten Maßnahmen erstmals ausgewirkt haben. Die sich so ergebenden Einnahmen und Ausgaben sind auf den Rest des Prognosezeitraums hochzurechnen. Dieser beginnt mit Erwerb oder Herstellung der Ferienwohnung."[541]

---

[538] Vgl. BFH-Urteil v. 06.11.2001 IX R 97/00, Leitsatz 2 und Orientierungssätze 3-5. In: world-wide-web [gefunden am 05.05.2005]: http://jurisweb.de.
[539] Vgl. BFH-Urteil v. 06.11.2001 IX R 97/00, Leitsätze 3f. In: world-wide-web [gefunden am 05.05.2005]: http://jurisweb.de.
[540] Vgl. BFH-Urteil v. 22.04. XI. R 18/02, BStBl. II 1998, S. 663.
[541] BFH-Urteil v. 06.11.2001 IX R 97/00, Orientierungssatz 6. In: world-wide-web [gefunden am 05.05.2005]: http://jurisweb.de.

Die durch die Vermietung veranlassten kurzfristigen Aufenthalte des Steuerpflichtigen in einer fremdvermieteten Wohnung, die beispielsweise zur Endreinigung, Schlüsselübergabe, Renovierung oder Schadensbeseitigung erfolgen, sind nicht als Selbstnutzung zu qualifizieren.[542] Eine Selbstnutzung ist hingegen grundsätzlich gegeben, wenn der Steuerpflichtige sich länger in seiner Ferienimmobilie aufgehalten hat. Dies gilt insbesondere für Aufenthalte in der Sommer- bzw. Hauptsaison oder für zwei- bis dreiwöchige Aufenthalte. In derartigen Fällen trägt der Steuerpflichtige die Beweislast, weshalb eine genaue Dokumentation der Aufenthalte für eine Entkräftung dieses Beweisanzeichens nützlich und empfehlenswert wäre.

5.3.1.2 BFH-Urteil vom 06.10.2004 IX R 30/03 zur verbilligten Vermietung einer Luxuswohnung

Das Urteil des IX. Senats des BFH vom 06.10.2004 hat die bereits durch den BFH konkretisierten fünf Fallgruppen, in denen eine Überprüfung des subjektiven Besteuerungsmerkmals mittels einer Erfolgsprognose erforderlich ist, um den Fall, wenn bei einer Wohnung die Ausstattung oder Ausgestaltung so aufwendig ist, dass die erzielbare Miete den besonderen Wohnwert offensichtlich nicht angemessen widerspiegelt, erweitert. Diese „neue" Ausnahme fügt sich gemäß Schell nahtlos in die bestehende Konzeption des BFH ein, denn „die kostspielige Beschaffung eines am Markt erkennbar nicht mehr amortisierbaren Wohnwerts stellt ein für die Vermietungstätigkeit abnormes Verhalten dar und legt nahe, dass das Gebäude bzw. die Wohnung nicht zum Zweck der Vermietung, sondern aus privaten Motiven errichtet wurde"[543].

Im Streitfall erzielte ein Ehepaar (Kläger) in den Streitjahren 1991 bis 1993 gemeinsam Einkünfte aus Vermietung und Verpachtung. Der Kläger (Rechtsanwalt) und die Klägerin (Rentnerin) besaßen ein Grundstück, zu dem ein von ihnen genutztes Einfamilienhaus gehörte. Im Jahr 1988 erwarben sie ein angren-

---

[542] Vgl. Korn/Fuhrmann (2004b): Entwicklungen und Zweifelsfragen zur „Liebhaberei" im Einkommensteuerrecht -Teil II-, S. 433.
[543] Schell (2005): Anmerkung zum BFH-Urteil v. 06.08.2004 IX R 30/03, S. 202. In: DStZ (2005), S. 202f.

zendes Grundstück und bebauten es mit einem Wohngebäude und einer Schwimmhalle. Das Wohngebäude umfasste eine Wohnfläche von über 300 qm und die Schwimmhalle eine Fläche von 85 qm. Die Herstellungs- und Ausstattungskosten beliefen sich auf über 1,6 Mio. DM. Im Jahr 1989 hatten die Kläger bereits einen Mietvertrag mit ihrem verheirateten Sohn abgeschlossen, der das Gebäude nach der Fertigstellung von den Eltern im Jahr 1992 angemietet hatte. Gemäß dem abgeschlossenen Mietvertrag betrug die Miete für die Nutzung des Gebäudes einschließlich der Schwimmhalle 1500 DM monatlich. Es war jedoch keine vertragliche Vereinbarung über die Nebenkosten (tatsächlichen Betriebskosten: 1272 DM) durch die Vertragsparteien im Mietvertrag vorgenommen worden. Die Kläger hatten sich allerdings ein persönliches Nutzungsrecht an der Schwimmhalle vorbehalten.

Der Betriebsprüfer ermittelte bei einer für die Streitjahre durchgeführten Außenprüfung, dass für das an den Sohn vermietete Einfamilienhaus eine marktübliche Miete von 4043 DM pro Monat gegolten hätte. Zudem standen in den Streitjahren jährliche Einnahmen von 18 000 DM (12 * 1500 DM) Werbungskosten in Höhe von 140 000 bis 320 000 DM gegenüber. Das FA kam zu dem Ergebnis, dass die Vermietung eine einkommensteuerrechtlich unbeachtliche Liebhaberei sei und daher die Werbungskostenüberschüsse durch die Kläger nicht geltend gemacht werden könnten.

Der IX. Senat des BFH hob die Vorentscheidung auf und wies die Sache zur anderweitigen Verhandlung und Entscheidung an das FG zurück. Zwar habe das FG im Ergebnis zutreffend eine Überprüfung der Einkünfteerzielungsabsicht für erforderlich gehalten, jedoch die Maßstäbe der §§ 21 Abs. 1 Satz 1 Nr. 1 EStG und 21 Abs. 2 Satz 2 EStG nicht richtig angewandt.

Der IX. Senat stellte entgegen dem Urteil des FG fest, dass bei verbilligter Überlassung grundsätzlich eine Aufteilung nach § 21 Abs. 2 Satz 2 EStG geboten sei. „Wird eine Wohnung verbilligt vermietet und kommt es deswegen zu einer Aufteilung der Nutzungsüberlassung in einen entgeltlichen und in einen unentgeltlichen Teil, so muss die Einkünfteerzielungsabsicht in Bezug auf den entgeltlichen Teil geprüft werden, wenn die typisierende Annahme nicht gerechtfertigt ist, dass eine langfristige Vermietung in der Regel letztlich zu positiven Einkünften führt."[544] Die Voraussetzungen hierfür waren im Streitfall gegeben, da der Vertragsmiete von 1500 DM pro Monat eine ortsübliche Marktmiete von 4043 DM pro Monat gegenüberstand.

Die Einkünfteerzielungsabsicht des Steuerpflichtigen sei bei verbilligter Überlassung allerdings nicht zu prüfen, da nach ständiger Rechtsprechung ein in der verbilligten Vermietung liegendes, nicht marktgerechtes Verhalten des Steuerpflichtigen für die Prüfung der Einkünfteerzielungsabsicht von geringer Bedeutung sei.[545] Gemäß dem BFH-Urteil vom 22.07.2003 regelt das Gesetz in § 21 Abs. 2 Satz 2 EStG die Auswirkungen eines Verzichts des Steuerpflichtigen auf mögliche Einnahmen. Ein Steuerpflichtiger wird hingegen von vornherein nicht steuerbar tätig und kann deshalb auch keine mit der nicht steuerbaren Tätigkeit zusammenhängenden Werbungskosten geltend machen, wenn er seine Immobilie unentgeltlich nutzen lässt.[546]

Im Streitfall entspräche der verbliebene steuerbare Teil der Nutzungsüberlassung dem Entgelt der marktüblichen Miete, der unter den Tatbestand des § 21 Abs. 1 Satz 1 Nr. 1 EStG zu subsumieren sei. „Wie bei jeder anderen voll entgeltlichen Vermietungstätigkeit auch ist für den subjektiven Tatbestand regelmäßig davon auszugehen, dass der Steuerpflichtige beabsichtigt, einen Einnahmeüberschuss zu erwirtschaften."[547] Die Überprüfung der Einkünfteerzielungsabsicht kann jedoch gemäß der Rechtsprechung ausnahmsweise erforderlich sein, wenn besondere Umstände indiziell gegen ihr Vorliegen und für eine private Veranlassung sprechen. „Ein solcher Ausnahmefall liegt vor, wenn bei einer Wohnung in einem aufwendig gestalteten oder ausgestatteten Wohngebäude die am Wohnungsmarkt erzielbare Miete den besonderen

---

[544] BFH-Urteil v. 06.10.2004 IX R 30/03, DStZ 2005, S. 200.
[545] Vgl. BFH-Urteil v. 05.11.2002 IX R 48/01, BStBl. II 2003, S. 646; BFH-Urteil v. 17.12.2002 IX R 26/01, HFR 2003, S. 876; BFH-Urteil v. 22.07.2003 IX R 59/02, BStBl. II 2003, S. 806.
[546] Vgl. BFH-Urteil v. 22.07.2003 IX R 59/02, BStBl. II 2003, S. 806ff.
[547] BFH-Urteil v. 06.10.2004 IX R 30/03, DStZ 2005, S. 201.

Wohnwert offensichtlich nicht angemessen widerspiegelt. Ob ein Gebäude besonders gestaltet oder ausgestattet ist, richtet sich nach denselben Kriterien, die für den Ansatz der Kostenmiete bei selbst genutztem [sic] Wohnraum entwickelt worden sind."[548] Die typisierende Annahme, dass eine langfristige Vermietung und Verpachtung letztlich zu positiven Einkünften führe, fehle, wenn die Marktmiete keine angemessene Gegenleistung für den besonderen Gebrauchswert der Wohnung sei. Welche besonderen Umstände im Einzelfall ein besonders gestaltetes Wohnhaus von einer marktüblich vermieteten Immobilie unterscheidet, richtet sich gemäß dem Urteil des IX. Senat „nach den Gestaltungs- oder Ausstattungsmerkmalen, die es offensichtlich erscheinen lassen, dass das Wohnhaus nicht zum Zwecke der Vermietung errichtet ist"[549]. Ein solcher Ausnahmefall sei beispielsweise gegeben, wenn die Wohnfläche mehr als 250 qm aufweist und/oder eine Schwimmhalle vorhanden ist.

Im Streitfall führten die besonderen Umstände zur Annahme eines derartigen Sonderfalls, in dem die Einkünfteerzielungsabsicht des Steuerpflichtigen überprüft werden müsse. Die Totalüberschussprognose müsse den Maßstäben entsprechen, die der BFH in seinem Urteil vom 06.11.2001 IX R 97/00 aufgestellt habe. Im Streitfall sei allerdings das Zusammenspiel von § 21 Abs. 2 Satz 2 EStG und § 21 Abs. 1 Satz 1 Nr. 1 EStG zu berücksichtigen. Daher müsse zunächst die Nutzungsüberlassung in einen entgeltlichen und in einen unentgeltlichen Teil aufgeteilt werden. Die Werbungskosten seien sodann nur in Höhe des entgeltlichen Teiles der Nutzungsüberlassung in die Prognose einzubeziehen. Das wäre im Streitfall ein Verhältnis von 1500 DM (Vertragsmiete) zu 4043 DM (ortsübliche Miete). Das FG habe anhand der durch den BFH aufgezeigten korrekten Maßstäbe in einer neuen Verhandlung über die noch nicht spruchreife Sache erneut zu entscheiden.

---

[548] BFH-Urteil v. 06.10.2004 IX R 30/03, DStZ 2005, S. 200.
[549] BFH-Urteil v. 06.10.2004 IX R 30/03, DStZ 2005, S. 202.

5.4 Fazit

Im Abschnitt 5 wurde deutlich, dass bei den exemplarisch erörterten Einkunftsarten (Einkünfte aus Gewerbebetrieb, Einkünfte aus selbständiger Arbeit, Einkünfte aus Vermietung und Verpachtung) einkunftsartspezifische Besonderheiten gelten, die die Finanzgerichtsbarkeit im Bereich ihrer Liebhabereirechtsprechung berücksichtigen muss.

In besonderem Maße wurde dies bei den Einkünften aus Vermietung und Verpachtung deutlich, bei denen, im Fall einer auf Dauer angelegten Vermietung, grundsätzlich der „Grundsatz der Vermutung der Einkünfteerzielungsabsicht" gilt. Der BFH hat diesen Anscheinsbeweis bisher lediglich in den sechs erörterten Fallgruppen als nicht begründet oder entkräftet erachtet, was für eine Beibehaltung dieses Grundsatzes sprechen dürfte. Im Allgemeinen hat der BFH, nach Ansicht des Verfassers, mit dem Urteil vom 06.11.2001 IX R 97/00 für die Ermittlung und Beurteilung der Überschusserzielungsabsicht eine Rechtssicherheit, zumindest für die Vermietungseinkünfte, erwirkt.

Bei den Gewinneinkünften, Einkünfte aus Gewerbebetrieb und Einkünfte aus selbständiger Arbeit, bestehen jedoch weiterhin einige offene Fragen. Nach dem sich bei den Senaten des BFH die im Urteil des XI. Senats vom 22.04.1998[550] erarbeiteten Grundsätze jedoch sukzessiv durchsetzen konnten, ist auch hier eine positive Tendenz in Richtung mehr Rechtssicherheit ersichtlich. Im besonderen Maße ist in diesem Zusammenhang zu würdigen, dass nun der Feststellung von persönlichen Gründen und Neigungen ein bedeutend höheres Gewicht bei der Beurteilung der Einkünfteerzielungsabsicht eingeräumt wird. Berz hatte Ähnliches schon im Jahr 1997 gefordert: „Der BFH sollte diese Rechtsunsicherheit beseitigen durch Einengung des Liebhabereibegriffs auf den persönlichen Lebensführungsbereich aufgrund konsequenter Umsetzung der subjektiven Komponente gem. [gemäß] § 12 Nr. 1 EStG."[551]

---

[550] Vgl. BFH-Urteil v. 22.04.1998 XI R 10/97. In: world-wide-web [gefunden am 10.03.2005]: http://jurisweb.de.
[551] Berz (1997): Liebhaberei und Segmentierung einer einheitlichen gewerblichen Tätigkeit von Personengesellschaften, S. 360.

Dass die Reaktion des Steuerpflichtigen auf nachhaltige Verluste durch Umstrukturierungsmaßnahmen, ergangene betriebswirtschaftliche Kalkulationen oder Ergebnisprognosen ein gewichtiges äußerliches Beweisanzeichen für das Vorliegen einer Einkünfteerzielungsabsicht sein können, ist daher ebenfalls eine Entwicklung in der Liebhabereirechtsprechung, die nach Erachten des Verfassers den betroffenen Steuerpflichtigen eine höhere Rechtssicherheit eröffnet.

6 Schlussbemerkungen

Die erfolgten Ausführungen zum Thema „Das Rechtsinstitut der Liebhaberei – ein Ergebnis einer einzelfallabhängigen Rechtsprechung des BFH" haben dem Leser verdeutlicht, dass dieses Rechtsinstitut ein relativ komplexer Rechtsanwendungsprozess ist, der im besonderen Maße einzelfallabhängig und nur begrenzt verallgemeinerungsfähig ist. Die Einzelfallabhängigkeit lässt sich zum einen darin begründen, dass die Liebhabereirechtsprechung auf Richterrecht basiert und zum anderen dadurch, dass im „jeweils vorgelegten Fall auch Einzelgerechtigkeit eingeklagt und gesucht wird"[552].

Die Finanzgerichtsbarkeit hat im Bereich der Liebhabereirechtsprechung im finanzgerichtlichen Verfahren zu ermitteln, ob eine einkommensteuerrechtlich relevante Tätigkeit oder eine einkommensteuerrechtlich irrelevante Liebhaberei bei der Betätigung eines Steuerpflichtigen vorliegt. Das zentrale Tatbestandsmerkmal ist in derartigen Streitfällen die Einkünfteerzielungsabsicht des Steuerpflichtigen. Die Sachverhaltsermittlung stellt sich in der Praxis jedoch häufig als schwierig heraus, da der Steuerpflichtige dazu neigt, die für ihn steuergünstige Absicht geltend zu machen. Die Einkünfteerzielungsabsicht ist im Sinne des § 1 Abs. 1 GewStDV eine innere Tatsache, die „wie alle sich in der Vorstellung des Menschen abspielenden Vorgänge nur anhand äußerlicher Merkmale beurteilt werden kann"[553]. Aus diesem Grund muss aus „objektiven Umständen" auf das Vorliegen oder Fehlen der Absicht geschlossen werden, wobei einzelne Umstände einen „Anscheinsbeweis (prima-facie-Beweis)" liefern können. Hierfür ist eine in die Zukunft gerichtete und langfristige Beurteilung erforderlich, wobei die Verhältnisse der Vergangenheit wichtige Anhaltspunkte liefern können. Daher muss eine richtige und umfassende Darlegung der maßgeblichen Gesamtumstände des Einzelfalls spätestens im finanzgerichtlichen Verfahren erfolgen. In diesem muss die Finanzgerichtsbarkeit sowohl die einkunftsartspezifischen

---

[552] Theisen (1999): Die Liebhaberei – Ein Problem des Steuerrechts und der Betriebswirtschaftlichen Steuerlehre, S. 263.
[553] BFH-Beschluss v. 25.06.1984 GrS 4/82, BStBl. II 1984, S. 767.

Besonderheiten als auch die von Streitfall zu Streitfall differierenden Beweisanzeichen und Indizien bei ihrer Beurteilung berücksichtigen. Die Klärung der Einkunftsart hat allerdings Vorrang vor der Prüfung, ob die Einkünfteerzielungsabsicht eines Steuerpflichtigen vorliegt.

Der Dualismus der Einkunftsarten und die einkunftsartspezifischen Besonderheiten können zur Folge haben, dass ein Urteil, das die Frage nach der Einkunftsart offen lässt, ggf. auf einer unzutreffenden Rechtsauffassung und/oder auf unzureichenden tatsächlichen Feststellungen basiert. Einige FG-Urteile, die die Frage nach der maßgeblichen Einkunftsart offen gelassen hatten, wurden bereits durch den BFH aufgrund fehlerhafter Anwendung der Liebhabereigrundsätze aufgehoben.[554]

Im finanzgerichtlichen Verfahren beziehen sich Indizienbeweise mittelbar oder unmittelbar auf die steuerrelevante Tatsache. Im Regelfall trägt derjenige die Beweislast, der sich auf die Ableitung einer bestimmten Rechtsfolge berufen möchte. Der Anscheinsbeweis beinhaltet hingegen den Einsatz von Sätzen der allgemeinen Lebenserfahrung im Rahmen der freien Beweiswürdigung der Gerichte. Dies hat zur Folge, dass die Richter fehlende konkrete Indizien bei der Beweiswürdigung mit Hilfe von Erfahrungssätzen überbrücken können. Der Anscheinsbeweis bewirkt somit de facto eine Beweislastumkehr und wirkt sich daher auf das materielle Ergebnis aus. Er kann sowohl für als auch gegen das Vorliegen der Einkünfteerzielungsabsicht sprechen. Bei Verlustzuweisungsgesellschaften spricht hingegen grundsätzlich ein Anscheinsbeweis gegen ein Vorliegen der Einkünfteerzielungsabsicht. Der Anscheinsbeweis kann jedoch sowohl durch das FA als auch durch den betroffenen Steuerpflichtigen entkräftet werden. In Fall einer erfolgreichen Entkräftung durch die Gegenpartei trägt wieder die andere Partei die Beweislast für bzw. gegen das Vorliegen der Einkünfteerzielungsabsicht.

---

[554] Vgl. Abschnitt 3.1.

Die Anwendung des Anscheinsbeweises im Bereich der individuellen Willensentschlüsse ist allerdings im Schrifttum nicht unumstritten.[555] Zudem hat der BFH noch nicht geklärt, unter welchen konkreten Voraussetzungen die Entkräftung eines Anscheinsbeweises ausreichend dargelegt ist. Auch scheint noch nicht abschließend geklärt zu sein, in welchem Maße der Anscheinsbeweis durch eine nebenberufliche Tätigkeit begründet wird. Der Anscheinbeweis dürfte jedoch bei einer Tätigkeit, die lediglich nebenberuflich ausgeübt wird, leichter zu entkräften sein, als bei einer hauptberuflich ausgeübten Tätigkeit, die i. d. R. als existenziell notwendig für den Steuerpflichtigen erachtet werden kann.

Erschwerend kommt für den betroffenen Rechtsanwender hinzu, dass die verschiedenen Senate bei ihren Urteilen unterschiedliche Zitatfragmente aus bereits ergangenen Urteilen präferieren, die deren Beurteilung entscheidend beeinflussen können. Dies hat z. T. zur Folge, dass zwischenzeitlich bei den verschiedenen Senaten des BFH auf Basis unterschiedlicher Rechtsprechungsgrundsätze entschieden wurde, bis sich einer der konkurrierenden Grundsätze beim BFH durchgesetzt hatte.

Die mangelnde Abstimmung der Senate in deren Rechtsprechungspraxis hat nach Erachten des Verfassers sowohl Vorteile als auch Nachteile. Vorteilhaft ist, dass sich i. d. R. die „angemesseneren" Rechtsprechungsgrundsätze durchsetzen dürften und somit die Liebhabereirechtsprechung von Streitfall zu Streitfall reformiert oder sogar optimiert werden kann. Nachteilig ist, dass die Konturen des Gesamtsystems, das im Wesentlichen auf den Grundsätzen des Beschlusses vom 25.06.1984 GrS 4/82 basiert, nur schwer herausgearbeitet werden können und es teilweise zu einer Schedulisierung der Betrachtungsweise kommt. Es wäre daher nach Ansicht des Verfassers wünschenswert, dass der Große Senat des BFH die maßgeblichen Rechtsprechungsgrundsätze in einem weiteren Beschluss herausarbeiten würde. Ein erneuter Beschluss des Großen Senats könnte womöglich behilflich sein, die erkennbaren Versuche aller Senate, ein wenig Ordnung in die

---

[555] Vgl. Abschnitt 3.5.1.

bestehende Unordnung zu bringen, zu koordinieren. Dass der Große Senat, nach Erachten des Verfassers sehr erfolgreich, die Vorgabe von allgemein gültigen Grundsätzen mit dem notwendigen Interpretationsspielraum verbinden kann, hat er schon mit seinem Beschluss vom 25.06.1984 GrS 4/82 unter Beweis gestellt. Klärungsbedarf besteht in besonderem Maße für die Relevanz der Totalerfolgsprognose sowie für die Ermittlung des Totalerfolgs. Diesbezüglich hat der BFH bisher lediglich bei den Einkünften aus Vermietung und Verpachtung mit dem Urteil vom 06.11.2001 IX R 97/00 eine Klärung herbeigeführt, in dem er die maßgebliche Totalerfolgperiode u. a. auf einen Dreißigjahreszeitraum konstatiert hat. Die Totalerfolgsprognose scheint bei dem überwiegenden Teil der Senate des BFH jedoch nur noch eine untergeordnete Rolle zu spielen. Bedeutsamer ist vielmehr, ob der Steuerpflichtige die verlustbringende Tätigkeit nur aus im Bereich seiner Lebensführung liegenden persönlichen Gründen und Neigungen ausübt oder ausgeübt hat.

Trotz der erwähnten Schwierigkeiten können abschließend einige grundlegende Aussagen zur Liebhabereirechtsprechung hervorgehoben werden. Ausgangspunkt und Aufgreifkriterium der Liebhaberei ist im Regelfall die Feststellung von nachhaltigen Verlusten, die ein Steuerpflichtiger im Rahmen einer einkommensteuerrechtlich relevanten Tätigkeit erwirtschaftet hat. Die betreffende Tätigkeit kann daher zunächst unter eine der sieben Einkunftsarten gemäß § 2 Abs. 1 Nrn. 1-7 EStG subsumiert werden. Derartige Verluste verlieren an Bedeutung, wenn beispielsweise betriebspezifische Anlaufverluste eines neu gegründeten Unternehmens vorliegen. Andererseits gewinnen sie an Bedeutung, wenn der Steuerpflichtige nicht in geeigneter Art und Weise auf die nachhaltigen Verluste reagiert (Umstrukturierungen, etc.). Kann der Steuerpflichtige anhand gewichtiger Umstände vortragen und beweisen, dass er mit positiven Einkünften habe rechnen können und er lediglich die objektiven Möglichkeiten der Tätigkeit verkannt habe oder er in vorherigen Veranlagungszeiträumen über einen längeren Zeitraum hinweg positive Einkünfte erwirtschaften konnte, so wirkt sich ein solcher Umstand mindernd auf die Bedeutung der nachhaltigen Verluste aus. Der

BFH hat in diesem Zusammenhang darauf verwiesen, dass je länger die Gewinnphase sei, umso weniger Gewicht komme den Umständen zu, die gegen das Vorliegen einer Einkünfteerzielungsabsicht sprechen würden. Ebenso verlieren die erwirtschafteten Verluste an Gewicht, wenn der Steuerpflichtige bemüht ist, den Verlustursachen durch Strukturmaßnahmen entgegenzuwirken, er Fremdmittel zurückzahlt oder er nach erkannter Unmöglichkeit, nachhaltig mit der Tätigkeit positive Einkünfte zu erzielen, den Betrieb einstellt.[556]

Andauernde Verluste sind aus diesem Grund für sich allein nur ein Indiz für die Ergebnisprognose, deren „äußerliches Merkmal" und Gegenstand der zu erwartende Totalerfolg ist. Aus einer negativen Totalerfolgsprognose darf ebenso wenig auf eine objektive Ungeeignetheit einer Tätigkeit, Gewinne/Überschüsse zu erzielen bzw. auf das Vorliegen einer Liebhaberei geschlossen werden, wie aufgrund der Annahme, dass die Tätigkeit zur Erzielung eines positiven Gesamtergebnisses ungeeignet erscheint. Von hoher Relevanz für die Totalerfolgsprognose ist die Festlegung der für den Einzelfall maßgeblichen Totalerfolgsperiode und der zu Grunde zu legenden Beurteilungseinheit. Die Begrifflichkeiten Totalerfolg und Totalerfolgsperiode sind allerdings bisher nicht im Detail definiert. Weitgehend ungeklärt ist auch, ob eine u. U. als Liebhaberei zu beurteilende Tätigkeit auf eine Einheit wie einen Betrieb oder zumindest einen Teilbetrieb oder auch auf unselbständige Bereiche zu beziehen ist. Der BFH grenzt in derartigen Fällen nach dem „Förderungs- und Sachzusammenhang" ab, in dem die jeweiligen Einzeltätigkeiten zu der betrieblichen Haupttätigkeit oder der privaten veranlassten [sic] Tätigkeit stehen.[557]

Die in diesem Zusammenhang erörterten Fragen einer vorrangig subjekt- oder objektbezogenen Betrachtungsweise und die damit verbundene Bestimmung der Totalerfolgsperiode sind jedoch bisher weder durch das Schrifttum, noch durch die Rechtsprechung eindeutig geklärt worden. Es ist somit lediglich eine mittel-

---

[556] Vgl. Weber-Grellet (1992b): Wo beginnt die Grenze zur „Liebhaberei"? (Teil II), S. 603.
[557] Vgl. BFH-Urteil v. 25.06.1996 VIII R 28/94, BStBl. II 1997, S. 205.

bare Schlussfolgerung auf die vermeintliche Bezugsgröße möglich.[558] Zur Klärung dieser Fragestellung bedarf es daher noch einer abschließenden höchstrichterlichen Klärung. Die bisherige Rechtsprechung des BFH erachtet jedoch vorrangig die personenbezogene bzw. subjektbezogene Absicht des Steuerpflichtigen bei der Bestimmung des Beurteilungszeitraums als maßgebend.

Der Ermittlung von persönlichen Gründen oder Neigungen des Steuerpflichtigen, die für die Fortführung einer ggf. einkommensteuerrechtlich irrelevanten Tätigkeit sprechen, kommt im Rahmen der zweigliedrigen Prüfung, ob eine Einkünfteerzielungsabsicht vorliegt oder fehlt, eine entscheidende Bedeutung zu. Das Schrifttum hat aus der Rechtsprechung den Begriff des „zweigliedrigen Tatbestandes" abgeleitet, der als zweckmäßige Systematisierung der Rechtsprechung zu verstehen ist. Er ist jedoch nicht als der finale Lösungsweg zu erachten, da diese Ansicht die Komplexität des Rechtsinstituts der Liebhaberei nicht im gebotenen Maß berücksichtigen würde.

Die objektive Eignung einer Tätigkeit, positive Einkünfte zu erzielen, ist im Rahmen der Beurteilung ein gewichtiger Anhaltspunkt. Die Wesensart und die Art der Bewirtschaftung eines Betriebes sind in diesem Zusammenhang ein Beweisanzeichen, das für die Beurteilung von hoher Bedeutung ist. Es kann daher ggf. relevant sein, wie der Steuerpflichtige den Betriebsbeginn vorbereitet hat. Wie hat der Steuerpflichtige auf die nachhaltigen Verluste reagiert? Hat er zuvor seine Marktchancen analysiert? Welche Rendite war nach der Ansicht des Steuerpflichtigen erzielbar? Aber auch die Klärung weiterer derartiger Fragestellungen kann einen wesentlichen Einfluss auf die Überzeugungsbildung der Gerichte haben.

Beweisanzeichen und Indizien haben allerdings bei der Feststellung von außersteuerlichen Gründen unterschiedliches Gewicht. Weber-Grellet verweist dementsprechend darauf, dass das „Ausmaß des Affektionsinteresses differiert. In einzelnen Fällen liegt es auf der Hand, in anderen im Verborgenen."[559] Im

---

[558] Vgl. Pferdemenges (1990): Einkünfteerzielungsabsicht, S. 160.
[559] Weber-Grellet (1992b): Wo beginnt die Grenze zur „Liebhaberei"? (Teil II), S. 604.

Allgemeinen erscheinen i. d. R. typische sportliche oder geistige Freizeitaktivitäten als Tätigkeiten, die aus persönlichen Gründen oder Neigungen ausgeübt werden. Bei Tätigkeiten, die offenkundig als typische Liebhaberei beurteilt werden können, weil sie entweder eine Erzielung eines Totalgewinns von vornherein nicht beabsichtigten, oder weil aufgrund der offenkundigen und immensen strukturellen Mängel ein Totalgewinn nicht erzielbar sein wird, wird - entgegen der Regel - die Verrechnung der Verluste schon während der Anlaufphase versagt. Bestimmte Sachverhalte können daher schon aufgrund der Lebenserfahrung einen Anscheinsbeweis gegen das Vorliegen einer Einkünfteerzielungsabsicht begründen.

Typische gewerbliche Aktivitäten hingegen erachtet die Rechtsprechung eher als Tätigkeiten, die mit Gewinnerzielungsabsicht betrieben werden. So spricht bei neu gegründeten Gewerbebetrieben, freiberuflicher Tätigkeit oder auf Dauer angelegter Vermietung ein Anscheinsbeweis für das Vorliegen der Einkünfteerzielungsabsicht. Dass aber auch scheinbar gewerbliche Tätigkeiten aus persönlichen Gründen und Neigungen ausgeübt werden und zudem die Beurteilung als Liebhaberei von „Details" abhängig sein kann, zeigt das Urteil zur nebenberuflichen Vermietung eines Motorboots[560], bei dem der Steuerpflichtige u. a. einen Motorbootsführerschein besaß und sowohl bei kurzfristigen als auch bei langfristigen Vermietungen als Fahrer mit auf dem Boot anwesend war.

Grundsätzlich muss allerdings festgestellt werden, dass keines der objektiven und subjektiven Kriterien einen zwingenden unwiderlegbaren Charakter hat. Nach Weber-Grellet handelt es sich lediglich um Anzeichen von unterschiedlichem Gewicht, die mit entsprechenden Einwendungen entkräftet werden können.[561] Dieser Umstand macht deutlich, dass die Finanzgerichtsbarkeit eine sehr schwierige Aufgabe im Rahmen der Liebhabereirechtsprechung zu bewältigen hat, bei der letztendlich die Gesamtumstände des Einzelfalls maßgeblich für die abschließende Beurteilung sind. Die gewonnenen Erkenntnisse lassen daher

---

[560] Vgl. Abschnitt 3.5.2.
[561] Ebd. Weber-Grellet (1992b), S. 604.

vermuten, dass eine baldige einfache Lösung für die Liebhabereirechtsprechung nicht zu erwarten sein dürfte. Umso mehr sind scheinbar einfache Lösungswege aus der Literatur stets kritisch zu überprüfen und zu hinterfragen. Obwohl einige Entscheidungen des BFH z. T. als recht fragwürdig erachtet werden müssen und die dem Urteil zu Grunde liegenden maßgeblichen Umstände das ein oder andere Mal dem Rechtsanwender nicht in Gänze erschließbar sind, muss dennoch die derzeit herrschende Rechtsprechung als angemessener Ausgleich zwischen dem Interesse der Allgemeinheit bzw. des Staates (= Einnahmen zu erzielen) und den Interessen der betroffenen Steuerpflichtigen erachtet werden. Der Gedanke der Steuergerechtigkeit und die damit verbundene Umsetzung des Leistungsfähigkeitsprinzips gebieten deshalb zu Recht, dass kein Steuerpflichtiger auf Grund seiner spezifischen Umstände Ausgaben absetzen dürfen soll, die ein anderer Steuerpflichtiger durch sein versteuertes Einkommen aufwenden müsste. Dieses wäre aber der Fall, wenn negative Einkünfte aus einer lediglich aus persönlichen Gründen oder Neigungen ausgeübten Liebhabereitätigkeit mit positiven Einkünften aus einer anderen Einkunftsart verrechnet werden könnten. Dieser nicht stets auszuschließenden Ungleichbehandlung wirkt das Rechtsinstitut der Liebhaberei entgegen, da Verluste aus dem Bereich der Lebensführung nicht durch steuerliche Subventionierung auf die Allgemeinheit abgewälzt werden sollen. Der subjektive Liebhabereibegriff hat daher nach Ansicht des Verfassers seine gesetzliche Grundlage im Wesentlichen in § 12 EStG, wonach Aufwendungen, die der persönlichen Lebensführung dienen, einkommensteuerrechtlich nicht abzugsfähig sind. In diesem Zusammenhang ist es nach Ansicht des Verfassers nicht nachvollziehbar, warum die staatliche Subventionierung aus Steuergeldern bzw. aus Einlagen einflussloser Gesellschafter steuerlich folgenlos bleibt, hingegen gerade die Subventionierung einer Tätigkeit aus dem privaten Vermögen eines Steuerpflichtigen ein Indiz für das Vorliegen einer einkommensteuerrechtlich unbeachtlichen Liebhaberei sein soll.[562]

---

[562] Vgl. Berz (1997): Liebhaberei und Segmentierung einer einheitlichen gewerblichen Tätigkeit von Personengesellschaften, S. 359.

Reduziert man den subjektiven Liebhabereibegriff auf seinen Sinn und Zweck, so ist der Hintergrund der Nichtberücksichtigung von Liebhabereiverlusten - nach Würdigung der Ausführungen von Weber-Grellet[563] - ein Aspekt der Belastungs- und Verteilungsgerechtigkeit. Vor diesem Hintergrund erscheint eine Klärung, wie die Subventionierung aus Steuergeldern bzw. aus Einlagen einflussloser Gesellschafter im Bereich der Liebhabereirechtsprechung zu würdigen sind, wünschenswert.

---

[563] Vgl. Weber-Grellet (1992a): Wo beginnt die Grenze zur „Liebhaberei"? (Teil I), S. 561ff.

Literaturverzeichnis

Bähr, Gottfried/Fischer-Winkelmann, Wolf F. (2001): Buchführung und Jahresabschluss, 7., vollständig überarbeitete Auflage, Wiesbaden 2001.

Beckerath von, Hans-Jochen (2001): EStG KompaktKommentar, § 9 EStG. In: Kirchhof, Paul (Hg.): EStG KompaktKommentar, Heidelberg 2001, § 9 Rn. 1 - 361.

Berz, Stefan (1997): Liebhaberei und Segmentierung einer einheitlichen gewerblichen Tätigkeit von Personengesellschaften. In: DStR 1997, S. 358 - 360.

Birk, Dieter (2003): Steuerrecht, 6., neu bearbeitete Auflage, Heidelberg 2003.

Braun, Norbert (2000): Objektivierung der Gewinnerzielungsabsicht bei der Liebhaberei. In: BB, S. 283 - 286.

Cöster, Thilo (2004): Abgabenordnung, § 140 AO. In: Pahlke, Armin/Koenig, Ulrich (Hrsg.): Abgabenordnung, München 2004, § 140 Rn. 1 - 32.

Drenseck, Walter (2004): EStG Einkommensteuergesetz Kommentar, §§ 9, 12, 19 u. 21 EStG. In: Schmidt, Ludwig (Hg.): EStG Einkommensteuergesetz Kommentar, München 2004, § 9 Rn. 1-190, § 12 Rn. 1-55, § 19 Rn. 1-60 u. § 21 Rn. 1 - 134.

Fischer, Leo (06.05.2005): Ära der Steuersparfonds beendet, In: DIE WELT (06.05.2005), S. 17.

Fuisting, B[ernhard] (1902): Die preußischen direkten Steuern, Bd. 4: Grundzüge der Steuerlehre, Berlin 1902.

Gehlen, Dirk von (1989): Die Abgrenzung von Liebhaberei und einkommensteuerlich relevanter Betätigung aus betriebswirtschaftlicher Sicht, Bergisch Gladbach und Köln 1989.

Hecht, Gottfried (2002): Ist der Begriff der „Liebhaberei" im Vermietungs- und Verpachtungsbereich noch aktuell?. In: BB 2000, S. 226 - 234.

Heinicke, Wolfgang (2004): EStG Einkommensteuergesetz Kommentar, § 4 EStG. In: Schmidt, Ludwig (Hg.): EStG Einkommensteuergesetz Kommentar, München 2004, Rn. 1 - 754.

Honisch, Werner (2000): Zu den Inflationstendenzen bei der Liebhaberei. In: DStR 2000, S. 545f.

Hutter, Ulrich (1998): Die persönlichen Motive und deren Feststellung in der Liebhaberei-Rechtsprechung des Bundesfinanzhofs. In: DStZ 1998, S. 344 - 349.

Jakob, Wolfgang (1996): Einkommensteuer, 2., völlig überarbeitete Auflage, München 1996.

Jakob Wolfgang (2001): Abgabenordnung, 3. völlig überarbeitete Auflage, München 2001.

Job, Ulrich (1977): „Die steuerrechtliche Liebhaberei", Dissertation, Universität Bochum 1977.

Koenig, Ulrich (2004): Abgabenordnung, § 180 AO. In: Pahlke, Armin/Koenig, Ulrich (Hrsg.): Abgabenordnung, München 2004, § 180 Rn. 75f.

Korn, Klaus/Fuhrmann, Claas (2004a): Entwicklungen und Zweifelsfragen zur „Liebhaberei" im Einkommensteuerrecht -Teil 1-. DStZ 2004, S. 394 - 399.

Korn, Klaus/Fuhrmann, Claas (2004b): Entwicklungen und Zweifelsfragen zur „Liebhaberei" im Einkommensteuerrecht -Teil II-. In: DStZ 2004, S. 431 - 437.

Kruse, Heinrich Wilhelm (1980): Grundfragen der Liebhaberei. In: StuW 1980, S. 226 - 234.

Kulosa, Egmont (2005): Anmerkung zum BFH-Urteil vom 21.06.2004 X R 33/03. In: HFR 2005, S. 26f.

Lambrecht, Claus (2001): EStG KompaktKommentar, § 18 EStG. In: Kirchhof, Paul (Hg.): EStG KompaktKommentar, Heidelberg 2001, § 18 Rn. 1 - 181.

Littwin, Frank (1996): Liebhaberei und Gewinnerzielungsabsicht im Ertragssteuerrecht. In: BB 1996, S. 243 - 247.

Meilicke, Heinz (1979): „Liebhaberei" im Einkommensteuerrecht – ein Lieblingskind richterlicher Gesetzgebung. Entgegnung zu Leingärtner, FR 1979, 105ff. In: FR 1979, S. 337 - 342.

Mellinghoff, Rudolf (2001): EStG KompaktKommentar, § 21 EStG. In: Kirchhof, Paul (Hg.): EStG KompaktKommentar, Heidelberg 2001, § 21 Rn. 1 - 162.

Paus, Bernhard (1992): Ungelöste Probleme der Liebhaberei. In: StVj 1992, S. 128 - 145.

Paus, Bernhard (2001): Liebhaberei trotz positiver Gesamteinkünfte?. In: DStZ 2001, S. 200ff.

Pferdemenges, Günter (1990): Einkünfteerzielungsabsicht, Düsseldorf 1990.

Proff, M. von (2005): Kommentar zum BFH-Urteil v. 21.07.2004 X R 33/03, S. 320. In: FR 2005, S. 319f.

Rapp, Sonja Vera (2003): Liebhaberei und Einkünfteerzielungsabsicht, Dissertation, Universität Augsburg 2003.

Raupach, Arndt/Schenking, o. N (2002): Einkommensteuer- und Körperschaftsteuergesetz Kommentar, § 2 EStG. In: Hermann, Carl/Heuer, Gerhard/ Raupach, Arndt (Hrsg.): Einkommensteuer- und Körperschaftsteuergesetz Kom-mentar (Loseblatt, Stand Juni 2002), Köln 2002, § 2 Rn 362ff.

Reiß, Wolfram (2001): EStG KompaktKommentar, § 15 EStG, In: Kirchhof, Paul (Hg.): EStG KompaktKommentar, Heidelberg 2001, § 15 Rn. 1 - 618.

Schell, Matthias (2005): Anmerkung zum BFH-Urteil v. 06.08.2004 IX R 30/03, S. 202. In: DStZ 2005, S. 202f.

Schmidt, Kurt (1995/1996): Die Besteuerung nach der Leistungsfähigkeit. JbFSt 1995/1996, S. 31ff.

Schmidt, Reinhard H./Terberger Eva (1997): Grundzüge der Investitions- und Finanzierungstheorie, 4., aktualisierte Auflage, Wiesbaden 1997.

Schuck, Stephan (1993): Veranlassung als Kriterium der „Liebhaberei" – Kritische Auseinandersetzung mit der Rechtsprechung des BFH. In: DStR 1993, S. 975-980.

Seeger, Siegbert F. (2004): EStG Einkommensteuergesetz Kommentar, §§ 2 u. 13 EStG. In: Schmidt, Ludwig (Hg.): EStG Einkommensteuergesetz Kommentar, München 2004, § 2 Rn. 1-94 u. § 13 Rn. 1-190.

Söffing, Günter (1992): Einkünfteerzielungsabsicht – Liebhaberei. In: StVj 1992, S. 235-248.

Stein, Michael (2004): Verlustausgleich oder Liebhaberei bei der Vermietung von Grundstücken, Bd. 40: Grundlagen und Praxis des Steuerrechts, Berlin 2004.

Theisen, Manuel (1999): Die Liebhaberei – Ein Problem des Steuerrechts und der Betriebswirtschaftlichen Steuerlehre. In: StuW 1999, S. 255-263.

Tipke/Lang (2002): Steuerrecht, 17., völlig überarbeitete Auflage, Köln 2002.

Valentin, Achim (2001): Personenübergreifende Betrachtungsweise bei der Bestimmung der Totalerfolgsperiode zur Feststellung der Einkünfteerzielungsabsicht. In: DStR 2001, S. 505-552.

Wacker, Roland (2004): EStG Einkommensteuergesetz Kommentar, § 18 EStG. In: Schmidt, Ludwig (Hg.): EStG Einkommensteuergesetz Kommentar, München 2004, § 18 Rn. 1-272.

Wagner, A. (1890): Finanzwissenschaft, Bd. II, Leipzig 1890.

Weber-Grellet, Heinrich (1992a): Wo beginnt die Grenze zur „Liebhaberei"? (Teil I). In: DStR 1992, S. 561-596.

Weber-Grellet, Heinrich (1992b): Wo beginnt die Grenze zur „Liebhaberei"? (Teil II). In: DStR 1992, S. 602-607.

Weber-Grellet, Heinrich (1993): Die leidige Gewinnerzielungsabsicht – Erwiderung auf Vinzenz, DStR 1993, 550. In: DStR 1993, S. 980-981.

Weber-Grellet, Heinrich (1998): Liebhaberei im Ertragssteuerrecht. In: DStR 1993, S. 873-877.

Weber-Grellet, Heinrich (2004): EStG Einkommensteuergesetz Kommentar, § 15 EStG. In: Schmidt, Ludwig (Hg.): EStG Einkommensteuergesetz Kommentar, München 2004, § 15 Rn. 1-909.

Wissel, Harald (1997): Einkünfteerzielungsabsicht und Einkommensbegriff, Bd. 19: Schriften zum Steuer-, Rechnungs- und Prüfungswesen, Hamburg 1997.